党内法规理论与制度研究丛书

党内法规通识教程

DANGNEI FAGUI TONGSHI JIAOCHENG

郭为禄　章志远 ◎主编

中国法制出版社

撰稿人

第一章、第三章：闫映全，华东政法大学纪检监察学院讲师

第二章、第四章：李尧，中共浙江省委党校法学教研部讲师

第五章、第六章：马迅，华东政法大学纪检监察学院讲师

出版说明

2018 年 4 月，在中共上海市委直接领导下，由中共上海市纪律检查委员会、中共上海市委宣传部与华东政法大学共同建设的实体性党内法规研究机构——华东政法大学党内法规研究中心正式挂牌成立。研究中心成立四年来，本着繁荣党内法规理论研究、推进党内法规学科发展和促进党内法规制度建设的宗旨，聚焦党内法规基础理论和制度实施，在队伍建设、理论研究、学术交流、人才培养和社会服务等方面取得了显著成效，已经成为国内重要的党内法规学术研究、人才培养和咨政服务基地。

2021 年 12 月 20 日，全国党内法规工作会议在北京召开。习近平总书记作出重要指示，充分肯定党的十八大以来党内法规制度建设的显著成绩，就深化依规治党、加强党内法规制度建设提出明确要求，为新征程上做好党内法规工作提供了根本遵循。作为华东政法大学党内法规研究中心“党内法规理论与制度研究丛书”的重要组成部分，本书通过研读党内法规研究领域的代表性文献，以 2021 年 7 月中共中央办公厅法规局发布的《中国共产党党内法规体系》所确立的“1+4”基本框架为分类依据，按照“规范主体、规范行为、规范监督”相统筹相协调的原则，重点对党的组织法规制度、领导法规制度、自身建设法规制度、监督保障法规制度进行系统分析与阐释。本书共分为六章：第一章“党内法规概述”，以准确认识党内法规为目的，从党内法规的概念、历史及其与国家法律的关系，引导读者初步认识党内法规的特征，了解党内法规的发展历程，概览党内法规制度体系全貌；第二章“党的组织法规制度”，以基础性、主干性组织法规为范本，重点分析党的中央组织、地方组织、基层组织的产生及职责，理顺各级、各类党组织的职责分工；第三章“党的领导法规制度”，以整体把握党的领导的内涵为切入点，阐释了党对政法工作、统战工作、农村工作的领导机制体制；第四章“党的自身建设法规制度”，以保持党的先进性与纯洁性、提升党的执政能力为建设目标，分别从党的政治、思想、组织、作风、纪律、制度建设等不同层面，呈现党在自身建设方面的制度设计；第五章“党的监督保障法规制度”，以党组织工作、活动和党员行为的监督、考核、奖惩、保障等为主要内容，客观呈现了党内监督、问责、巡视、党纪处分等工作的制度规定；第六章“党内法规的制定与实施”，主要从党内法规的制定、党内法规和规范性文件的备案审查、党内法规的执行三个方面着手，集中展现了党内法规制定、审查、执行的全过程。

本书是华东政法大学党内法规研究中心科研团队全体成员共同努力的结晶。校党委书记、中心主任郭为禄教授和中心常务副主任章志远教授担任主编，负责全书筹划、框架设计、出版协调；闫映全撰写第一章、第三章，李尧撰写第二章、第四章，马迅撰写第五章、第六章。在撰写本书的过程中，我们重点参考了党的十八大以来公开出版的数十部著作和六百余篇重要论文。受时间和能力限制，书稿中可能存在某些欠缺之处，敬请同行批评指正。

目录

CONTENTS

第一章　党内法规概述 // 001

第一节　党内法规基础概念阐释 // 001

第二节　党内法规的历史沿革 // 016

第三节　党内法规与国家法律的关系 // 032

第二章　党的组织法规制度 // 045

第一节　党的组织法规制度概述 // 046

第二节　党的中央组织 // 050

第三节　党的地方组织 // 054

第四节　党的基层组织 // 063

第五节　党组 // 072

第六节　其他党组织 // 080

第三章　党的领导法规制度 // 083

第一节　党的领导法规制度概述 // 083

第二节　党对政法工作的领导 // 090

第三节　党对统战工作的领导 // 098

第四节　党对农村工作的领导 // 108

第四章　党的自身建设法规制度 // 115

第一节　党的自身建设法规制度概述 // 115

第二节　党的政治建设法规制度 // 120

第三节　党的思想建设法规制度 // 127
第四节　党的组织建设法规制度 // 133
第五节　党的作风建设法规制度 // 139
第六节　党的纪律建设法规制度 // 144
第五章　党的监督保障法规制度 // 149
第一节　党的监督保障法规制度概述 // 149
第二节　中国共产党党内监督制度 // 153
第三节　中国共产党巡视工作制度 // 168
第四节　中国共产党党内问责制度 // 177
第五节　中国共产党纪律处分制度 // 184
第六章　党内法规的制定与实施 // 205
第一节　党内法规的制定 // 205
第二节　党内法规和规范性文件的备案审查 // 214
第三节　党内法规的执行 // 221
参考文献 // 231

第一章

党内法规概述

“党内法规”概念及相应制度实践虽早已出现，但真正受到重视并引发理论界和实务界的高度关注，仍是中国共产党第十八次全国代表大会之后的事。对很多人而言，党内法规依旧是不折不扣的“新事物”。本章将系统介绍党内法规的概念、历史及其与国家法律的关系，引导读者初步认识党内法规的特征，了解党内法规的发展历程，概览党内法规制度体系全貌，从而对党内法规有一个较为准确的认识。

第一节　党内法规基础概念阐释

“概念乃是解决法律问题所必需和必不可少的工具。没有限定严格的专门概念，我们便不能清楚地和理性地思考法律问题。”[①] 概念是了解党内法规理论与实践的起点，也是建构党内法规制度框架和学科框架的基础。

一、党内法规

“党内法规”是党内法规学科的最基础概念，厘清这一概念的含义与范围，是认识和了解党内法规现象的前提。

---

① ［美］E. 博登海默：《法理学——法律哲学与法律方法》，邓正来译，中国政法大学出版社2004年版，第504页。

（一）党内法规的界定及特征

党的十八大以来党内法规研究的兴盛，很大程度上源于中国共产党对全面从严治党的强调和对制度治党、依规治党的认知。这种实践在前的特点，是党内法规学科与业已形成的其他学科之间的明显不同之处。受此影响，学界目前给出的“党内法规”定义也大同小异，都不可避免地带有官方文件和规范表述的痕迹。[①] 所以，不妨直接以党内“立法法”——《中国共产党党内法规制定条例》的规范界定作为“党内法规”的定义。2019年修订的《中国共产党党内法规制定条例》第三条第一款规定：“党内法规是党的中央组织，中央纪律检查委员会以及党中央工作机关和省、自治区、直辖市党委制定的体现党的统一意志、规范党的领导和党的建设活动、依靠党的纪律保证实施的专门规章制度。”这一概念较为完善地提炼了党内法规的核心要素。结合现行规定拆解这一概念，可以看到党内法规的如下特征：

第一，党内法规是“专门规章制度”的总和。秉持法学思维的人，往往习惯于将党内法规理解为一种“规范”或“规则”。[②] 这不能说是错的，但在制度治党、依规治党的大背景下，认为党内法规归根结底是某些专门的“规章制度”更加适宜。党内法规延续的是党的十一届三中全会以来在全党上下形成的“制度更具有根本性”的共识，彰显的是中国共产党以“制度”代替“领导人意志”的选择。所以，“党内法规”本质上是那些集中规定了某些制度的规范文本，是依规治党的制度载体，这是党内法规的核心特征。当然，不是每一种“规章制度”都属于党内法规，党内法规是某些“专门”的规章

① 2012年之前，学界对党内法规的界定明显参照了1990年《中国共产党党内法规制定程序暂行条例》的规定，如认为：“党内法规是规范党组织工作、活动和党员行为的党内各类规章制度的总称，是党的建设的重要组成部分。”参见操申斌：《“党内法规”概念证成与辨析》，载《当代世界与社会主义》2008年第3期。2012年《中国共产党党内法规制定条例》出台后，则多根据该条例对党内法规进行界定。如认为：“党内法规是党内具有一定级别的组织制定的，为着规范党组织工作、活动和党员行为，是成文形式的党内规章制度。”具体参见付子堂：《法治体系内的党内法规探析》，载《中共中央党校学报》2015年第5期。

② 参见李林：《科学定义“党内法规”概念的几个问题》，载《东方法学》2017年第4期。

制度集合。这种“专门性”指向党内法规的其他特点。

需要指出，“规章制度”一词，既可以指代某一具体的制度，也可以指代蕴含了某项制度的规范文本。所以，“党内法规”概念相应也具有双重指代：既可以指党内法规“制度”，即其内容；也可以指党内法规“规范”，即其形式，两者统一于党内法规概念之中。① 在理解“党内法规”概念时，要同时关注这两种意义，但一般情况下不必做精细区分。正如法学人说“刑法”“民法”时，也往往同时指法所规定的内容和法律规范（条文、文本）本身，只是根据适用语境不同而有不同指代。

第二，党内法规制定主体是特定的。不是任何主体制定的规章制度都是党内法规。《中国共产党党内法规制定条例》第三条规定，党内法规只能由“党的中央组织，中央纪律检查委员会以及党中央工作机关和省、自治区、直辖市党委”来制定。具体而言：

所谓“党的中央组织”，依照党章，包括党的全国代表大会、党的中央委员会、党的中央政治局、中央政治局常务委员会、中央委员会总书记、中央书记处、党的中央军事委员会。理论上，以上主体都可以制定党内法规。从《中国共产党党内法规制定条例》的后续规定和实践操作来看，党章由党的全国代表大会负责修改，其他各类党内法规则由党的中央委员会、党的中央政治局、中央政治局常务委员会、党的中央军事委员会制定。中央委员会总书记、中央书记处并不制定党内法规。

所谓“中央纪律检查委员会”即中央纪委。依照党章，它是由党的全国代表大会选举产生，在中央委员会领导下进行工作的党内监督专责机关。党的中央纪律检查委员会并不属于党章和《中国共产党党内法规制定条例》所说的“党的中央组织”。而且，只有“中央”一级的纪律检查委员会才能制定党内法规。

所谓“党中央工作机关”，依照《中国共产党工作机关条例（试行）》，

① 有学者指出，党内法规概念可以在两种意义上使用，其一为狭义的、“文本”意义上的党内法规，其二是广义的、“规范”意义上的党内法规。这种说法与本书的用词类似，但区分要旨不同，其同样是成立的。参见宋功德、张文显：《党内法规学》，高等教育出版社 2020 年版，第 19 页。

主要包括办公厅（室）、职能部门、办事机构和派出机关。中央办公厅和职能部门无须多做解释。此处的“办事机构”是协助党委办理某一方面重要事务的机构，一般是指党委为加强跨领域、跨部门重要工作的领导和组织协调而设立的议事协调机构的常设办事机构，承担议事协调机构的综合性服务工作。此处的“派出机关”是指党委为加强对特定领域、行业、系统领导而派出的工作机关，根据有关规定代表党委领导该领域、行业、系统的工作。

所谓“省、自治区、直辖市党委”，是指省一级的中国共产党委员会。应注意，《中国共产党党内法规制定条例》并未明确将党内法规制定权赋予省、自治区、直辖市“党的代表大会”，这一点与中央一级的规定不同。党章第二十六条关于党的地方各级代表大会职权的规定中，也并未明确党内法规的制定权。① 这一差异的根源在于，“党章”这一最高层级的党内法规只能由党的全国代表大会修改，但地方党的代表大会无从与之对应。当然，依照惯例，自中国共产党第十二次全国代表大会在 1982 年通过《中国共产党章程》，此后对党章都只进行过“修改”而非“制定”。但在笼统意义上，党的全国代表大会作为“党的中央组织”，有党内法规的制定（修改）权，而党的地方代表大会则并未明确这一权力。

第三，党内法规规范的是特定的内容。并不是所有的问题都需要依靠党内法规处理。按照《中国共产党党内法规制定条例》的界定，党内法规规范的是“党的领导与党的建设活动”。当然，这只是一种概括性的说法。具体而言，依据《中国共产党党内法规制定条例》第四条规定：“制定党内法规，主要就以下事项作出规定：（一）党的各级各类组织的产生、组成、职权职责；（二）党的领导和党的建设的体制机制、标准要求、方式方法；（三）党组织工作、活动和党员行为的监督、考核、奖惩、保障；（四）党的干部的选拔、

① 《中国共产党章程》第二十六条规定：“党的地方各级代表大会的职权是：（一）听取和审查同级委员会的报告；（二）审查同级纪律检查委员会的报告；（三）讨论本地区范围内的重大问题并作出决议；（四）选举同级党的委员会，选举同级党的纪律检查委员会。”

教育、管理、监督……”

在党内法规的规范事项上，有几个问题需要明确：其一，由于党的领导地位，党内法规并不是只规范纯粹的“党内”事项。《中国共产党党内法规制定条例》将“党的领导”与“党的建设”并列，虽然两者密不可分，但“党的建设”相对更偏向于党内，具体指与党的政治建设、思想建设、组织建设、作风建设、纪律建设有关的内容。与之相比，“党的领导”则会与党外空间、党外主体和党外事项产生联系。[①] 例如，党对国家机关的领导，对社会组织的领导，对政法、宣传、统战等某一方面工作的领导等，都不可能仅局限在“党内”范围。对此，后续“党的领导法规”一章将详细阐释。其二，党内法规虽然是中国共产党的规范，但也不只规范“中国共产党党员”。2012 年《中国共产党党内法规制定条例》曾经将党内法规定义为“规范党组织的工作、活动和党员行为的党内规章制度的总称”，后在 2019 年修订时作出重大修改，将这一表述删去。实践中，有时对非中共党员的行为也会参照党内法规进行规范。例如，《党政领导干部选拔任用工作条例》第四条第三款规定：“上列机关、单位选拔任用非中共党员领导干部，参照本条例执行。”此外，包括党员领导干部的近亲属在内的一些普通公民，在某些情况下也有可能成为党内法规的规范对象。

第四，党内法规必须采用特定的名称。党内法规在外型上有一个较为容易识别的特征，即其只能以特定的名称来命名。《中国共产党党内法规制定条例》第五条第一款规定：“党内法规的名称为党章、准则、条例、规定、办法、规则、细则。”其中，党章对党的性质和宗旨、路线和纲领、指导思想和奋斗目标、组织原则和组织机构、党员义务权利以及党的纪律等作出根本规定。准则对全党政治生活、组织生活和全体党员行为等作出基本规定。条例对党的某一领域重要关系或者某一方面重要工作作出全面规定。规定、办法、规则、细则对党的某一方面重要工作的要求和程序等作出

① 参见屠凯：《论党内法规制度体系的主要部门及其设置标准》，载《中共中央党校学报》2018 年第 1 期。

具体规定。

七种名称的使用是有条件和限制的。“党章”专指《中国共产党章程》，只能由党的全国代表大会修改。“准则”“条例”只有党的中央组织可以制定。规定、办法、规则、细则则是所有具有党内法规制定权的主体都可以制定。换言之，党的中央组织中，党的全国代表大会修改党章，其他党的中央组织可以制定除党章外所有类型的党内法规，党的中央组织制定的党内法规被称为“中央党内法规”。中央纪律检查委员会以及党中央工作机关和省、自治区、直辖市党委制定的党内法规，可以使用规定、办法、规则、细则的名称。

（二）党内法规与相似概念的区别

准确理解党内法规的概念，还需要从相似概念的比较上厘清党内法规概念的外延，进而精准识别党内法规。

第一，党的制度与党内法规。从党内法规概念中可以看到，党的制度是党内法规的上位概念。党的制度是党将各种有益的做法、经验等加以提练而成的，较为稳定的规则、流程、办事方式等。在固定架构、程序、标准，形成相对稳定而可预测的行为模式和后果方面，党的制度与党内法规是相同的。但党的制度有成文的，也有不成文的，即使是成文的制度，也可能只是规定在党的文件中，不具备党内法规的形式和名称。另外，各级各类党组织内部都可能形成某些制度，它们中的许多都无法纳入“党内法规”概念中去。①

第二，党的主张与党内法规。“党的主张是秉持初心和使命的中国共产党为实现革命理想和奋斗目标而提出的在一定历史时期应遵循的理论、路线、方针、政策。”② 从目前官方使用“党的主张”的场合看，党的主张是指

① 参见韩强：《党内法规与党内制度的区别》，载《学习时报》2007 年 3 月 5 日，第 5 版；李忠：《党内法规建设研究》，中国社会科学出版社 2015 年版，第 7—9 页。

② 王伟国：《国家治理体系视角下党内法规研究的基础概念辨析》，载《中国法学》2018 年第 2 期。

那些重大的、基础性的、有相当指引意义的论述，它们通常以“报告”“决定”“决议”等极为高级的形式出现。如习近平总书记代表第十八届中央委员会于2017年10月18日在中国共产党第十九次全国代表大会上向大会作的名为《决胜全面建成小康社会 夺取新时代中国特色社会主义伟大胜利》的报告，即我们所说的“党的十九大报告”，中国共产党第十八届中央委员会第四次全体会议通过的《中共中央关于全面推进依法治国若干重大问题的决定》等，都属于党的主张。党的主张不具备党内法规的外在形式，其内容也不是在固定和设计党的领导与党的建设的某些具体制度。所以，党的主张与党内法规有明显区别。但是，党的主张类文件中承载的是党中央对一定时期内各项工作的重要决策和论断。它是党内法规制定、修改、完善的遵循和上位指引。党内法规不仅不能违背党的主张，而且应当在自身调整范围内，努力将党的主张转化为有效的规章制度。

第三，党的纪律与党内法规。党的纪律与党内法规极易混淆。党章规定：“党的纪律是党的各级组织和全体党员必须遵守的行为规则。”中国共产党早期的许多党内法规，规定的都是“党的纪律”。许多人在提到党内法规的时候，首先想到的例子也是如《中国共产党纪律处分条例》等党的纪律规范，正如普通民众对“法律”的感知会不自觉地偏向于“刑法”一样。这归根结底是因为纪律的“行为规则”属性与人们对“规则”本质的认知最为匹配，其附带的“罚则”也与个人利益最为相关。但党的纪律与党内法规不能等同。并不是所有党的纪律都体现为党内法规，也不是所有党内法规都规定党的纪律，两者是交叉关系。

第四，党的规矩与党的纪律、党内法规。“党的规矩”是党的十八大以来的重要政治概念。习近平总书记指出：“我们党的党内规矩是党的各级组织和全体党员必须遵守的行为规范和规则。党的规矩总的包括什么呢？其一，党章是全党必须遵循的总章程，也是总规矩。其二，党的纪律是刚性约束，政治纪律更是全党在政治方向、政治立场、政治言论、政治行动方面必须遵守的刚性约束。其三，国家法律是党员、干部必须遵守的规矩，法律是党领导人民制定的，全党必须模范执行。其四，党在长期实践中形成的优良传统和工作惯例。”[①]从“行为规范和规则”的属性讲，党的规矩和党的纪律很相像。但显然，党的规矩比党的纪律范围要大，党纪只是党的规矩的其中一方面。习近平总书记解释道：“纪律是成文的规矩，一些未明文列入纪律的规矩是不成文的纪律；纪律是刚性的规矩，一些未明文列入纪律的规矩是自我约束的纪律。”[②]与党的纪律类似，党的规矩和党内法规的关系同样也是交叉关系。党的规矩中，党章属于党内法规，党的纪律有部分会转化为党内法规，国家法律、党的优良传统和工作惯例则并非党内法规。

二、党内规范性文件

除党内法规外，党内规范性文件也是党内法规领域的基础概念。2019 年《中国共产党党内法规和规范性文件备案审查规定》修订，党内规范性文件与党内法规的关系相应发生改变。明确党内规范性文件的概念范围及其与党内法规的关系，是正确理解党内法规现象的关键。

（一）党内规范性文件的界定及特征

2019 年新修订的《中国共产党党内法规和规范性文件备案审查规定》（以下简称 2019 年“备案审查规定”）第二条第二款规定：“本规定所称规范性文件，指党组织在履行职责过程中形成的具有普遍约束力、在一定时期内可以反复适用的文件。”单从这一界定中，我们很难直接抓取党内规范性文件的特征。但若了解 2012 年《中国共产党党内法规与规范性文件备案规定》（以下简称 2012 年“备案规定”）对“党内规范性文件”的界定，并对比这一概念的前后修订之处，目前概念背后的考量便会显现出来。

2012 年“备案规定”第二条第二款规定：“本规定所称规范性文件，是指中央纪律检查委员会、中央各部门和省、自治区、直辖市党委在履行职责过程中形成的具有普遍约束力、可以反复适用的决议、决定、意见、通知等

① 2015 年 1 月 13 日，习近平总书记在第十八届中央纪律检查委员会第五次全体会议上的讲话。

② 2015 年 1 月 13 日，习近平总书记在第十八届中央纪律检查委员会第五次全体会议上的讲话。

文件，包括贯彻执行中央决策部署、指导推动经济社会发展、涉及人民群众切身利益、加强和改进党的建设等方面的重要文件。”新旧对比，可以看到，现行的“党内规范性文件”有如下特征：

第一，党内规范性文件的内容比较宽泛。2012 年“备案规定”对党内规范性文件的内容进行了一定限制。当时的规范性文件主要是指那些“贯彻执行中央决策部署、指导推动经济社会发展、涉及人民群众切身利益、加强和改进党的建设等方面的重要文件”。这样的规定，使有权主体制定的不涉及以上内容的重要文件，如调整其自身事务或内部工作的文件脱逸于规范性文件范畴之外。2019 年“备案审查规定”删除了对规范性文件内容的限制，仅保留了两个形式上的判断要件即“有普遍约束力”和“可以反复适用”。前者要求文件的对象范围不能是个别或数量特定的人，后者要求文件的适用时间有一定跨度，不是一次性的，而能够在一定时期内多次适用。

第二，党内规范性文件的名称有限制。党内规范性文件的名称是什么，并没有规范直接规定。中共中央办公厅、国务院办公厅联合印发的《党政机关公文处理工作条例》规定了十五种公文种类即决议、决定、命令、公报、公告、通告、意见、通知、通报、报告、请示、批复、议案、函、纪要。但党内规范性文件并不一定以上述名称命名，这些公文种类也不全都有机会成为党内规范性文件的名称。不过，这并不意味着党内规范性文件可以使用任何名称。《中国共产党党内法规制定条例》第五条第一款规定：“党内法规的名称为党章、准则、条例、规定、办法、规则、细则。”这不仅是说党内法规只能使用以上七种名称，而且是指以上七种名称专属于党内法规，不能被运用到党内规范性文件或其他文件的名称之上。在党内法规理论和实务成熟完善的过程中，不排除有使用不规范的例外，但时至今日，应当如此理解。实践中，党内规范性文件多以“意见”“通知”等名称出现，但也有诸如《2019—2023 年全国党员教育培训工作规划》《省（自治区、直辖市）污染防治攻坚战成效考核措施》等以其他名称命名的党内规范性文件。

第三，并非任何文件都是党内规范性文件。党中央对规范性文件备案审查的要求，历来是“有件必备、有备必审、有错必纠”。2019 年“备案审查规定”对规范性文件主体和内容的放开，在相当程度上保障了这一目标的进一步实现。但也并不是任何文件都是党内规范性文件。2019年“备案审查规定”第二条第三款规定：“下列文件不列入备案审查范围：（一）印发领导讲话、年度工作要点、工作总结等内容的文件；（二）关于人事调整、表彰奖励、处分处理以及机关内部日常管理等事项的文件；（三）请示、报告、会议活动通知、会议纪要、情况通报等文件；（四）其他按照规定不需要备案审查的文件。”在党内规范性文件“有件必备”的要求下，此处的“不列入备案审查范围”，是指上述文件根本不属于“党内规范性文件”，而不是说其属于党内规范性文件但不需要审查。从这些文件的实际内容看，它们也的确不符合“有普遍约束力”和“可以反复适用”的条件。

另外，2012年“备案规定”的反向列举中，曾指明“机关内部工作制度和工作方案”不属于备案范围。2019年“备案审查规定”删除了这一项。换言之，机关内部工作制度和工作方案如果适用范围较为普遍，且在一定时期内可反复适用，同样需要备案审查。

（二）党内法规与党内规范性文件的关系

党内法规与党内规范性文件在制定主体、名称等方面有明显的不同。但共同的“规范”属性，又使两者之间具备了相似的基调和色彩，存在着千丝万缕的联系。深入理解党内法规和党内规范性文件两个概念，必须加深对这种联系的理解。具体而言，这种联系体现为以下两个方面。

一是概念关系。党内法规是以规范形式出现的党内规章制度的集合，当然也具有“普遍约束力”和“反复适用性”。党内规范性文件既然要求有普遍约束力和反复适用性，其规定的内容自然同样是党的“规章制度”。从这个角度讲，党内法规和党内规范性文件非常相似，两者都是党内规范的一种类型，“规范”属性是两者统一的基础，也是两者不同于其他党内文件的最重要特征。因此，本书认为，可以将“党内规范”作为党内法规和党内规范性文件的上位概念，简称“党规”。

不过，学界也存在一种倾向，即“党内法规”概念的广义化运用。有学者在使用“党内法规”一词时，实际上指代的是全部的党内规范，既包括狭义上的党内法规（即本书界定的党内法规），也包括党内规范性文件。在目前上位概念难以达成共识的情况下，“党内法规”的广义用法正在成为一种使用习惯，读者应注意区分和辨别这一情况。

二是效力关系。党内法规由不同主体制定，相应地采用不同名称，形成不同种类的党内法规。这些党内法规是有效力等级的。《中国共产党党内法规制定条例》第三十一条规定：“制定党内法规，应当严格遵循效力位阶要求：（一）党章在党内法规中具有最高效力，其他任何党内法规都不得同党章相抵触；（二）中央党内法规的效力高于中央纪律检查委员会以及党中央工作机关和省、自治区、直辖市党委制定的党内法规，中央纪律检查委员会以及党中央工作机关和省、自治区、直辖市党委制定党内法规不得同中央党内法规和规范性文件相抵触；（三）中央纪律检查委员会以及党中央工作机关制定的党内法规的效力高于省、自治区、直辖市党委制定的党内法规，省、自治区、直辖市党委制定党内法规不得同中央纪律检查委员会以及党中央工作机关制定的党内法规相抵触。”以党内法规的名称与之对应，“党章”效力最高毋庸置疑，“准则”“条例”的效力低于“党章”，不得与其相抵触，但“准则”和“条例”之间效力如何并无明确的规定。通常认为，“准则”的效力高于“条例”。[①]“规定、办法、规则、细则”效力低于“党章、准则、条例”。前述四种党内法规相互之间的效力没有高低之分，只是党的中央组织制定的规定、办法、规则、细则的效力要高于中央纪委、党的中央工作机关制定的规定、办法、规则、细则；中央纪委、党的中央工作机关制定的规定、办法、规则、细则的效力又要高于省一级党委制定的规定、办法、规则、细则。

---

① 认为“准则”效力高于“条例”的原因在于，“准则”是对“全党”政治生活、组织生活和全体党员行为等作出“基本规定”，“条例”只是对党的“某一领域重要关系”或者“某一方面重要工作”作出“全面规定”。准则的范围和内容更加具有“基本性”。更加重要的是，“准则”草案一般由党的中央委员会全体会议审议批准，“条例”草案则一般由中央政治局会议审议批准。从批准主体来看，“准则”的效力更高。

党内规范性文件的效力等级无明确规定，但实际上也有效力高低之分。首先应当根据党组织的级别判断党内规范性文件的效力等级。在此基础上，可与党内法规效力等级相对应来判断党内规范性文件的效力等级。例如，党的中央组织制定的党内规范性文件，其效力高于中央纪委、党的中央工作机关制定的党内规范性文件，高于党的地方组织制定的党内规范性文件，后者不得与前者相抵触。

特别要注意的是，党内法规与党内规范性文件之间也有效力等级关系。但并不能说，某一主体制定的党内法规，效力一定高于其制定的规范性文件，也不能认为，凡是党内法规，效力就高于任何党内规范性文件。在有限的规范中，党内法规和党内规范性文件的效力高低依然取决于其制定主体。依据前述《中国共产党党内法规制定条例》第三十一条第二项的规定，党的中央组织制定的“党内规范性文件”，效力要高于中央纪委、党的中央工作机关、省一级地方党委制定的“党内法规”。因为后者制定的党内法规不仅不能与前者制定的“党内法规”相抵触，还不能与前者制定的“规范性文件”相抵触。但相应地，该条第三项并未作出与第二项类似的规定，即省、自治区、直辖市党委制定“党内法规”只是不得同中央纪委及党中央工作机关制定的“党内法规”相抵触，而未提到“党内规范性文件”。所以，中央纪委、党的中央工作机关制定的“党内规范性文件”效力并不一定比省一级党委制定的“党内法规”高，这是比较特殊的地方。

三、党内法规制度体系

依《汉语大词典》，“体系”是指“若干有关事物或某些意识互相联系而构成的一个整体”。从标准含义看，“体系”指的是事物组成的客观集合，本身并不带有主观价值判断。但依当前流行的使用习惯，“体系”往往带有正向评价的色彩。其不仅指事物间存在联系，还意味着这种联系或多或少是清晰、有序、协调且符合某种规律的。依此，“党内法规制度体系”是指以党内法规为载体的党内各项制度，按照某种内在规律有序地排列组合而形成的，一个界限分明、逻辑清晰、协调一致的整体。

前文已述，“党内法规”一词，本身就既可以指党内法规“制度”（即其内容），也可以指党内法规“规范”或“文本”（即其外在形式）。在《中国共产党党内法规制定条例》中使用的是“党内法规体系”，在党的十八届四中全会通过的《中共中央关于全面推进依法治国若干重大问题的决定》中，则同时使用了“党内法规体系”和“党内法规制度体系”两种表述。后来为强调党内法规的制度属性，党的官方文件，包括党的十九大报告中，开始越来越多地使用“党内法规制度”的完整说法，以使其与“党内法规文本”有一定的区分。相应地，“党内法规体系”被调整为“党内法规制度体系”。不过，考虑到党内法规本身就是规章制度的集合，“党内法规体系”与“党内法规制度体系”之间并无本质差别，只是后者更加清晰。[①] 反倒是“党内法规规范（文本）体系”与“党内法规制度体系”之间存在某些差异，对此后文将略加叙述。

（一）党内法规制度体系概述

2016 年 12 月，中共中央印发《关于加强党内法规制度建设的意见》（以下简称《意见》）。《意见》贯彻落实以习近平同志为核心的党中央关于全面从严治党、依规治党的重大决策部署，从指导思想、总体目标等方面对加强新形势下党内法规制度建设提出明确要求，作出统筹部署。其中，涉及“党内法规制度体系”的内容非常丰富。

首先，《意见》提出，到建党 100 周年时，要“形成比较完善的党内法规制度体系、高效的党内法规制度实施体系、有力的党内法规制度建设保障体系，党依据党内法规管党治党的能力和水平显著提高”。这是党内法规制度建设的总体目标。从中可以看出，“党内法规制度体系”是与“党内法规

① 部分学者认为，党内法规体系是党内法规制度体系的核心组成部分，是在党内法规制度体系中发挥基础骨干作用的“子体系”，即前者是后者的下位概念。参见宋功德、张文显：《党内法规学》，高等教育出版社 2020 年版，第 41 页。对此，本书提出不同观点。“党内法规”是“党的制度”的下位概念，但并不是“党内法规制度”的下位概念。所以，“党内法规体系”是“党的制度体系”的一部分，却不是“党内法规制度体系”的一部分。党内法规本身就是“规章制度”，“党内法规制度”只是将党内法规的这一特点表述得更加清晰，从而与“党内法规文本”或“党内法规规范”相对应而已。

制度实施体系”“党内法规制度建设保障体系”相并列的体系之一。因此，所谓的“党内法规制度体系”是一个偏静态的体系，是从“立规”层面描绘的体系，要求的是党内法规制度本身的完备性、科学性。

其次，《意见》强调，“党内法规制度体系，是以党章为根本，以民主集中制为核心，以准则、条例等中央党内法规为主干，由各领域各层级党内法规制度组成的有机统一整体”。这里从党内法规的种类或者说名称入手，在纵向层面上描述了一种党内法规制度体系。这一体系与党内法规的位阶相关联，以党章为最上位规范，第二层级是准则、条例，第三层级是其他党内法规，即一种“1+2+4”的体系。

最后，《意见》强调：“要坚持目标导向和问题导向，按照‘规范主体、规范行为、规范监督’相统筹相协调原则，完善以‘1+4’为基本框架的党内法规制度体系，即在党章之下分为党的组织法规制度、党的领导法规制度、党的自身建设法规制度、党的监督保障法规制度 4 大板块。”这里从党内法规的内容入手，在横向层面上描绘了另一种党内法规制度体系。这种体系超越了党内法规的位阶，以“党章”为根本和统领，下辖“组织法规制度”“领导法规制度”“自身建设法规制度”“监督保障法规制度”四部分。这也是目前学界和实务界普遍接受的一种体系。

对于以“1+4”为基本框架的党内法规制度体系，有几个问题需要注意：

第一，“1+4”的体系是根据内容编排的体系，除党章因为是根本性的党内法规而单独列出外，其他四大板块实际包括了各种位阶的党内法规。例如，在“党的组织法规制度”板块中，既包括某些“条例”，也包括很多“规定、办法、规则、细则”。在“党的自身建设法规制度”板块甚至还包括“准则”。当然，党章中同样规定了涉及党的组织法规制度、领导法规制度、自身建设法规制度、监督保障法规制度的内容，“1+4”由此形成了一个整体。

第二，“1+4”的体系是一种“制度体系”，从精细的层面来看，其与党内法规“文本体系”有一点差别，两者间呈现交叉关系。换言之，某些党内法规文本，其中可能既含有党的组织制度的内容，也含有党的领导的体制机制的内容，还含有涉及党的自身建设和监督保障的相关制度。例如，《中国共产党政法工作条例》无疑属于“党的领导法规”（文本），但其中关于党中央、各级地方党委、党委政法委领导政法工作的具体职权职责的规定，在特征上十分类似于“党的组织制度”。诚然，“党的领导法规制度”本身就应当包括领导主体及其权限的相关内容，但我们可借此了解党内法规“制度”与“文本”的些许差别，从而加深对党内法规制度体系的理解。

第三，理解“1+4”的党内法规制度体系不能过于僵硬，不应苛求所有的党内法规制度都能无阻碍、无异议地恰好放置于四大板块之中。在四大板块的边缘，原本就有一些交叉和模糊的地方。例如，《关于新形势下党内政治生活的若干准则》既可以属于“党的自身建设法规制度”，也可以属于“党的监督保障法规制度”，《中国共产党纪律处分条例》也是同理。只是我们从该党内法规的主要目的和逻辑出发，一般将前者纳入党的自身建设法规制度，而将后者纳入党的监督保障法规制度中。再如，在党的领导法规制度中，一定也会规定领导主体、权限等方面的内容，也会有党的组织法规制度的内容。

（二）现行党内法规体系一览

为进一步加深对党内法规制度体系的理解，通过对各个板块重要党内法规的列举，可粗略浏览现行党内法规制度体系。

党的组织法规，是调整党的各级各类组织产生、组成、职权职责等的党内法规，为党管党治党、执政治国提供组织制度保障。例如，《中国共产党地方委员会工作条例》《中国共产党支部工作条例（试行）》《中国共产党国有企业基层组织工作条例（试行）》《中国共产党地方组织选举工作条例》等。

党的领导法规，是规范和保障党对各方面工作实施领导，明确党与人大、政府、政协、监察机关、审判机关、检察机关、武装力量、人民团体、企事业单位、基层群众性自治组织、社会组织等领导与被领导关系的党内法规，为党发挥总揽全局、协调各方领导核心作用提供制度保障。例如，《中国共产党政法工作条例》《中国共产党农村工作条例》《中国共产党统一战线工作条例》《中国共产党机构编制工作条例》等。

党的自身建设法规，是调整党的政治建设、思想建设、组织建设、作风建设、纪律建设等的党内法规，为提高党的建设质量、永葆党的先进性和纯洁性提供制度保障。例如，《关于新形势下党内政治生活的若干准则》《中国共产党廉洁自律准则》便都属于党的自身建设法规制度。再如，《党政机关厉行节约反对浪费条例》《党政机关国内公务接待管理规定》《干部教育培训工作条例》《中国共产党发展党员工作细则》等，也属于党的自身建设法规。

党的监督保障法规，是调整党的监督、激励、惩戒、保障等的党内法规，为保证党组织和党员干部履行好党和人民赋予的职责提供制度保障。例如，《中国共产党党内监督条例》《中国共产党问责条例》《中国共产党纪律处分条例》《中国共产党党员权利保障条例》《中国共产党党内法规执行责任制规定（试行）》《领导干部干预司法活动、插手具体案件处理的记录、通报和责任追究规定》《干部选拔任用工作监督检查和责任追究办法》等。

认识一个新现象，了解一个新领域，无法不借助概念。学习党内法规首先要从精确掌握概念开始。目前的党内法规理论与实践仍然在发展之中，这决定了目前的概念还有许多争议，也可能有不成熟之处。但越是如此，越要在看似纷繁复杂的表象中掌握概念的核心意蕴，进而把握党内法规的基本规律，如此方能走得更远，也更加平稳。

第二节　党内法规的历史沿革

中国共产党自成立之初就开始着手建立党内各项规章制度。若以现在的“党内法规”概念对应过往的历史和实践，1921 年中国共产党第一次全国代表大会通过的《中国共产党纲领》就已经是党内法规制度建设的开端。① 不

① 2021 年 7 月，中共中央办公厅法规局印发的《中国共产党党内法规体系》指出，1921 年 7 月，党的一大通过中国共产党第一个纲领，这是党的历史上第一部党内法规，具有党章性质。

过，除具体的党内法规制度外，“党内法规”概念本身也有一个发展历程，这个历程在与“实践”相对应的“理论”层面上，反映了党对党内法规认识的不断加深，显现出党内法规学科的源流，体现了党内法规学术研究的不断进步。有鉴于此，本节将从概念史和制度史两个层面分别探讨党内法规的历史沿革。在具体的历史分期问题上，本书以政治史演进为基础，同时着重考虑根据党对党内法规认识的巨大进步及党内法规制度自身的突破性发展，将党内法规的历史分为四个阶段：一是产生阶段，即 1921 年中国共产党成立至 1949 年中华人民共和国成立；二是初步发展阶段，即 1949 年中华人民共和国成立至 1978 年党的十一届三中全会召开；三是加速发展阶段，即 1978 年党的十一届三中全会至 2012 年党的十八大之前；四是全面发展阶段，即党的十八大至今。

一、产生阶段：1921—1949 年

自中国共产党诞生至中华人民共和国成立，是党内法规的产生阶段。这一阶段的历史背景及中国共产党的发展阶段、现实地位和主要任务，决定了这一阶段党内法规的基本面相和相应特色。

（一）概念史

一般认为，“党内法规”一词被初次使用是源自 1938 年毛泽东同志在扩大的党的六届六中全会上作的《论新阶段——抗日民族战争与抗日民族统一战线发展的新阶段》的政治报告。[①] 毛泽东同志指出：“为使党内关系走上正轨，除上述四项最重要的纪律外，还须制定一种较详细的党内法规，以统一各级领导机关的行动。”[②]

除了毛泽东同志之外，刘少奇同志也多次提到相似表述。1938 年，刘少奇在扩大的党的六届六中全会上作《党规党法的报告》时提出：“要保证

① 参见周叶中：《关于中国共产党党内法规建设的思考》，载《法学论坛》2011 年第 4 期；付子堂：《党内法规建设的历史经验与时代创新》，载《法制日报》2016 年 11 月 23 日，第 9 版。

② 《毛泽东选集》（第二卷），人民出版社 1991 年版，第 528 页。

党的团结与统一，除政治上思想上之统一外，条文上亦应规定法律上非团结不可，以避免个别人破坏党的团结与统一，并以此党规与党法教育同志。”①1945 年，刘少奇同志又在《关于修改党章的报告》中再次指出：“党章，党的法规，不仅是要规定党的基本原则，而且要根据这些原则规定党的组织之实际行动的方法，规定党的组织形式与党的内部生活的规则。”②

在这一阶段，党内法规概念刚刚产生，其具体的表述并不一致。“党规”“党规党法”“党的法规”等表述共存于领导人讲话、党的官方文件和重要文献中。从前后语境看，毛泽东同志使用“党规”，包括后来使用“党内法规”时，首先是将其作为一种管党治党的“纪律”来看待，目的主要在于确保党的团结一致。其希望建立的党内法规是“党的法纪之一部分”，是除四项最重要纪律（个人服从组织、少数服从多数、下级服从上级、全党服从中央）外“较为详细的”纪律。当然，当时并不严格区分“法”“规”“纪”。在 1938 年时，刘少奇同志还将“党规”和“党法”并列，并说明“条文上亦应规定法律上非团结不可”，可见其并不区分“党规”和“法律”，而主要取“规”和“法”的共同之处。或者说，当时党的领导人习惯于以“法”的思维理念来类比党规党纪。

（二）制度史

与概念相似，这个时期各项党内法规制度同样处在“从无到有”初创阶段。党章、党的组织制度、涉党的纪律方面的党内法规制度得到了相当程度的发展。其中最为重要的是历次党章的制定或修改。了解党内法规制度的发展史，首先要了解党章的制定与修改史。

1921 年 7 月在上海召开的中国共产党第一次全国代表大会讨论和通过了《中国共产党纲领》(以下简称《纲领》)。《纲领》共十五条，规定了党的名称、性质和纲领，提出了党的最终奋斗目标。《纲领》宣布“我党定名为

① 中共中央文献研究室、中共中央党校编:《刘少奇论党的建设》，中央文献出版社 1991 年版，第 46 页。

② 《刘少奇选集》(上卷)，人民出版社 1981 年版，第 316 页。

‘中国共产党’”；规定了党的纲领是“以无产阶级革命军队推翻资产阶级，由劳动阶级重建国家，直至消灭阶级差别；采用无产阶级专政，以达到阶级斗争的目的——消灭阶级；废除资本私有制，没收一切生产资料，如机器、土地、厂房、半成品等，归社会所有；联合第三国际”。《纲领》也对党的组织章程、党的组织原则、组织机构和发展党员作了明确的规定。

1922 年 7 月在上海召开的中国共产党第二次全国代表大会，讨论和通过了《中国共产党章程》。这部章程共六章，二十九条。章程明确提出了彻底地反对帝国主义和反对封建主义的民主革命纲领，即党的最高纲领；规定了党员条件和入党手续，对党的组织原则、组织机构、党的纪律和制度作了具体的规定。

1923 年 6 月在广州召开的中国共产党第三次全国代表大会，通过了《中国共产党第一次修正章程》。章程共六章，三十条，基本沿用了二大党章的结构和内容，只对个别条文作了改动。如规定了新党员候补期以及候补党员和正式党员的权利和义务。

1925 年 1 月在上海召开的中国共产党第四次全国代表大会，通过了《中国共产党第二次修正章程》。章程规定“凡有党员三人以上均得成立一支部”，将党的支部规定为党的基层单位。

1927 年 4 月至 5 月在武汉召开的中国共产党第五次全国代表大会没有专门讨论修改党章的问题，后中共中央政治局于 1927 年 6 月 1 日通过了《中国共产党第三次修正章程决案》。这也是中国共产党历史上唯一一次不是由党的全国代表大会制定（修改）的党章。这个决案共有十二章，八十五条。党章明确规定“党部的指导原则为民主集中制”，入党者的年龄必须在 18 岁以上，并且把党与青年团的关系列入党章，还规定了监察委员会的设置。在“党的中央机关”一章中，明文规定中央委员会除选举正式中央委员一人为总书记外，还要选举“中央政治局”，体现了加强集体领导的精神。

1928 年 6 月至 7 月在莫斯科举行的中国共产党第六次全国代表大会，通过了《中国共产党党章》（名称没有用以前的章程）。党章共十五章，五十三条。六大党章在五大党章的基础上作了一些调整。例如，党章规定“中国共产党为共产国际之一部分，命名为‘中国共产党’，为共产国际支部”；“凡承认共产国际和本党党纲及党章，加入党的组织之一，在其中积极工作，服从共产国际和本党一切决议案且经常缴纳党费者，均得为本党党员”。此外，六大党章对党的干部、入党手续、党员党籍等作出了规定。

1945年4月至6月在延安召开的中国共产党第七次全国代表大会，通过了《中国共产党党章》，是我党独立自主制定的第一部党章。① 七大党章共有十一章、七十条。它增加了党章的总纲部分，这是每一个党员“一切活动的准则”，还确定了毛泽东思想为全党的指导思想，完善了党的民主集中制的原则。

除党章外，在这段历史时期内，其他党内法规制度也开始产生并逐步发展。

党的组织法规制度方面。1923年党的三大通过《中国共产党中央执行委员会组织法》。1925年党的四大通过《对于组织问题之议决案》，确定了“民主集中制”的组织原则。1927年党的五大通过《组织问题议决案》，确立了党的集体领导制度。再配合党章中的组织条款，中国共产党的基本组织原则、组织架构已渐渐成形。后党根据抗战的要求和形势，于1942年通过《关于统一抗日根据地党的领导及调整各组织间关系的决定》，1943年又作出《关于中央机构调整及精简的决定》，以组织制度确保党能够在复杂的环境中生存和发展。

涉及党的纪律的法规制度。中国共产党初创之时，就明确自己不是“知识者所组织的马克思学会”，也不是“少数共产主义者离开群众之空想的革命团体”，“应当是无产阶级中最有革命精神的大群众组织起来的为无产阶级之利益而奋斗的政党，为无产阶级做革命运动的急先锋”。这决定了，“党的内部必须有适应于革命的组织与训练”。“凡一个革命的党，若是缺少严密的、集权的、有纪律的组织与训练，那就只有革命的愿望，便不能够有力量去

① 2021年7月，中共中央办公厅法规局印发的《中国共产党党内法规体系》指出，1945年4月至6月召开的党的七大，将毛泽东思想确立为党的指导思想并写入党章，这部党章是第一部党完全独立自主制定的党章，是党成熟的重要标志。

做革命的运动。”[①] 中国共产党历来重视党的纪律，与党纪相关的党内法规制度也一直作为重中之重来建设。1927 年中央发布《政治纪律决议案》，要求以“最严密的政治纪律”作为“共产党所必具的最低条件”。1928 年中央发布第五号通告《巡视条例》，初步尝试建立巡视制度。《巡视条例》明确规定了巡视员的条件、职责和任务，巡视期限、巡视方式，特别规定了中央、省委、县委、特委都须设专门巡视员。1931 年中央又通过了《中央巡视条例》。1948 年 1 月毛泽东同志起草《关于建立报告制度》，后中共中央又发出《关于建立报告制度的补充指示》等一系列文件，逐步建立起请示报告制度。

此外，鉴于当时党内党外复杂的形势，中共中央还颁布了许多涉及宣传、教育的党内法规和许多涉及军队的党内法规，这些党内法规同样成为今天党的自身建设法规制度及党的军事法规制度的起点。

二、初步发展阶段：1949—1978 年

中华人民共和国成立后，党面临的现实情况和主要任务发生重要改变，党内法规相应呈现出新的发展趋势。

（一）概念史

中华人民共和国成立后，毛泽东、邓小平两位领导人同样重视党内法规。在 1955 年党的全国代表会议上，毛泽东同志指出：“对其他的问题，符合党的原则的……正确的党内法规，这样一些言论、行动，当然要积极支持，打成一片。”[②]

邓小平同志则较常使用“党规党法”的表述。1962 年邓小平同志在扩大的中央工作会议上指出：“我们还有一个传统，就是有一套健全的党的生活制度……这些都是毛泽东同志一贯提倡的，是我们的党规党法。”[③] 在 1978

① 《中共二大关于共产党的组织章程决议案》，载中国政府网，http://www.gov.cn/govweb/test/2008-05/26/content_993881.htm。

② 《毛泽东文集》（第六卷），人民出版社 1999 年版，第 400 页。

③ 《邓小平文选》（第一卷），人民出版社 1994 年版，第 300 页。

年《解放思想，实事求是，团结一致向前看》的重要讲话中，邓小平同志使用的同样是“党规党法”的提法。他说：“国要有国法，党要有党规党法。党章是最根本的党规党法。没有党规党法，国法就很难保障。”[①]

（二）制度史

1956年9月26日，中国共产党第八次全国代表大会通过《中国共产党章程》，这是中华人民共和国成立以后党制定的第一部党章。党章提出了全面开展社会主义建设的任务，对贯彻党的民主集中制的根本原则作出了许多新规定，对党的组织机构也作了一些新的规定。

1969年4月14日，中国共产党第九次全国代表大会通过了《中国共产党章程》。九大党章取消了党员权利和入党预备期，取消了八大党章中关于发挥下级组织的积极性、创造性以及设立党的监察委员会等条文。

1973年8月28日，中国共产党第十次全国代表大会通过的《中国共产党章程》沿袭了九大党章的总纲和条文，只作了个别的修改和补充。

1977年8月18日，中国共产党第十一次全国代表大会通过《中国共产党章程》，它恢复了关于把中国建设成四个现代化的社会主义强国的提法。在内容上也作了较多的修改。例如，在总纲及有关条款中增写了关于民主集中制的内容；在党的中央委员会，地方县和县以上各级党的委员会，都设立纪律检查委员会等。但是，十一大党章没能清除“左”倾错误的影响，这在党的十一届三中全会后才得到彻底的纠正。

除党章外，中华人民共和国成立之后的其他各类党内法规制度也得到了初步的发展。与前一阶段相比，这一阶段的党内法规制度建设一方面沿袭了党重视组织制度、重视宣传统战工作，严明党纪的传统，另一方面也因中国共产党地位的转变而出现了规范党和国家机关关系的党内法规制度。较为重要的组织法规包括1949年《中共中央纪律检查委员会工作细则》，1950年《中共中央关于发展和巩固党的组织的指示》，1951年中国共产党第一次

① 《邓小平文选》（第二卷），人民出版社1994年版，第147页。

全国组织会议通过的《关于整顿党的基层组织的决议》，1963年关于农村基层组织、国营工业企业基层组织、商业企业基层组织的工作条例试行草案等。涉及党的纪律的党内法规如1953年《中共中央关于反对官僚主义、反对命令主义、反对违法乱纪的指示》，1954年《关于增强党的团结的决议》，1955年党的全国代表会议通过的《关于成立党的中央和地方监察委员会的决议》，1961年《党政干部三大纪律、八项注意（草案第二次修正稿）》等。涉及党和国家机关关系的党内法规制度包括1949年《关于在中央人民政府内组织中国共产党党委会的决定》《关于在中央人民政府内建立中国共产党党组的决定》，1953年《关于加强中央人民政府系统各部门向中央请示报告制度及加强中央对于政府工作领导的决定（草案）》等。另外，1953年中共中央《关于加强干部管理工作的决定》建立了干部分部分级管理体制，也是一项重要的特色制度。

三、加速发展阶段：1978—2012年

在走过了一些弯路，犯了一些错误后，全党上下对“法制”“党内法制”的重要性有了深刻认识，对党内法规的理解也提升了一大步。

（一）概念史

1978年12月13日，在中共中央工作会议闭幕会上，邓小平同志作了《解放思想，实事求是，团结一致向前看》的重要讲话，对党规国法关系做出重要论断：“国要有国法，党要有党规党法。党章是最根本的党规党法。没有党规党法，国法就很难保障。各级纪律检查委员会和组织部门的任务不只是处理案件，更重要的是维护党规党法。”[①] 随后召开的中共十一届三中全会的公报指出：“根据党的历史经验教训，全会决定健全党的民主集中制，健全党规党法，严肃党纪。”公报中其他涉及党内法规的内容，也都使用了“党规党法”的表述。

---

① 《邓小平文选》（第二卷），人民出版社1994年版，第147页。

1980年《关于党内政治生活的若干准则》基本沿用了“党规党法”的说法。其中指出:“在新的历史时期，必须认真维护党规党法，切实搞好党风。”但在该准则又规定:“《关于党内政治生活的若干准则》是党的重要法规。”可见，当时也有“党的法规”的说法。

当时使用“党规党法”的表述，其考虑可能在于：一来，“党规党法”中“党法”一词与“国法”在表述上的相似，可以顺理成章地将国家法制建设与党内制度建设的任务一并强调出来。二来，“党法”的表述可以彰显党规的关键性、紧迫性，尤其是强调党规的“制度”属性。强调党规与“法”一样，不因领导人的改变而改变，以此保证党规的相对稳定性。邓小平同志在提及“党规”时带一个“法”字，实际上强调的是党规的制度属性、客观属性。

“党内法规”概念正式确定下来是1990年中共中央印发的《中国共产党党内法规制定程序暂行条例》。条例作为党内“立法法”，正式确定了规范意义上的党内法规概念。其第二条规定：“党内法规是党的中央组织、中央各部门、中央军委总政治部和各省、自治区、直辖市党委制定的用以规范党组织的工作、活动和党员的行为的党内各类规章制度的总称。”随后在1992年党的十四大上，“党内法规”被正式写入党章，最终成为全党上下使用的统一表述。此后在江泽民、胡锦涛同志的讲话中，使用的都是“党内法规”概念。例如，江泽民同志在庆祝中国共产党成立80周年大会上的讲话中指出：“各级党组织和每个党员都要严格按照党的章程和党内法规行事，严格遵守党的纪律。”胡锦涛同志则要求：“加强以党章为核心的党内法规制度体系建设。”

2012年,《中国共产党党内法规制定条例》颁布。其中第二条规定：“党内法规是党的中央组织以及中央纪律检查委员会、中央各部门和省、自治区、直辖市党委制定的规范党组织的工作、活动和党员行为的党内规章制度的总称。”从“暂行条例”到“制定条例”，党内法规概念的核心意蕴和关键要素并未改变。“制定条例”删除了“暂行条例”中“中央军委总政治部”这一主体，但中央军委属于“党的中央组织”，所以立规主体实际上变化不大。

至于删除“各类”一词的初衷，由于缺乏资料，目前难以明晰。但从实际效果看，这一修改一来有精简表述的效果，二来在一定程度上也可以防止“党内各类规章制度”的说法不恰当地起到“概括”效果，进而引发党内法规范围过大的情况。

伴随着 2012 年《中国共产党党内法规制定条例》的出台及党的十八大后全面从严治党、依规治党的大趋势，党内法规的理论研究热潮到来，党内法规制度建设也紧锣密鼓地展开。

（二）制度史

党的十一届三中全会后，得益于党中央对“法制”的高度重视和对党内法规作用的深入理解，党内法规制度建设进入快速发展阶段。无论是党章的制定修改，还是其他党内法规制度的恢复、建立和完善，党内法规制度建设整体上进入一个快车道。

首先仍然从党章入手，总览党内法规制度建设的成果。1982 年 9 月 6 日，中国共产党第十二次全国代表大会通过关于《中国共产党章程》的决议。这部党章的重要特点是：第一，党章总纲更为充实完整，对党的性质和党的指导思想、科学社会主义的理论和实践、社会主义制度的优越性、中国现阶段社会主义的主要矛盾和党的总任务、加强党的建设基本要求等都作出了规定。对毛泽东思想也作了比七大更科学的表述。第二，对全体党员、党的干部提出更加严格的要求。党章规定，共产党员必须是“中国工人阶级的有共产主义觉悟的先锋战士”，党员“永远是劳动人民的普通一员”，党的干部“是人民的公仆”等。第三，对党的民主集中制作了比较充分、比较具体的规定。明确规定“凡属重大问题都要由党的委员会民主讨论，作出决定”，“不允许任何领导人实行个人专断和把个人凌驾于组织之上”。此外，十二大党章还将入党誓词写入党章。

1987 年 11 月 1 日，中国共产党第十三次全国代表大会通过的《关于〈中国共产党章程部分条文修正案〉的决议》，对十二大通过的党章部分条文的内容作了修正。

1992年10月18日，中国共产党第十四次全国代表大会通过的《中国共产党章程（修正案）》，对党章进行了进一步修正，突出了建设有中国特色社会主义的理论和党的基本路线。在总纲部分，阐明党开创建设有中国特色社会主义道路并不断前进的历史。还把党的“一个中心、两个基本点”的基本路线及一系列方针写入党章。

1997年9月18日，中国共产党第十五次全国代表大会通过了《中国共产党章程（修正案）》，把邓小平理论确立为党的指导思想。党章总纲规定：“中国共产党以马克思列宁主义、毛泽东思想、邓小平理论作为自己的行动指南。”党章总纲中还形成了关于邓小平理论的论述。

2002年11月14日，中国共产党第十六次全国代表大会通过了关于《中国共产党章程（修正案）》的决议，把“三个代表”重要思想同马克思列宁主义、毛泽东思想、邓小平理论一道确立为党必须长期坚持的指导思想，还对一些内容作了适当修改或完善。

2007年10月21日，中国共产党第十七次全国代表大会通过了《中国共产党章程（修正案）》，将科学发展观、中国特色社会主义道路和中国特色社会主义理论体系等成果写入党章。

除党章外，其他各类党内法规制度的建设也在紧锣密鼓地展开。以党的纪律建设为例，1978年党的十一届三中全会恢复成立中共中央纪律检查委员会，随后通过《中共中央纪律检查委员会关于工作任务、职权范围、机构设置的规定》，全党范围内的纪律检查工作开始恢复。在这一背景下，1980年中国共产党第十一届中央委员会第五次全体会议通过《关于党内政治生活的若干准则》，把党内政治生活、组织生活中的核心要求和关键问题予以明确，对党的政治建设、组织建设、作风建设、纪律建设都有举足轻重的意义。随后，1983年《关于健全党的纪律检查系统加强纪检队伍建设的暂行规定》、1987年《党的纪律检查机关案件审理工作条例》、1994年《中国共产党纪律检查机关案件检查工作条例》、2003年《中国共产党纪律处分条例》等相继出台，对维护党章和其他党内法规制度发挥了重要作用。

另外，在这一时期，党内法规制度建设的加速，还得益于其向着制度化、规范化方面发展。1990 年中共中央印发《中国共产党党内法规制定程序暂行条例》，使党内有了“立法法”，对党内法规制度的发展有重要的意义。这一条例的出台，使党内法规的定义、名称、制定主体、权限、程序等有了系统的规定，整个党内法规建设由此得以进入制度化轨道。以往因规范缺失而在党内法规制度建设实践中产生的种种不规范情况得到一定程度的解决。在这种有利条件下，部分学者开始研究党内法规，渐渐使党内法规制度建设有了理论性上的提升和发展，党内法规的专业化趋势开始出现。

四、全面发展阶段：2013 年至今

党的十八大之后，关于党内法规的理论研究成为学界风潮，党内法规成为一时显学。尤其是 2014 年党的十八届四中全会正式将“完善的党内法规体系”纳入中国特色社会主义法治体系中，对党内法规理论和制度的发展具有里程碑式的作用。

（一）概念史

党的十八届四中全会通过的《中共中央关于全面推进依法治国若干重大问题的决定》（本节以下简称《决定》）指出：“全面推进依法治国，总目标是建设中国特色社会主义法治体系，建设社会主义法治国家。这就是，在中国共产党领导下，坚持中国特色社会主义制度，贯彻中国特色社会主义法治理论，形成完备的法律规范体系、高效的法治实施体系、严密的法治监督体系、有力的法治保障体系，形成完善的党内法规体系，坚持依法治国、依法执政、依法行政共同推进，坚持法治国家、法治政府、法治社会一体建设，实现科学立法、严格执法、公正司法、全民守法，促进国家治理体系和治理能力现代化。”党中央以中央全会“决定”的形式，在最高决策层面赋予了“党内法规体系”以中国特色社会主义法治体系重要组成部分的角色，并将党内法规制度建设作为建设社会主义法治国家必不可少的环节，从而一举奠定了党内法规的地位。而且，从《决定》的前后表述看，“法律规范体系”“法治实施体系”“法治监督体系”“法治保障体系”四者并列（相互之间使用顿号），

而“党内法规体系”则是单独列出。这意味着，党内法规体系与前四者共同构筑的国家法律体系并列，两者并行不悖。

在《决定》里，党中央还专门提出了“加强党内法规制度建设”的要求。《决定》指出：“党内法规既是管党治党的重要依据，也是建设社会主义法治国家的有力保障。党章是最根本的党内法规，全党必须一体严格遵行。完善党内法规制定体制机制，加大党内法规备案审查和解释力度，形成配套完备的党内法规制度体系。注重党内法规同国家法律的衔接和协调，提高党内法规执行力，运用党内法规把党要管党、从严治党落到实处，促进党员、干部带头遵守国家法律法规。”在进一步明确了党内法规地位和建设党内法规制度重要意义的基础上，党中央明确提出了党内法规在“制定”“备案审查”“解释”“与国家法律的衔接协调”以及“执行”方面的要求，提出要“形成完备的党内法规制度体系”，这为党内法规的理论研究和制度建设指明了方向。此后，中共中央于2016年印发《关于加强党内法规制度建设的意见》，于2019年印发修订后的《中国共产党党内法规制定条例》《中国共产党党内法规和规范性文件备案审查规定》及新制定的《中国共产党党内法规执行责任制规定（试行）》等，都是在践行《决定》中的要求。可以说，党的十八届四中全会《决定》对“党内法规”的表述，标志着党中央对党内法规的认识达到了前所未有的新高度，党内法规理论与实践也借此攀上了新的高峰。

2016年，中共中央印发《关于加强党内法规制度建设的意见》，具体化了2014年《决定》中“加强党内法规制度建设”的要求。明确指出了党内法规制度建设的意义、原则、目标、要求和重点，详细阐述了“党内法规制度体系”的构成。从此，党内法规制度建设进入“体系化”时代。

2019年，为进一步提高党内法规制定质量，根据新形势、新任务和新要求，党中央对2012年印发的《中国共产党党内法规制定条例》予以修订。修订后的《中国共产党党内法规制定条例》将党内法规界定为：“党内法规是党的中央组织，中央纪律检查委员会以及党中央工作机关和省、自治区、直辖市党委制定的体现党的统一意志、规范党的领导和党的建设活动、依靠党的纪律保证实施的专门规章制度。”对此本书之前部分已有详述。以此为契机，党内法规理论研究中的许多基本争议得到解答，党内法规领域的共同概念体系、话语体系有了形成的条件，党内法规学科的形成也逐步具备了条件。

（二）制度史

党的十八大之后，党中央作出了党要管党、全面从严治党重大战略部署。制度治党、依规治党成为党管党治党的重要思想和基本方式。随后，“四个全面”战略布局提出，更完整地展现出中央领导集体治国理政的总体框架。党内法规制度作为实现“四个全面”战略布局中举足轻重的一环，得到了前所未有的重视。党内法规制度建设正是在这样的背景下得以全面展开。

在党章的修改方面，党的十八大通过了关于《中国共产党章程（修正案）》的决议。大会一致同意把党的十七大以来建设实践发展的新成果、新认识、新要求充实到党章关于党的建设总体要求中：在党章中把科学发展观同马克思列宁主义、毛泽东思想、邓小平理论、“三个代表”重要思想一道确立为党的行动指南；把中国特色社会主义制度同中国特色社会主义道路、中国特色社会主义理论体系一道写入党章；将生态文明建设写入党章并作出阐述；坚持改革开放，是我们的强国之路。

2017 年 10 月 24 日，中国共产党第十九次全国代表大会通过了关于《中国共产党章程（修正案）》的决议。大会一致同意将习近平新时代中国特色社会主义思想同马克思列宁主义、毛泽东思想、邓小平理论、“三个代表”重要思想、科学发展观一道确立为党的行动指南，一致同意把坚定维护以习近平同志为核心的党中央权威和集中统一领导写入党章。

2022 年 10 月 22 日，党的二十大通过了关于《中国共产党章程（修正案）》的决议。大会认为，推进马克思主义中国化时代化是一个追求真理、揭示真理、笃行真理的过程。党的十九大以来，以习近平同志为核心的党中央坚持把马克思主义基本原理同中国具体实际相结合、同中华优秀传统文化相结合，提出一系列治国理政新理念新思想新战略，不断丰富和发展习近平新时代中国特色社会主义思想，开辟了马克思主义中国化时代化新境界。习近平新时代中国特色社会主义思想是当代中国马克思主义、二十一世纪马克思主义，是中华文化和中国精神的时代精华。大会一致同意，把党的十九大以来习近平新时代中国特色社会主义思想新发展写入党章，以更好反映以习近平同志为核心的党中央推进党的理论创新、实践创新、制度创新成果。

除党章外，其他各类党内法规制度也得到了前所未有的大发展。这种发展体现在许多方面：第一，党内法规制度建设走向体系化，整体水平因此提高了一个层级。2012 年 6 月，中共中央部署开展了党的历史上第一次党内法规和规范性文件集中清理工作。至 2014 年 11 月，第一次集中清理工作圆满完成。此次清理工作对中华人民共和国成立至 2012 年 6 月出台的 2.3 万多件中央文件进行全面筛查，共梳理出规范党组织工作、活动和党员行为的党内法规和规范性文件 1178 件。经过清理，废止 322 件，宣布失效 369 件，二者共占 58.7%；继续有效的 487 件，其中 42 件需适时进行修改。通过清理，摸清了中央党内法规制度的家底，一揽子解决了党内法规制度中存在的不适应、不协调、不衔接、不一致问题。① 中共中央 2016 年印发《关于加强党内法规制度建设的意见》，明确了党内法规制度体系的结构，系统规划了党内法规制度建设的各方面工作，为党内法规制度建设提供了有力的指引。2018 年 11 月，中共中央又部署开展了中央党内法规和规范性文件第二次集中清理工作。本次清理工作至 2019 年 4 月圆满完成，对纳入清理范围的中央党内法规和规范性文件，废止 54 件，宣布失效 56 件，修改 8 件，同时，对 14 件涉党和国家机构改革的中央党内法规作出一揽子修改。② 同时，地方各级党委也对自身发布的党内法规、党内规范性文件进行了系统梳理，以往党内法规制度体系中的许多问题由此得到解决。

第二，许多党内法规制度得到完善。随着党内法规理论研究的深入，党

① 《党内法规清理工作全部完成 1178 件“清掉”691 件》，载央广网，http://finance.cnr.cn/gundong/201411/t20141118_516796312.shtml。

② 《中共中央完成党内法规和规范性文件第二次集中清理工作》，载共产党员网，https://www.12371.cn/2019/04/11/ARTI1554961749156339.shtml。

内法规制度建设的专业化程度不断提高，许多不适应新形势、新要求的党内法规制度得到完善。例如，2016 年党的十八届六中全会审议通过的《关于新形势下党内政治生活的若干准则》既重申了 1980 年《关于党内政治生活的若干准则》的主要原则、规定，又提出了一系列新观点、新举措、新规定。2015 年、2018 年两次修改《中国共产党纪律处分条例》以更好地适应全面从严治党的现实需求。2015 年制定，2017 年修改《中国共产党巡视工作条例》，以加强党内监督，规范巡视工作。2019 年修改《中国共产党党内法规制定条例》，确保能够更好地规范党内法规制定工作，提高党内法规质量，推进依规治党。此外，如《中国共产党党和国家机关基层组织工作条例》《党政领导干部选拔任用工作条例》《中国共产党党员权利保障条例》等党内法规制度也进行了一定的修改和完善。

第三，新的党内法规制度不断出现，填补党内法规制度体系的空白。除党内法规制度的清理、完善工作外，还制定了大量新的党内法规制度，有效地充实了党内法规制度体系，为实践中的各方面工作提供了规范指引。如《中国共产党问责条例》《中国共产党农村工作条例》《中国共产党机构编制工作条例》《中国共产党政法工作条例》《中国共产党支部工作条例（试行）》《中国共产党党务公开条例（试行）》《中国共产党组织工作条例》《中国共产党党徽党旗条例》《中国共产党纪律检查委员会工作条例》等。无论是党的组织法规制度、党的领导法规制度、党的自身建设法规制度，还是党的监督保障法规制度板块，每年都有许多全新的党内法规公布施行。截至 2022 年 6 月，全党现行有效党内法规共 3718 部。其中，党中央制定的中央党内法规 221 部，中央纪委以及党中央有关部门制定的部委党内法规 170 部，省、自治区、直辖市党委制定的地方党内法规 3327 部。[①] 党内法规制度建设成果之丰硕可见一斑。

当前，我们党已经形成比较完善的党内法规体系。未来，随着党内法规

---

① 中共中央办公厅法规局：《充分发挥依规治党的政治保障作用——以习近平同志为核心的党中央加强党内法规制度建设纪实》，载《人民日报》2022 年 6 月 26 日，第 1 版。

理论和实务的不断发展，党内法规学科将逐步形成，党内法规的专门理论将日渐成熟，党内法规制度建设的实践将日益丰富，党内法规的概念史和制度史必然会迎来新的发展，成为中国特色社会主义法治建设中必不可少的一环。

第三节　党内法规与国家法律的关系

自党内法规现象被学界关注开始，关于党内法规与国家法律的关系便是学界争论的热点。党内法规是不是“法”？它能不能作为国家法律来适用？它与国家法律之间是什么关系？两者之间是否存在相互转化的可能？如果两者存在矛盾应当如何处理？这些问题与党内法规的性质、地位等息息相关。只有充分理解党内法规与法、与国家法律之间的关系，才能更好地理解党内法规本身。

一、党内法规的双重属性

讨论党内法规与国家法律的关系，首先要明确党内法规与“法”的关系，即党内法规是不是“法”的问题。这一问题则涉及党内法规“属性”的探讨。

（一）党内法规具有双重属性

按照马克思主义经典法学理论的界定，法是由国家制定或认可的，体现统治阶级意志，由国家强制力保证实施的规范。按照这一标准，党内法规便不属于“法”，毕竟党组织并不能和“国家”相等同。况且我国《立法法》已经明确规定了各类法律规范的立法主体，党组织并不享有立法权。但这种认知，其实缩小了“法”这一概念的范围。上述经典定义实际是对“国家法”或广义“法律”的定义，而不是对“法”的定义。法学界历来存在“法”和“法律”的区分，20 世纪 90 年代初的部分法理学教材及著述中就已经指出，“法”

不仅仅限于“法律（Law）”这一种形式。[1]本质上，“法”是一种社会规则体系，意味着一种体系化的社会控制由制度来执行，即一定范围和数量的人通过某种方式或制度来共同认同某种规范或规则。[2]从这个意义上，党内法规无疑是一种宽泛意义上的“法”。

2014年党的十八届四中全会通过《中共中央关于全面推进依法治国若干重大问题的决定》，将“党内法规体系”纳入“中国特色社会主义法治体系”中，彻底解决了党内法规是不是“法”的问题。一方面，党内法规既然在中国特色社会主义法治体系中，它自然是“法”，至少是中国法学话语体系下的“法”，具有无可置疑的“法”属性。另一方面，包含了党内法规的中国特色社会主义法治体系确实与传统的法治体系不同，我们也不能完全按照既有的法治理念对党内法规进行观察、研究、评价和建构。

在“法”属性之外，党内法规同样具有“政治属性”。党内法规的制定权限、内容，相应制度安排等，都要体现党的统一意志，并保障党的意志的实现。[3]必须旗帜鲜明地讲政治，服务于管党治党的政治大局。[4]首先，党内法规是中国共产党依规治党的重要制度载体，其规范的内容是党的领导和党的建设活动。其次，党内法规的目的在于巩固党的执政地位、完成党执政兴国的任务，并最终实现共产党人的共同理想和最高理想。最后，党内法规管党治党的基本逻辑也是一种政治性逻辑：不仅关注党员的行为，还关注党员思想；不仅注重对党员的奖惩，还关注党员的意识认同；不仅强调党员的权利，还强调党内的团结一致及下级对上级的服从；不仅关注法律对党员的约束，还对党员提出比国法更高的要求。质言之，党内法规是从党的需求、党的意志出发，沿着党管党员和党组织的政治思维，为党的领导和执政服务。这决定了党内法规具有鲜明的政治性。

---

① 参见王振民、施新州等：《中国共产党党内法规研究》，人民出版社2016年版，第4页。

② ［英］哈特：《法律的概念》，许家馨、李冠宜译，法律出版社2018年版，第1页。

③ 参见宋功德：《党规之治》，法律出版社2015年版，第25—49页。

④ 靳澜涛：《“党规姓党”：党内法规的理论定位与实践指南》，载《社会科学动态》2018年第9期。

党内法规由此便同时具有了“法”和“政治”双重属性，[①]“既有法律的一些特征，又有政策的一些特征，是具有法律与政策二重属性的文件”。[②]党内法规“既‘姓党’，也‘姓法’；既坚持党性思维，也体现法治思维；既调整党务，也调整国务；既约束党组织与党员，也约束非党组织与党外人士；既体现义务本位，也注重权利保障；既遵循‘法不禁止者即可为’原则，也遵循‘规无明文规定不可为’原则”。[③]它是由宪法确认和支持的特殊政治规范，也是国家公权力配置与运行的重要依据，具有法属性和法效力。[④]

党内法规具有双重属性，是由其价值追求的一般性和调整对象的特殊性共同决定的。党内法规要有效地管党治党，实现党的领导的法治化，首先要有法属性。人类社会的发展历程表明，当数量众多的人跨越血缘、地域等原始联系，开始组成社会性团体的时候，对其进行管理的最好方式便是借助提前确定的规范，辅以执行、裁决、惩罚机制，形成一个对个人行为进行管理的闭环。管党治党同样如此，“依规治党”是党要管党、全面从严治党的必然选择。党内法规必须具有“法”属性，才能够稳定、高效、正确地实现管理和约束的目标，这是一种一般性的规律。同时，党内法规主要适用于党员与党组织，其指向的是中国共产党这一特殊主体，这决定了其必须有政治性。相较于一般社会团体，政党本身就是以政治活动为主要活动范围的团体。中国共产党的领导地位，则决定了中国的政治运作本身就要在党的领导下进行，整个政权体系必须以中国共产党为核心。规制中国共产党的领导和建设的规范，天然地就会成为规定中国政治体制、调整中国政治运作的规范。这种规范势必具有相当的“政治”属性。如果党内法规只具有法属性，其便仅仅是国法体系下的一个分支或法律部门，中国共产党则相应成为国家系统内

① 刘长秋：《论党内法规的概念与属性——兼论党内法规为什么不宜上升为国家法》，载《马克思主义研究》2017年第10期。

② 参见屠凯：《党内法规的二重属性：法律与政策》，载《中共浙江省委党校学报》2015年第5期。

③ 欧爱民：《党内法规的双重特性》，载《湖湘论坛》2018年第3期。

④ 李伯超、刘建湘：《论党内典章的二重性及其研究的宪法学意义》，载《湖南科技大学学报（社会科学版）》2019年第1期。

的普通团体。这将损害党的领导地位，偏离中国特色社会主义的本质。所以，党内法规的“政治”属性，代表了党内法规的特殊性。

（二）党内法规应以“法”属性为底色

明确党内法规除了应当兼具“法”属性和“政治”属性之外，更关键的问题在于，“法”属性和“政治”属性何者为党内法规的基本属性，两者的关系如何平衡。

本书认为，党内法规应以“法”属性作为其基本属性。党内法规制度体系建设全方位展开集中于党的十八大之后，是在“依规治党”思想的指导之下进行的。“依规治党”是党管党治党方式的重要创新。党内法规是党的各项制度的集中体现，是“依规治党”思想的重要表现，本质上蕴含的是党管党治党思维和方式的改变。同时，依规治党是依法治国的前提和保障。党内法规作为依规治党的制度依托，是党依法治国的重要方面。只有以“法”属性为党内法规基本属性，才能将党规与国法，依规治党与依法治国，依法治国与依法执政统合协调起来，避免在中国特色社会主义法治建设的内部产生不一致。所以，党内法规的“法”属性应当是其底色和基本属性。

党内法规的基本属性，对党内法规理论研究和制度建设提出了以下要求：首先，要在实现国家治理现代化、实现党的目标的过程中，坚持以党内法规规范党的权力运行，保障党员权利及全体公民的合法权益，确保社会的公平正义。其次，要以法学为根本研究和建设逻辑，将其与政治、党建逻辑相结合。例如，要保证党内法规立规过程的民主性，确保党内法规以公开为原则，在党内法规的执行过程中要注重程序，关注执行结果的一致性和公平性，应当保证规范对象基本的陈述、申辩权利，要设立行之有效的救济机制等。最后，党内法规不能与已有的国家法律相抵触，要确保与国家法律的衔接协调。

（三）党内法规政治属性的体现方式

在以“法”属性为基本属性的前提下，党内法规的政治属性可以表现为以下几方面。

第一，党内法规的内容可以包含对党员政治思想、理想信念等的要求。与大部分规范尤其是国家法律不同，目前许多党内法规中都含有对党员政治思想、理想信念等的要求。党内法规虽然是党内“规章制度”的集合，但思想建党与制度治党难以截然分开，党内法规实际上同时要承担思想建党与制度治党的双重功能，这是党内法规政治属性的重要体现。

第二，党内法规可以具有自身的形式和语言特色。党内法规的政治属性，使党内法规在形式和语言上与一般规范不完全相同。形式上，一些党内法规，由于内容的特殊性，无法表述为条款方式，往往采用段落陈述的形式规定。语言上，党内法规在许多情况下会使用“党言党语”。例如，部分表述出自党的领导人的讲话、著作或文章，在党的历史上已经沿用多年而具有约定俗成的含义；部分表述恰恰因为使用了比喻等手法而十分形象，避免了僵硬定义描绘力的不足；部分表述看似前后交叉重复不够精练，实则彰显了问题的重要性，加深了党员的思想认识……这些表述背后彰显的，都是党内法规的政治属性。

例如，《关于新形势下党内政治生活的若干准则》采用的就是段落式的规定。《准则》共三大板块、十二个部分。第一板块是序言，阐述党内政治生活的重大作用和历史经验、存在的突出问题、面临的形势任务以及新形势下加强和规范党内政治生活的重要性、紧迫性，提出加强和规范党内政治生活的目标要求。第二板块是主体部分，从十二个方面对加强和规范党内政治生活提出明确要求、作出具体规定。第三板块是结束语，主要讲加强组织领导和督促检查、高级干部带头示范，确保各项任务落到实处。《中国共产党纪律处分条例》第五十条规定：“党员领导干部在本人主政的地方或者分管的部门自行其是，搞山头主义，拒不执行党中央确定的大政方针，甚至背着党中央另搞一套的，给予……处分。”第五十一条规定：“对党不忠诚不老实，表里不一，阳奉阴违，欺上瞒下，搞两面派，做两面人，给予……处分。”第七十六条规定：“在干部选拔任用工作中，有任人唯亲、排斥异己、封官许愿、说情干预、跑官要官、突击提拔或者调整干部等违反干部选拔任用规定的行为，给予……处分。”这些条款对党员行为模式的描述使用的都是政治性语言，体现了党内法规的政治属性，是党内法规的一大特色。

二、党内法规与国家法律的异同

党的十八届四中全会通过的《中共中央关于全面推进依法治国若干重大问题的决定》指出：“在中国共产党领导下，坚持中国特色社会主义制度，贯彻中国特色社会主义法治理论，形成完备的法律规范体系、高效的法治实施体系、严密的法治监督体系、有力的法治保障体系，形成完善的党内法规体系。”仔细观察，“完备的法律规范体系、高效的法治实施体系、严密的法治监督体系、有力的法治保障体系”之间使用的是顿号，但四者与“完善的党内法规体系”之间使用的是逗号。考虑到党的重大决定在表述上的严谨性和汉语标点的用法，可知中国特色社会主义法治体系的五个组成部分之间，并非同等意义上的并列关系，而是前四者组成一个子体系，与“完善的党内法规体系”并列。显然，前四者组成的这个子体系，与党全面推进依法治国的方针——“科学立法、严格执法、公正司法、全民守法”一脉相承，属于“国法”体系。所以，党的十八届四中全会的这一表述，既使党内法规体系与国家法律体系适度分离，保持了其独立性和特殊性，又将二者统一于中国特色社会主义法治体系。党内法规是“法”，却不是“法律”，其与国家法律间既相互独立，又相互统一。

（一）独立性：党内法规与国家法律的外在差异

党内法规与国家法律是两套规范体系，两者虽并行不悖，相互统一，但毕竟属于两个系统，在许多方面呈现出差异性。

第一，党内法规与国家法律的制定主体不同。党内法规的制定主体只能是特定党组织，包括党的中央组织、中央纪律检查委员会以及党中央工作机关和省、自治区、直辖市党委。广义上的国家法律的制定主体则是全国人民代表大会和全国人民代表大会常务委员会，省、自治区、直辖市的人民代表大会及其常务委员会，自治地方人民代表大会，国务院及国务院各部、委员会、中国人民银行、审计署和具有行政管理职能的直属机构，省、自治区、直辖市和设区的市、自治州的人民政府。两者的制定主体分属两个系统，前者是党组织，后者是国家机关，形成的自然是两套规范。

第二，党内法规与国家法律的适用范围和对象不同。党内法规的适用范围主要在“党内”，适用对象主要是党员和党组织，调整的内容是党的领导和党的自身建设。国家法律主要在中华人民共和国领土范围内适用。换言之，国家法律即使调整了中国共产党党员的行为，也是针对其中华人民共和国公民的身份进行的。如党员个人从事民事活动，违法甚至犯罪，因而被国家法律以普通公民的身份所约束和追究。

第三，党内法规与国家法律体现的意志不同。党内法规体现的是党的统一意志。所谓“党的统一意志”，不是全体党员意志简单相加而成的统一，也不是因为对领导人个人意志的绝对服从而形成的统一，而是在坚持民主集中制的基础上，坚持党员个人服从党的组织，少数服从多数，下级组织服从上级组织，全党各个组织和全体党员服从党的全国代表大会和中央委员会而形成的统一。从前述党内法规的产生史可以看出，党内法规最初产生就是为了维护党的统一。各级党组织和广大党员始终同党中央保持高度一致，确保全党统一意志、统一行动、步调一致向前进，是中国共产党重要的政治纪律和组织纪律，是党能够不断获得胜利的重要保障。与之相比，国家法律则是规范和约束广大人民通过合法的途径和方式行使自己的权利，表达自己的观点，维护自己的利益。从这个角度上，党内法规与国家法律的形成逻辑是不同的。

第四，党内法规与国家法律还有许多其他差异。例如，党内法规依靠党的纪律保证实施，国家法律则依靠国家暴力机关，即国家强制力保证实施。党内法规的语言有可能使用比喻等修辞手法，往往更加形象，有诸如“搞山头主义”“搞两面派、做两面人”等表述，整体较为宽泛，用语也偏政治化。但国家法律更加追求法律概念的严谨、精准，表达平实，几乎不使用修辞手法，也因此明确性更高。

（二）统一性：党内法规与国家法律的内在联系

党内法规与国家法律的统一性，决定了两者之间的关系绝非形式上看来那么简单。事实上，两者共同构筑了中国特色社会主义法治体系，共同服务于中国特色社会主义建设实践，相互之间有许多复杂而微妙的关系。

第一，党内法规与国家法律代表利益的一致性。党内法规与国家法律体现的意志不同，但两者背后所代表的利益是一致的，两者都代表最广大人民的根本利益。这种一致性的原因在于：一方面，党章规定，中国共产党始终代表中国最广大人民的根本利益，中国共产党党员必须全心全意为人民服务，不惜牺牲个人的一切，为实现共产主义奋斗终身。党除了工人阶级和最广大人民群众的利益，没有自己特殊的利益。所有共产党员也都不得谋求任何私利和特权。所以，体现党的统一意志的党内法规，一定以维护最广大人民群众的根本利益为出发点和落脚点。另一方面，宪法法律是由党领导人民制定的，是人民意志通过党的领导、通过人民代表大会制度这一根本政治制度而进行的有序、有效的表达，是党的主张与人民意志的统一，本身就是广大人民利益的集合。因此，党内法规与国家法律在代表人民的利益上有绝对的一致性。

第二，党内法规不得与国家法律相抵触。这是党内法规与国家法律的关系中最重要的方面之一。这一关系源自宪法和党章的共同要求。《宪法》第五条规定："……一切国家机关和武装力量、各政党和各社会团体、各企业事业组织都必须遵守宪法和法律。一切违反宪法和法律的行为，必须予以追究。任何组织或者个人都不得有超越宪法和法律的特权。"党章规定："党必须在宪法和法律的范围内活动。"党内法规不得与国家法律相抵触，正是党遵守宪法和法律，在宪法和法律范围内活动的一个重要表现。宪法和法律本身就是党领导人民制定的，如果党自己去违背宪法和法律，则相当于自己否定自己。要说明的是，党中央的一些重要主张、重大决策和部署，在某些时候、某些方面可以适度完善现有的规定，从而起到推动宪法和法律制定或修改的作用。例如，国家监察体制改革最初是源自 2016 年中共中央办公厅印发的《关于在北京市、山西省、浙江省开展国家监察体制改革试点方案》，之后2018年《中华人民共和国宪法修正案》增加了监察机关的规定，紧接着全国人大通过了《中华人民共和国监察法》，正式设置了国家监察委员会。

第三，党规党纪严于国家法律。党内法规虽不能与国家法律相抵触，但党规党纪可以比国家法律更严，也应当比国家法律更严。党的十八届四中全会通过的《中共中央关于全面推进依法治国若干重大问题的决定》指出："党规党纪严于国家法律。党的各级组织和广大党员干部不仅要模范遵守国家法律，而且要按照党规党纪以更高标准严格要求自己。"概括来说就是"纪严于法"。这一要求彰显了中国共产党的先锋队性质，符合党全心全意为人民服务的宗旨，体现了党要管党、全面从严治党的决心，更是党员先进性的突出表现。"纪严于法"之"严"，不是指违反党纪的后果一定比违反国家法律更加严重，而是体现在党规党纪对党组织和党员的要求更高。例如，《中国共产党纪律处分条例》第一百三十四条规定："生活奢靡、贪图享乐、追求低级趣味，造成不良影响的，给予……处分。"第一百三十五条规定："与他人发生不正当性关系，造成不良影响的，给予……处分。"第一百三十六条规定："党员领导干部不重视家风建设，对配偶、子女及其配偶失管失教，造成不良影响或者严重后果的，给予……处分。"对普通公民而言，只要收入来源合法，如何花钱法律并不干涉。但对党员而言，考虑到党的形象和预防腐败的要求，党员不允许过于奢侈浪费，不允许从事不健康的活动，个人也不能有违背社会公德和公序良俗的癖好和行为。而且，党员领导干部也要对自己亲属的行为严加要求，防止其利用自己的职权谋取不当利益。

另外，需要特别注意的是，"党规党纪严于国家法律"中的"党规党纪"，不能笼统地以"党内法规"代替。这里的"党规"是指"党的规矩"，"党纪"是指党的纪律，二者都是党组织和党员的"行为准则"。也只有在行为标准的意义上，党规党纪和国家法律才有谁"严"的问题。而且，党规党纪虽然应当严于国法，但也要有一定的限度。如果党规党纪过于严苛，构成了对宪法和法律的违背，这也是有问题的。[①]

三、党内法规与国家法律的衔接协调

《中共中央关于全面推进依法治国若干重大问题的决定》指出，要“注重党内法规同国家法律的衔接和协调”。党内法规与国家法律的内在一致性是党规国法衔接协调的基础，而两者的差异则使党规国法的衔接协调有了必要和可能。“衔接”和“协调”的含义有所重合，但两者关注的重点并不相同。“衔接”是指将两个事物前后相接，首尾相连，使其连续而没有空当或中断；“协调”则是消除事物之间的矛盾和冲突，使两者关系和谐。

（一）衔接协调的原则

为达到党内法规和国家法律之间衔接协调的状态，有一些基本的规则需要遵守，这就是党内法规与国家法律衔接协调的原则。在党规国法衔接和协调的问题上，总的方向应当是，以党规主动顺应国法为主，只在特殊情况下以党内法规的特殊性优先。主要原因在于，一来，与国家法律相比，党内法规的制定和修改程序相对较少。因此，修改党内法规以衔接和协调国家法律相对容易许多。二来，“党必须在宪法和法律范围内活动”的原则，本身就包含了党内法规主动与国家法律衔接与协调。《中国共产党党内法规制定条例》第二十七条也规定：“审议批准机关收到党内法规草案后，交由所属法规工作机构进行前置审核。前置审核主要审核下列内容……（三）是否同宪法和法律不一致……”

以此为基础，党规国法衔接和协调的原则可概括为：（1）国法保留原则，即某些事项只能制定国家法律，不适宜党内法规规定的，党内法规不应规定。（2）国法优先原则，即国法已经有明确规定的，党规不必重复规定，确实需要作出规定的，也不能与国法相抵触，而应当主动调整以适应国家法律。（3）党规补充原则，即国法没有规定且党规可以规定的问题，党规可以补充

① 参见闫映全：《中国共产党党纪严格性的边界研究》，载《理论导刊》2021年第3期。

规定或“先行先试”。（4）特殊情况下党规优先原则，即在某些特殊领域、特定条款上，国法若与党规不一致，则国法应适时修改。

（二）衔接协调的路径

如何做到党内法规与国家法律的衔接协调，包括在不衔接或不协调的情况时以何种方式解决，就是衔接协调的路径问题。有学者提出，党规国法协调的路径是：（1）党外事务、法律保留和其他应由法律法规调整的事项，党内法规不应规定。（2）法律法规没有规定也不宜规定，并且属于党内事务的事项，应当制定相应的党内法规。（3）暂不具备制定法律法规条件的事项，可以制定为党内法规在党内“先行先试”，待条件成熟后再制定为法律法规。（4）党内法规已有规定，但可以由法律法规调整的，应当适时制定为法律法规。（5）以完善党的领导和执政活动的体制机制、程序规范等方面为重点，实现党内法规与国家法律的双向衔接。（6）借鉴国家机关立法程序，进一步规范党内法规制定程序，重视其改、废、释工作，及时调处党内法规与国家法律之间的规范冲突。[①] 还有学者认为，党规国法衔接协调主要有四种具体路径：在特定情形下，党内法规基于国家法律的肯定和认可而转化为国家法律；以党内法规作为国家法律的有力补充；在执政、领导和行政管理等方面，党内法规对国家法律涉及但并未明确的内容予以具体化；党内法规作为一种非正式的法律渊源存在于司法过程、行政过程和责任追究过程中。[②]

为方便理解，可以从立法立规的程序入手来观察党规国法衔接协调的几个关键：一是从最前端，在意识和思维上就要深入理解中国特色社会主义法治体系，认识到党内法规是和国家法律并行的规范系统，尽量使二者在各自的领域规范各自的事务，减少不必要的交叉重合。如果立法中拟制定涉及中国共产党的条款，要有意识地考虑是否合适。同理，立规的过程中若试图以

① 参见秦前红、苏绍龙：《党内法规与国家法律衔接和协调的基准与路径——兼论备案审查衔接联动机制》，载《法律科学》2016 年第 5 期。

② 参见郭世杰：《论党内法规向国家法律转化的具体路径》，载《中共福建省委党校学报》2019 年第 1 期。

党内法规规范调整党外主体、党外空间和党外事务，就要特别注意党规国法关系的协调，避免党规对国法的吞噬。二是在前端，制定国家立法规划、计划及党内法规制定规划、计划时，要特别注意到另一规范体系的现状和未来设计，避免在规划上出现重复。三是在中端，在起草国家法律和党内法规过程中，对已有规范的了解要全面，注意另一规范系统的现行规定。在草案听取意见的过程中不能忽略另一规范系统内专家和实务人员的意见，确保两类规范的衔接协调。四是在后端，在审批、备案审查过程中，要将是否与另一系统内的现有规范相矛盾作为审查的重点内容。五是在末端，在规范的实施评估和后续清理的过程中，要综合考察两个规范系统，对前后不衔接、不协调的情况及时处理。

实现以上目标，关键是要建立两个核心机制。一是在宽泛层面，建立健全党的领导的体制机制、方式方法，从而使党与国家机关的关系更加合理、清晰，使党领导立法工作的整个过程制度化、科学化。这是党内法规和国家法律衔接协调的"治本之法"。二是在具体层面，建立国家机关和党组织在整个立法过程中的衔接联动机制。2019 年《中国共产党党内法规和规范性文件备案审查规定》第四条第三款规定："各级党委应当与同级人大常委会、政府等有关方面建立健全备案审查衔接联动机制。"未来，应当将这种机制扩展到整个立法乃至执法过程，这是党内法规和国家法律衔接协调的"治标之策"。

（三）衔接协调的内容

党内法规和国家法律在大部分时候都是各司其职的，需要衔接协调的部分主要集中在某几个方面，这就是衔接协调的主要内容。

一是权力配置上的衔接协调。从大的方面说，党的领导权、执政权必然要通过国家机关、团体、企事业单位和其他社会组织等有机体来实现，但党又不可事无巨细地介入任何事务中，这就出现了党的领导权与其衍生权力之间的衔接协调问题。从小的方面说，对于某一方面具体工作如立法工作的整个过程而言，党在哪一阶段、以何种方式行使何种权力，国家立法机关又行使何种权力、如何行使权力，同样面临衔接协调的问题。

二是程序意义上的衔接协调。这主要发生在执法和执规的环节。例如，某一党员的行为同时违背党纪和国法时，由党纪程序处理其违纪问题，国法程序处理其违法问题，但两个程序之间在证据移交、违纪违法所得处理、党纪处分和违法处罚后果等方面存在衔接的问题。

三是具体权利义务的衔接协调。具体权利义务的衔接协调问题往往是因为“身份重合”而产生的。例如，党员既要遵守党的纪律，又要遵守国家法律，两者衔接协调，才能全方位无死角地规范党员的行为，又不至于产生矛盾。再如，国家法律中有《公务员法》规范公职人员的准入退出、职务级别、交流培训、监督奖惩等问题，而党内法规中也有《公务员范围规定》《公务员录用规定》《公务员调任规定》《公务员培训规定》等来规范相关事务，两者要相互配合，取长补短。此外，《党政领导干部选拔任用工作条例》《党政领导干部考核工作条例》《党政机关厉行节约反对浪费条例》等党内法规规范的是“党政领导干部”，因而也与《公务员法》之间存在衔接协调问题。

自党内法规进入中国特色社会主义法治体系，成为与国法并行的另一套规范体系后，两者之间的关系便成为理论研究和实务运作中的重点。可以说，党规与国法在外在形式上差别明显，两者各自独立，并行不悖；在内在实质上又有着千丝万缕的联系。深入理解党规与国法的关系，对理解党内法规、理解党的领导、理解中国特色社会主义法治体系意义重大。

本章思考题：

1.“党内法规”的概念是什么？

2. 党内法规、党内规范性文件、党规的相互关系如何？

3. 中国特色社会主义法治体系中，党内法规和国家法律分别应发挥何种作用？

第二章

党的组织法规制度

2016年中共中央《关于加强党内法规制度建设的意见》(以下简称《意见》)提出要完善党的组织法规制度，全面规范党的各级各类组织的产生和职责，夯实管党治党、治国理政的组织制度基础。党的组织法规制度主要是侧重规范党的中央组织、地方组织、基层组织，党的纪检机关、工作机关、派出机关、党组以及其他党组织的产生和职责问题。

党的十八大以来，在以习近平同志为核心的党中央坚强领导下，一批基础性、主干性制度陆续出台，为党的组织法规制度建设立柱架梁，党的组织法规制度体系初步形成。通过《中国共产党中央委员会工作条例》《中国共产党地方委员会工作条例》《中国共产党党组工作条例》《中国共产党工作机关条例(试行)》《中国共产党支部工作条例(试行)》以及《中国共产党农村基层组织工作条例》《中国共产党党和国家机关基层组织工作条例》《中国共产党基层组织选举工作条例》《中国共产党组织工作条例》《中国共产党党徽党旗条例》等党内法规的完善，形成了一个纵向贯穿党的中央组织、地方组织、基层组织，横向覆盖党的领导机关、工作机关、党组(党委)、纪检机关，对各级各类党组织的产生、设置、职责、运行实现全覆盖的制度体系。[①]

---

① 中共中央办公厅法规局编著:《中国共产党党内法规制定条例及相关规定释义》，法律出版社2020年版，第15页。

第一节　党的组织法规制度概述

党的组织法规是对党的各级各类组织的产生、组成、职责、履职方式等内容的规范，是对党章第三章、第四章、第五章的细化。党的组织法规始终坚持民主集中制这一根本组织原则，使党组织充分发挥其战斗堡垒的作用，不断提高党的执政能力，巩固党的执政地位。

一、党的组织法规制度的内涵

党的组织法规，是调整党的各级各类组织产生、组成、职权职责等的党内法规，为党管党治党、执政治国提供组织制度保障。根据 2018 年《中央党内法规制定工作第二个五年规划（2018—2022 年）》的内容，党的组织法规制度就是规范党的各级各类组织的产生和职责的党内法规制度，旨在从主体层面解决各级各类党组织的产生、职责和运行事项，主要在“组织体系”“选举”“组织工作”“象征标志”等领域规定了各级党组织之间的关系，各级党组织的产生、职责、主要任务等内容。党的组织法规制度的特征主要包含以下几个方面：

第一，民主集中制是党的基本组织原则和根本组织制度。党章在党的组织制度一章明确，党是根据自己的纲领和章程，按照民主集中制组织起来的统一整体。民主集中制是民主基础上的集中和集中指导下的民主相结合的制度，是马克思主义认识论和群众路线在党的生活和组织建设中的运用。2014 年 1 月习近平总书记在第十八届中央纪委第三次全体会议上发表重要讲话时指出：民主集中制、党内组织生活制度等党的组织制度都非常重要，必须严格执行。[①] 代表大会制度、委员会制度、集体领导和个人分工相结合制度、

① 《习近平在十八届中央纪委三次全会上发表重要讲话》，载共产党员网，https://news.12371.cn/2014/01/14/VIDE1389699007417929.shtml。

党务公开制度等均属于党的组织法规制度，是民主集中制的具体制度。

因此，党的组织法规作为规范各级各类党组织的具体制度，是民主集中制的具体化、程序化，是切实将民主集中制重大原则落到实处的制度安排。

第二，党的组织法规制度以调整各级各类党组织的产生、组成和职权职责为主要内容。中共中央办公厅法规局出版的《中国共产党党内法规汇编》将党的组织法规制度分为“党的组织”“党内选举”“党的组织工作”“党的象征标志”四部分，其中“党的组织”占主要内容。①《中国共产党地方组织选举工作条例》《中国共产党基层组织选举工作条例》等侧重规范党的组织的选举方式、选举程序；《中国共产党中央委员会工作条例》《中国共产党地方委员会工作条例》《中国共产党党组工作条例》《中国共产党支部工作条例（试行）》侧重规范党的组织的组成、职责、组织原则、议事和决策、监督和追责等党内工作；《中国共产党国有企业基层组织工作条例》《中国共产党农村基层组织工作条例》《中国共产党党和国家机关基层组织工作条例》等侧重规范党组织在国有企业、农村、机关中的设置产生、职责任务、工作制度。

二、党的组织法规制度的历史演变

随着党内法规制度体系不断发展与完善，党的组织法规制度经历了初步探索、全面推进与体系发展阶段。

从中国共产党成立至新民主主义革命胜利，中国共产党开始了党内法规制度建设的理论和实践探索，这是党的组织法规制度的萌芽和初步形成时期。这一时期我党制定和逐步完善了党的章程、党的民主集中制和党的代表大会制度，以及党的领导、活动、纪律、监督等一系列制度，其中包含《中国共产党的最近组织任务》（1930年）、《全国组织报告的决议案》（1931年）、《中共中央关于统一抗日根据地党的领导及调整各组织间关系的决定》（1942年）等在内的党的组织法规。《中国共产党的第一个纲领》规定了两个方面

① 《中国共产党党内法规汇编》共收录了14部党的组织法规制度，其中“党的组织”部分10部，“党内选举”部分2部，“党的组织工作”部分1部，“党的象征标志”1部。

的组织原则：一是党必须有严密的组织和严格的纪律，从基层支部直至中央，逐渐建立组织，实行坚强的领导；个人必须服从组织，地方组织必须服从党中央；党员和地方组织必须联系群众，完成党赋予的任务，注意保守党的秘密。[①]二是党组织必须慎重发展党员，严格履行入党手续。1924年《党内组织及宣传教育问题议决案》对党的组织形式及力量配备、宣传教育等组织工作提出了明确要求。1948年毛泽东同志为中央起草了《关于健全党委制》的决定，随后通过了《中共中央关于召开党的各级代表大会和代表会议的决议》和《中央关于中央局、分局、军区、军委分会及前委会向中央请示报告制度的决议》等制度。

中华人民共和国成立后，党内法规制度全面发展，党的组织法规制度是党内法规制度建设的重要内容。中华人民共和国成立至党的十一届三中全会召开这一段时间，中国共产党出台了《中共中央关于发展和巩固党的组织的指示》（1950年），起草了《中国共产党农村基层组织工作条例（试行草案）》（1963年）、《中国共产党国营工业企业基层组织工作条例（试行草案）》（1963年）、《中国共产党商业企业基层组织工作条例（试行草案）》（1963年）等文件。党的第八次全国代表大会通过的党章明确规定党的组织原则是民主集中制，“就是在民主基础上的集中和在集中领导下的民主”，并对党员权利和党的下级组织权利作了规定。党的十一届三中全会至党的十八大这一段时间，党的组织法规制度迅速发展，党的第十二次全国代表大会通过的《中国共产党章程》要求提高党组织的战斗力，对党员、党的干部和基层组织提出了更严格的要求。[②]党先后出台了《中国共产党发展党员工作细则（试行）》（1990年）、《中国共产党基层组织选举工作暂行条例》（1990年）、《中国共产党地方组织选举工作条例》（1994年）等党的组织法规。

党的十八大以后，在以习近平同志为核心的党中央的带领下，一些基础性、主干性的组织法规逐步出台，党的组织法规体系框架初步形成。《中央

① 李斌雄：《扎紧制度的笼子：中国共产党党内法规制度的重大发展研究》，武汉出版社2017年版，第62—65页。

② 殷啸虎主编：《中国共产党党内法规通论》，北京大学出版社2016年版，第47页。

党内法规制定工作五年规划纲要（2013—2017年）》以党建布局为依据将党内法规分为8个部分，将党委、党组工作制度纳入党的工作方面的党内法规。2016年12月《中共中央关于加强党内法规制度建设的意见》以确立“1+4”党内法规制度体系基本框架的形式首次明确了“党的组织法规制度”这一概念，并明确党的组织法规制度的规范内容为“党的各级各类组织的产生和职责”，主要任务为“夯实管党治党、治国理政的组织制度基础”。在此基础上，2018年党中央颁布的《中央党内法规制定工作第二个五年规划（2018—2022年）》延续并发展了“1+4”分类标准。

三、党的组织法规制度的功能

党的组织法规的制定和实施，对于加强党的组织体系建设，提升党的执政能力和水平，巩固党长期执政的组织基础，具有十分重要的意义。

第一，理顺党内纵横关系。中央与地方组织之间、上下级党组织之间、党组织与党员之间的关系如果不顺畅，遇事权责不清，相互推诿扯皮，会直接影响党中央决策部署的落实情况。党的组织法规合理创设了党组织需要履行的职责，一方面，在纵向上明晰了党的中央组织、党的地方组织、党的基层组织之间的职责分配；另一方面，明确了同级党组织间的分工负责。党的组织法规还对各种权力的运行程序和边界划出明确界限，从而保证党内各种关系的处理有规可依、有章可循，确保党的组织内部各个方面都能顺畅运行。

第二，规范党组织的行为。习近平总书记强调要夯实党执政的组织基础，充分发挥党的基层组织的战斗堡垒作用和党员的先锋模范作用。党的基层组织是党的全部工作和战斗力的基础，要强化党的基层组织整体功能，建立严密的组织工作制度，使党的基层组织领导方式、工作方式、活动方式更加符合服务群众的需要。为规范党的基层组织工作，党中央先后制定了《中国共产党普通高等学校基层组织工作条例》《中国共产党农村基层组织工作条例》《中国共产党党和国家机关基层组织工作条例》《中国共产党国有企业基层组织工作条例》等一系列党的组织法规。

第三，保障各项任务顺利开展。党的组织法规制度为党的各项任务的顺利开展提供坚实的组织保证。党中央的政策部署是否得到贯彻落实，党的各项任务能否顺利完成，很大程度上取决于党的组织法规是否科学完善。推进伟大斗争、伟大工程、伟大事业、伟大梦想，必须贯彻落实新时代党的组织路线，加强各级各类党组织标准化、规范化建设，不断提高党的组织法规的制定质量，确保党的各项政令畅通，保证党的组织内部行动一致。

第二节　党的中央组织

党的中央组织是全党的首脑机关，领导全党工作。党章第三章专门对党的中央组织进行了规定，党的中央组织包括党的全国代表大会、中央委员会、中央政治局、中央政治局常务委员会、中央书记处、中央纪律检查委员会、中央军事委员会等。[①]2020 年 9 月，中共中央发布的《中国共产党中央委员会工作条例》对党中央的领导地位、领导体制、领导职权、领导方式、决策部署、自身建设等作出了全面规定，为坚持和加强党的全面领导，强化“两个维护”提供了关键性的制度保障。关于党的中央组织党内法规制度的主要内容如下：

一、党的中央组织设置

根据党章及《中国共产党中央委员会工作条例》的相关规定，党的全国代表大会和它所产生的中央委员会是党的最高权力机关，中央委员会、中央政治局、中央政治局常务委员会是党的组织体系的大脑和中枢。在不同历史时期，党中央的组织设置不尽相同。1921 年 7 月，党的第一次全国代表大会通过中国共产党第一个纲领，决定暂不成立党的中央委员会，先组成中央局负责党的领导工作。1922 年 7 月，党的第二次全国代表大会选举产生中央执行委员会。中共三大通过的《中国共产党中央执行委员会组织法》首次规定

① 王勇主编：《党内法规教程》，中共中央党校出版社 2019 年版，第 103 页。

了党的中央组织结构、职责分工、工作制度。[①]目前已经形成了较为稳定的制度架构和相对成熟的运行机制。

党的全国代表大会是党内民主的重要形式之一，它所通过的决议，所制定的党的路线、方针和政策，全党各个组织和党员都要无条件地贯彻执行。党的全国代表大会每五年举行一次，由中央委员会召集。中央委员会认为有必要，或者有三分之一以上的省一级组织提出要求，全国代表大会可以提前举行。在两次全国代表大会期间，根据需要可以召开党的全国代表会议。全国代表大会代表的名额和选举办法，由中央委员会决定。一般而言，党的全国代表大会的代表先由各基层单位初步选举，汇总到各系统和各地方党委，再经各系统和各地方党委根据一定程序进行协商平衡，最后由各系统和各地方的党的代表大会决定。[②]党的全国代表大会的职权主要包括：一是听取和审查中央委员会的报告。二是审查中央纪律检查委员会的报告。三是讨论并决定党的重大问题。四是修改党的章程。五是选举中央委员会。六是选举中央纪律检查委员会。党的全国代表会议是党的中央委员会根据工作需要召开的一种不定期会议。党的全国代表会议的职权是：讨论和决定重大问题；调整和增选中央委员会、中央纪律检查委员会的部分成员。调整和增选中央委员及候补中央委员的数额，不得超过党的全国代表大会选出的中央委员及候补中央委员各自总数的五分之一。

党的中央委员会由党的全国代表大会选举产生，由委员和候补委员组成，每届任期五年，全国代表大会如提前或延期举行，它的任期相应作出改变。中央委员会委员和候补委员名额由全国代表大会决定，必须有五年以上的党龄。根据党章第二十二条规定，中央委员会在党的全国代表大会闭会期间，执行全国代表大会的决议，领导党的全部工作，对外代表中国共产党。根据《中国共产党中央委员会工作条例》第十四条的规定，具体包含以下七项职权：一是召集全国代表大会，决定全国代表大会代表的名额和选举办法；

---

① 王振民、施新州等著：《中国共产党党内法规研究》，人民出版社 2016 年版，第 209 页。

② 景跃进、陈明明、肖滨主编：《当代中国政府与政治》，中国人民大学出版社 2016 年版，第 54 页。

讨论中央委员会向全国代表大会的报告、中央纪律检查委员会向全国代表大会的报告、党章修正案，并决定提请全国代表大会审查和审议。必要时决定召开党的全国代表会议，决定全国代表会议代表的名额和产生办法。二是选举产生中央领导机构和中央委员会总书记，通过中央书记处成员，决定中央军事委员会组成人员，批准中央纪律检查委员会全体会议选举产生的常务委员会和书记、副书记；增选、增补中央领导机构成员，增补中央书记处成员、中央军事委员会组成人员。三是听取和讨论中央政治局工作报告。四是讨论和决定关系党和国家事业发展全局的重大问题。五是讨论决定国家主席、副主席推荐人选，全国人大常委会、国务院、全国政协、中央军事委员会、国家监察委员会、最高人民法院、最高人民检察院领导人员推荐人选。六是决定递补中央委员会委员；决定或者追认给以中央委员会委员、候补委员撤销党内职务、留党察看或者开除党籍的处分。七是讨论和决定党治国理政、管党治党中其他重大问题和事项。中央委员会总书记必须从中央政治局常务委员会委员中产生，负责召集中央政治局会议和中央政治局常务委员会会议，并主持中央书记处的工作。

党的中央政治局、中央政治局常务委员会和中央委员会总书记，由中央委员会全体会议选举。中央政治局和它的常务委员会在中央委员会全体会议闭会期间，行使中央委员会的职权。中央政治局贯彻执行全国代表大会和中央委员会的决议、决定，向中央委员会全体会议报告工作，接受监督，行使以下职权：一是召集并主持中央委员会全体会议，研究决定提请中央委员会全体会议审议的问题和事项。二是讨论和决定关系党和国家事业发展全局的重大问题和事项。三是中央委员会全体会议闭会期间，决定给以中央委员会委员、候补委员撤销党内职务、留党察看或者开除党籍的处分，待召开中央委员会全体会议时予以追认；决定开除严重触犯刑律的中央委员会委员、候补委员党籍。四是按照有关规定推荐、提名、任免干部；决定对有关党的领导干部的处理处分事项。五是研究决定其他应当由中央政治局决定的重大问题和事项。中央政治局常务委员会贯彻执行全国代表大会和中央委员会的决议、决定，组织实施中央政治局制定的方针政策，行使以下职权：处理党中央日常工作；研究讨论关系党和国家事业发展全局的重大问题和事项并提出意见，提交中央政治局审议；研究决定党和国家工作中的重大问题和事项；对重大突发性事件作出处置决定和工作部署；听取中央书记处工作报告和中央纪律检查委员会（国家监察委员会）、全国人大常委会党组、国务院党组、全国政协党组、最高人民法院党组、最高人民检察院党组等的工作汇报；按照有关规定推荐、提名、任免干部；决定对有关党的领导干部的处理处分事项；研究决定其他应当由中央政治局常务委员会决定的重大问题和事项。

中央书记处根据中央政治局、中央政治局常务委员会和中央委员会总书记的指示安排开展工作。中央书记处是中央政治局和它的常务委员会的办事机构；成员由中央政治局常务委员会提名，中央委员会全体会议通过。根据《中国共产党中央委员会工作条例》规定，中央书记处根据中央政治局、中央政治局常务委员会和中央委员会总书记的指示安排开展工作。

党的中央军事委员会组成人员由中央委员会决定，中央军事委员会实行主席负责制。党的中央军事委员会与中华人民共和国中央军事委员会属于“一套人马，两块牌子”。中央军事委员会负责军队中党的工作和政治工作，对军队中党的组织体制和机构作出规定。

党的中央纪律检查委员会由中国共产党全国代表大会选举产生，是中国共产党最高纪律检查机关，在党的中央委员会领导下进行工作。党的各级纪律检查委员会是党内监督专责机关，是党推进全面从严治党、开展党风廉政建设和反腐败斗争的专门力量。主要任务是：维护党的章程和其他党内法规，检查党的路线、方针、政策和决议的执行情况，协助党的委员会推进全面从严治党、加强党风建设和组织协调反腐败工作。党的中央纪律检查委员会（国家监察委员会）在党中央领导下进行工作，履行党的最高纪律检查机关（国家最高监察机关）职责。党的地方各级纪律检查委员会和基层纪律检查委员会在同级党的委员会和上级纪律检查委员会双重领导下进行工作。

二、党中央各部门

党中央各部门包括：中共中央纪律检查委员会、中华人民共和国国家监察委员会机关；中共中央办公厅；中共中央组织部；中共中央宣传部；中共中央统一战线工作部；中共中央对外联络部；中共中央政法委员会；中共中央政策研究室；中央国家安全委员会办公室；中央网络安全和信息化委员会办公室；中央军民融合发展委员会办公室；中共中央台湾工作办公室；中央财经委员会办公室；中央外事工作委员会办公室；中央机构编制委员会办公室；中国共产党中央委员会中央和国家机关工作委员会。[①]

其中，中共中央办公厅，是为党中央、中央直属机关各部门和地方各级党组织服务的办事机关，在党中央的直接领导下工作。中共中央组织部是中共中央重要工作部门之一，对外加挂国家公务员局牌子，是中国共产党中央委员会主管人事、党建方面工作的综合职能部门，是党中央在党的组织工作方面的助手和参谋。中共中央宣传部，对外加挂国务院新闻办公室、国家新闻出版署、国家版权局、国家电影局牌子，是中共中央主管意识形态方面工作的综合职能部门。中共中央统一战线工作部，对外加挂国家宗教事务局、国务院侨务办公室牌子，是党中央主管统一战线工作的职能部门，是党中央在统战工作方面的参谋和助手。

第三节 党的地方组织

党的地方组织是党的组织体系中重要的组成部分，在落实“四个全面”战略布局中发挥不可替代的作用，特别是省、市、县三级地方党委作为本地区的领导核心，在贯彻落实中央决策部署、推动党的奋斗目标实现上居于关键位置。根据党章规定，党的地方组织指党的省、自治区、直辖市、设区的市和自治州、县（旗）、自治县、不设区的市和市辖区的代表大会和由它选举产生的委员会，是党的地方各级领导机关。马克思、恩格斯按照民主原则

① 参见《党中央各部门》，载共产党员网，https://www.12371.cn/2021/06/17/ARTI1623919675902188.shtml。

和民主制度对共产党的组织形式进行设计，就是党的代表大会选举产生党的委员会，党的委员会制成为马克思主义政党的基本组织形式和领导方式。[①]党的地方各级委员会是由各级代表大会选举产生的，在各级代表大会闭会期间领导本地区工作的领导机关，包含党的省委、自治区党委、直辖市委、设区的市委和自治州委，党的县（旗）委、不设区的市委和市辖区的区委。党的地方委员会在本地区发挥总揽全局、协调各方的领导核心作用，肩负着贯彻党的路线方针政策和国家的法律、法规的重任。本节以《中国共产党地方委员会工作条例》（以下简称《地方委员会工作条例》）为范本，重点分析地方委员会的组成、职责、组织原则与会议制度。

一、党的地方委员会的组织架构

中国共产党的委员会制度实质上是按照民主集中制的根本组织制度和领导制度而设计的党的各级委员的集体领导和个人分工负责的工作制度的有机结合。地方委员会的组织架构可以分为党员与党组织的内部关系，党组织之间的权力授受与配置关系，上下级党委之间的纵向关系。

（一）党的地方委员会的组织与成员

党员与党组织的内部关系，即地方委员会的组成与成员配置。党的地方委员会由委员、候补委员组成。根据党章规定，党的省、自治区、直辖市、设区的市和自治州的委员会，每届任期五年。这些委员会的委员和候补委员必须有五年以上的党龄。党的县（旗）、自治县、不设区的市和市辖区的委员会，每届任期五年。这些委员会的委员和候补委员必须有三年以上的党龄。

党的地方委员会委员、候补委员配备应当具有代表性，符合党龄、年龄、性别、专业等方面要求。人选应当包括书记、副书记和常委会其他委员，一

① 李斌雄：《扎紧制度的笼子：中国共产党党内法规制度的重大发展研究》，武汉出版社 2017 年版，第 157 页。

般还应当包括同级政府领导班子成员，同级人大常委会、政协、法院、检察院主要负责人，同级党委和政府有关部门主要负责人，同级工会、共青团、妇联主要负责人，下一级党委和政府主要负责人，以及适当比例的基层党员。

根据《地方委员会工作条例》的相关规定，党的地方委员会设书记 1 名、副书记 2 名，个别民族自治地方需要适当增加副书记职数的，由党中央决定或者省级党委根据中央精神审批。常委会委员配备，由上级党委根据工作需要，按照有利于贯彻执行民主集中制、提高议事决策水平的原则决定。常委会委员名额，省级为 11 人至 13 人，市、县两级为 9 人至 11 人，个别地方需要适当增减的，由党中央决定或者省级党委根据中央精神审批。

委员、候补委员配备结构是否合理、增退机制是否顺畅，直接关系到地方党委整体功能。根据党章规定，地方党委委员出缺，由候补委员按得票多少依次递补。但在实践中，一些地方干部交流比较频繁，导致候补委员递补完后仍有空缺，同时，其他地区交流到本地区担任人大、政府、政协领导班子成员或法检部门主要负责人等，由于缺少补选机制进不了党委委员队伍。[①]为此，《地方委员会工作条例》规定了委员递补、补选制度，即在党的地方委员会任期内，委员出缺的由候补委员按照得票多少依次递补，递补后仍有空缺的可以召开党代表大会或者党代表会议补选，确有必要时上一级党委可以任免下级党委委员、候补委员职务。

党的地方委员会委员、候补委员的退出机制为执纪审理工作提供了规范依据。实践中，有的党委委员、候补委员因调离本地区、辞去公职、退休等原因不适宜继续担任委员、候补委员，但由于缺乏退出机制，其资格依然保留；有的党委委员、候补委员死亡、丧失国籍、被追究刑事责任等，因缺乏自动终止程序，依然保留资格。为此，《地方委员会工作条例》规定，因调离本地区、辞去公职、退休等原因不适宜继续担任党委委员、候补委员的，应当辞去或者由所在的党的地方委员会按程序免去其党委委员、候补委员职

① 《让地方党委运行更科学　解读新修订的〈中国共产党地方委员会工作条例〉》，载《人民日报》2016 年 1 月 5 日，第 6 版。

务。死亡、丧失国籍、被追究刑事责任、被停止党籍、受到留党察看以上党纪处分的，委员、候补委员职务自动终止。辞去、免去或者自动终止委员、候补委员职务的，应当报上一级党委备案。确有必要时，上一级党委可以任免下一级党委委员、候补委员职务。

（二）党的地方委员会的内部结构

党的地方委员会由同级党代表大会选举产生，党的地方委员会的常务委员会（以下简称常委会）由党的地方委员会全体会议（以下简称全会）选举产生。党的地方委员会在党代表大会闭会期间，执行上级党组织的指示和同级党代表大会的决议、决定，领导本地区的工作。

从权力配置关系看，全会、常委会，以及书记专题会议、党委各工作部门之间在权力配置上均有所区别，尤其是全会与常委会之间不可相互代替。《地方委员会工作条例》科学界定了全会与常委会的职责范围，明确规定全会是一种会议形式，并对全会和常委会决策事项作了细化规定，具体职责内容将在下文详细阐述。需要明确的是，强调发挥全会在决策中的作用，并不意味着削弱常委会的功能，在全会闭会期间，常委会行使全会职权，主持经常性工作。

（三）党的地方委员会的纵向结构

党的地方委员会的纵向结构，指的是上下级党委之间领导与工作机构，侧重上下级之间的领导权与执行权之间的服从关系。党的组织体系是按照民主集中制原则，分层、分级而设置的党的中央组织、地方组织和基层组织三个层级。下级组织服从上级组织，全党各个组织和全体党员服从党的全国代表大会和中央委员会是民主集中制的重要原则。根据党章规定，党的下级组织必须坚决执行上级组织的决定，向上级党组织请示汇报工作。

民主集中制要求必须实行正确的集中，牢固树立政治意识、大局意识、核心意识、看齐意识，坚定维护以习近平同志为核心的党中央权威和集中统一领导，保证全党团结统一和行动一致，保证党的决定得到迅速有效的贯彻执行。党的地方委员会必须始终在思想上、政治上、行动上同党中央保持高度一致，坚决贯彻执行党中央决策部署和上级党组织决定，坚决维护党中央权威，任何地方工作部署都必须以贯彻中央精神为前提，保证党的决定得到迅速有效的贯彻执行。为实现更好的集中，《地方委员会工作条例》明确了定期报告、专题报告、及时请示报告三种报告方式，即党的地方委员会应当每年向上一级党委作1次全面工作情况报告；执行党中央和上级党组织某项重要决定的情况应当专题报告；遇有重大突发事件、重大问题应当及时请示报告。

二、党的地方委员会及其常委会的职责

地方党委对本地区经济建设、政治建设、文化建设、社会建设、生态文明建设实行全面领导，对本地区党的建设全面负责。党的地方委员会在党代表大会闭会期间，执行上级党组织的指示和同级党代表大会的决议、决定，领导本地区的工作。《地方委员会工作条例》规定了全会的9项职责，常委会的6项职责，这为常委会与全会开展工作提供了依据。

（一）党的地方委员会的职责

党的地方委员会通过召开全会的方式履行以下职责：制定贯彻执行党中央和上级党组织决策部署以及同级党代表大会决议、决定的重大措施；讨论和决定本地区经济社会发展战略、重大改革事项、重大民生保障等经济社会发展重大问题；讨论和决定本地区党的建设方面的重大问题，审议通过重要党内法规或者规范性文件；决定召开同级党代表大会或者党代表会议，并对提议事项先行审议、提出意见；听取和审议常委会工作报告或者专项工作报告；选举书记、副书记和常委会其他委员；通过同级党的纪律检查委员会全体会议选举产生的书记、副书记和常委会其他委员；决定递补党委委员；批准辞去或者决定免去党委委员、候补委员；决定改组或者解散下一级党组织；决定或者追认给予党委委员、候补委员撤销党内职务以上党纪处分；研究讨论本地区行政区划调整以及有关党政群机构设立、变更和撤销方案；对常委

会提请决定的事项或者应当由全会决定的其他重要事项作出决策。由此可以看出，涉及全局性的重大问题由全委会决定。

（二）党的地方委员会常委会的职责

常委会在全会闭会期间行使党的地方委员会职权，主持经常工作。其主要职责是：召集全会，向全会报告工作并接受监督；对拟提交全会讨论和决定的事项先行审议、提出意见；组织实施上级党组织决策部署和全会决议、决定；向上级党组织请示报告工作，讨论和决定下级党组织请示报告的重要事项；对本地区经济社会发展和宣传思想文化工作、组织工作、纪律检查工作、群众工作、统一战线工作、政法工作等方面经常性工作中的重要问题作出决定；按照有关规定推荐、提名、任免干部，必要时对重要干部的任免可以征求党委委员意见；教育、管理、监督干部；研究决定党员干部纪律处分有关事项；对应当由常委会决定的其他重要事项作出决定。由此可以看出，经常性工作中的重要问题由常委会决定。

（三）党的地方委员会全面从严治党主体责任

党的地方委员会具有管党、全面从严治党的政治责任。《地方委员会工作条例》规定了党的地方委员会必须认真履行全面从严治党主体责任，书记必须履行抓党建第一责任人职责，不担任政府职务的党委副书记主要是协助书记抓党建，常委会其他委员根据分工负责有关工作，履行分管领域从严治党责任；常委会应当定期研究党建工作，每年至少向全会和上一级党委专题报告 1 次抓党建的工作情况。此外，党的地方委员会应当建立职责清单制度，明确常委会及其成员职责，并在一定范围内公开。

三、地方委员会的运行机制

地方组织的运行机制，关系到地方组织战斗力的发挥，特别是地方委员会的运行机制，更是直接关系到党的执政能力和领导水平。地方委员会的权力配置关系，形成了决策、执行、协调、沟通等权力运行机制。《地方委员会工作条例》在决策与执行上形成了集体领导与个人分工负责制度、书记专题会议制度、民主决策制度等，是新形势下做好地方党委工作的基本遵循。

（一）集体领导和个人分工负责相结合制度

党的各级委员会实行集体领导和个人分工负责相结合的制度。集体领导指的是凡属重大问题都要按照集体领导、民主集中、个别酝酿、会议决定的原则，由党的委员会集体讨论，作出决定；个人分工指的是委员会成员要根据集体的决定和分工，切实履行自己的职责。

凡属应当由全会或者常委会会议讨论和决定的事项，必须由集体研究决定，任何个人或者少数人无权擅自决定。在集体讨论和决定问题时，个人应当充分发表意见，防止书记“一言堂”现象。委员会成员要根据集体的决定和分工，切实履行自己的职责，个人对集体作出的决定必须坚决执行，有不同意见的可以保留，也可以向上级党组织报告。常委会委员应当根据分工和集体决定，勇于担当、敢于负责，切实履行职责；对不属于自己分管的工作，也应当从全局出发关心支持，加强研究，积极提出意见和建议。但是，实践中仍然存在违反民主集中制原则，拒不执行或擅自改变党组织作出的重大决定；违反议事规则，个人或者少数决定重大事项；下级党组织拒不执行上级党组织决定等现象。

（二）书记专题会议制度

地方委员会的集体决策过程应包括酝酿决策、集体决策、决策执行三个主要程序，“书记专题会议”则是《地方委员会工作条例》确立的一项新的酝酿机制。

在1996年《中国共产党地方委员会工作条例（试行）》（已废止）中，设有专门的“书记办公会”一节，规定其议事范围是：酝酿需要提交常委会会议讨论决定的问题；对常委会决定事项的组织实施进行协调；交流日常工作情况。书记办公会由书记、副书记参加。而党的十六届四中全会以来，地方各级党委按照中央关于领导班子配备改革要求，实行常委分工负责制，大幅减少了副书记的职数。书记办公会也在这个背景下退出了历史舞台。

书记办公会取消后，2015年公布的《地方委员会工作条例》在总结一些地方实践经验基础上，确立了“书记专题会议”。需要提交常委会会议审议的重要事项，可以先召开书记专题会议进行酝酿。书记专题会议由书记主持，副书记和其他有关常委会委员等参加。不过，需要注意的是，不论以前的书记办公会，还是如今的书记专题会，都不是决策机构。《地方委员会工作条例》明确指出，“书记专题会议不得代替常委会会议作出决策”。

书记专题会议制度实施后，一些省市相继将其纳入相应议事规则，这在实践中发挥了重要作用，为诸多议题提供了酝酿平台。

（三）民主决策制度

民主决策要求党委、党组在作出决策之前，广泛征求所在地区、单位的党员意见，落实党员权利。① 民主决策在《地方委员会工作条例》中具体体现为征求意见制度和决策咨询制度。

党的地方委员会作出同下级党组织有关的重要决定，一般应当事前征求下级党组织意见。需要同级党代表大会代表、下级党组织和党员了解的重要情况和重大问题，应当及时通报。与1996年旧条例相比，2015年《地方委员会工作条例》增加了“事前”征求意见的规定，这表明征求意见程序应在党的地方委员会作出决定之前，以保证决定能充分吸纳下级党组织的意见；增加了党代表大会代表、党员两个通报的对象，扩大了民主参与的范围。

《地方委员会工作条例》还完善了地方党委决策程序，提出要健全地方党委决策咨询机制。决策咨询机制要求重大决策一般应当在调查研究基础上提出方案，充分听取各方面意见，进行风险评估和合法合规性审查，经过全会或者常委会会议讨论和决定。这提高了决策的科学性和有效性，强调地方党委应坚持民主集中制，实行集体领导和个人分工负责制度，将有效防止书记“一言堂”现象。

---

① 蒋清华：《完善党委决策制度的法学思考》，载《当代世界与社会主义》2017年第1期。

（四）会议制度

改革开放以来，我党不断健全和完善党委议事机制，积极推进决策的科学化和民主化，促进了党和国家各项事业的发展。健全和完善党委议事和决策的机制，是地方党委贯彻执行民主集中制中的一个关键环节。“会议决定”是集体决策的实行形式和必经程序，是指重大问题必须拿到会上集体讨论决定。《地方委员会工作条例》规定了会议召开的时间和要求、表决方式、会议决策的实施等内容，全会与党委会召开时间、要求与表决方式存在差异。可以通过以下表格进行对比。

表 1　地方委员会全会与常委会会议制度差异表

类　型	全　会	常委会
召开时间	每年至少召开 2 次，遇有重要情况可以随时召开	一般每月召开 2 次，遇有重要情况可以随时召开
议题确定	一般由常委会征询党委委员、候补委员意见后确定	由书记提出，或者由常委会其他委员提出建议、书记综合考虑后确定
主持	常委会召集并主持	党委书记召集并主持
召开条件	全会应当有三分之二以上党委委员到会	应当有半数以上常委会委员到会；讨论和决定干部任免事项必须有三分之二以上常委会委员到会
列席会议	常委会可以确定有关人员列席全会	会议召集人可以确定有关人员列席会议
表决方式	采用举手、无记名投票或者记名投票等方式进行	采用口头、举手、无记名投票或者记名投票等方式进行
表决结果	赞成票超过应到会党委会委员半数为通过；对党委委员、候补委员作出撤销党内职务以上党纪处分决定，必须由全会三分之二以上多数决定	赞成票超过应到会常委会委员半数为通过

党的地方委员会及其常委会可以根据工作需要召开扩大会议，但不得代替全会、常委会会议作出决策。党的地方委员会通过全会作出的决策，由常

委会负责组织实施；常委会作出的决策，由常委会委员分工负责组织实施。党的地方委员会应当建立有效的督查、评估和反馈机制，确保决策落实。决策执行过程中需作重大调整的，应当按照谁决策、谁调整的原则通过召开全会或者常委会会议决定。

第四节　党的基层组织

党的基层组织是党在社会基层组织中的战斗堡垒，是党的全部工作和战斗力的基础，担负着直接教育党员、管理党员、监督党员和组织群众、宣传群众、凝聚群众、服务群众的职责。党的基层组织数量众多、分布广泛，根据党章规定，企业、农村、机关、学校、医院、科研院所、街道社区、社会组织、人民解放军连队和其他基层单位，凡是有正式党员 3 人以上的，都应当成立党的基层组织。党的基层组织，根据工作需要和党员人数，经上级党组织批准，分别设立党的基层委员会、总支部委员会、支部委员会。

党支部是党的基础组织，是党组织开展工作的基本单元。党的十八大以来，以习近平同志为核心的党中央高度重视党支部建设，要求把全面从严治党落实到每个支部、每名党员，必须贯彻落实新时代党的组织路线，把党支部建设放在更加突出的位置，加强党支部标准化、规范化建设，不断提高党支部建设质量。2018 年 10 月 28 日，党中央颁布实施《中国共产党支部工作条例（试行）》（以下简称《支部工作条例》），村、社区党的基层委员会、总支部委员会，亦按照本条例执行。这是我们党历史上第一部关于党支部工作的基础主干法规，是新时代党支部建设的基本遵循。本节重点阐述党支部的相关内容。

一、党支部的设置

我们党是一个拥有 493.6 万个基层组织，9671.2 万名党员的执政党，[①] 一

① 数据截至 2021 年 12 月 31 日，参见《中国共产党党内统计公报》，载共产党员网，https://www.12371.cn/2022/06/29/ARTI1656486783270447.shtml。

个支部就是一个堡垒，一个党员就是一面旗帜，如何织密党的组织体系，科学设置党支部，《支部工作条例》作了具体规定。

（一）党支部的设置范围

党支部设置一般以单位、区域为主，以单独组建为主要方式。企业、农村、机关、学校、科研院所、社区、社会组织、人民解放军和武警部队连（中）队以及其他基层单位，凡是有正式党员 3 人以上的，都应当成立党支部。党支部党员人数一般不超过 50 人。

近年来，各地适应经济结构、生产方式、生活方式、工作方式等方面的变化，积极探索创新党支部设置形式，不断扩大党的组织和党的工作对经济社会发展各领域的覆盖。为巩固完善传统领域党支部建设、拓展建设新兴领域党支部，《支部工作条例》在总结基层经验的基础上，提出结合实际创新党支部设置形式。主要明确了 4 类情形：（1）规模较大、跨区域的农民专业合作组织和专业市场、商业街区、商务楼宇等，符合条件的，应当成立党支部。（2）正式党员不足 3 人的单位，应当按照地域相邻、行业相近、规模适当、便于管理的原则，成立联合党支部。联合党支部覆盖单位一般不超过 5 个。（3）为期 6 个月以上的工程、工作项目等，符合条件的，应当成立党支部。（4）流动党员较多，工作地或者居住地相对固定集中，应当由流出地党组织商流入地党组织，依托园区、商会、行业协会、驻外地办事机构等成立流动党员党支部。

（二）党支部的类型

《支部工作条例》区分了联合党支部、流动党支部、临时党支部等不同类型的党支部。为执行某项任务临时组建的机构，党员组织关系不转接的，经上级党组织批准，可以成立临时党支部。临时党支部主要组织党员开展政治学习，教育、管理、监督党员，对入党积极分子进行教育培养等，一般不发展党员、处分处置党员，不收缴党费，不选举党代表大会代表和进行换届。临时党支部书记、副书记和委员由批准其成立的党组织指定。临时组建的机构撤销后，临时党支部自然撤销。

联合党支部作为党基层组织的一种创新形式，顺应了新形势下党建以及思想政治工作的需要，符合“以需求为导向”的党建理念。联合党支部在组织形式、活动方式上与一般的党支部有所区别，其基本概念为：当正式党员不足3人的单位，或没有条件单独成立党支部的生产、工作、行政单位，可与邻近单位组建联合党支部。联合党支部需经上级党组织批准，党支部书记可由本支部的党员选举产生，也可由上级党组织指派。联合党支部的工作特点为：有两个以上单位的党员构成，各个单位的工作任务与性质均存在差别，党员结构具有复杂性、交叉性、广泛性的特点。

（三）党支部的设置与撤销程序

党支部的成立，一般由基层单位提出申请，所在乡镇（街道）或者单位基层党委召开会议研究决定并批复，批复时间一般不超过1个月。基层党委审批同意后，基层单位召开党员大会选举产生党支部委员会或者不设委员会的党支部书记、副书记。批复和选举结果由基层党委报上级党委组织部门备案。根据工作需要，上级党委可以直接作出在基层单位成立党支部的决定。

对因党员人数或者所在单位、区域等发生变化，不再符合设立条件的党支部，上级党组织应当及时予以调整或者撤销。党支部的调整和撤销，一般由党支部报所在乡镇（街道）或者单位基层党委批准，也可以由所在乡镇（街道）或者单位基层党委直接作出决定，并报上级党委组织部门备案。

二、党支部的工作机制

求木之长者，必固其根本；欲流之远者，必浚其泉源。1926年党中央就提出，“一切工作归支部”，《支部工作条例》总结历史传统、现实经验，完善了党支部工作机制，对党支部党员大会、党支部委员会及党小组的职责与运行方式等作出规范。党支部党员大会是党支部的议事决策机构，党支部委员会是党支部日常工作的领导机构，党小组主要落实党支部安排的工作任务。

（一）党支部党员大会

党支部党员大会是党支部的议事决策机构，由全体党员参加，一般每季度召开1次。会议由党支部书记召集并主持。会议的议题由支部委员会根据上级党组织的指示和工作需要确定。议题提交表决前，应当经过充分讨论，议题确定后，党支部委员会应在会前将内容和要求通知党员。会上要充分发扬民主，给党员发表意见的机会，表决必须有半数以上有表决权的党员到会方可进行，赞成人数超过应到会有表决权的党员的半数为通过。

党支部党员大会决定支部的重大问题，其主要职权是：听取和审查党支部委员会的工作报告；按照规定开展党支部选举工作，推荐出席上级党代表大会的代表候选人，选举出席上级党代表大会的代表；讨论和表决接收预备党员和预备党员转正、延长预备期或者取消预备党员资格；讨论决定对党员的表彰表扬、组织处置和纪律处分；决定其他重要事项。村、社区重要事项以及与群众利益密切相关的事项，必须经过党支部党员大会讨论。

（二）党支部委员会

党支部委员会是党支部日常工作的领导机构。有正式党员7人以上的党支部，应当设立党支部委员会。党支部委员会由3人至5人组成，一般不超过7人。党支部委员会设书记和组织委员、宣传委员、纪检委员等，必要时可以设1名副书记。正式党员不足7人的党支部，设1名书记，必要时可以设1名副书记。

党支部委员会的书记、副书记一般由党支部委员会会议选举产生，不设委员会的由党支部党员大会选举产生。党支部书记应支持党支部全面工作，督促党支部其他委员履行职责、发挥作用，抓好党支部委员会自身建设，向党支部委员会、党员大会和上级党组织报告工作。

党支部委员会是党支部的领导班子，负责处理党支部的日常工作。党支部委员会会议一般每月召开1次，根据工作需要，党支部委员会会议也可随时召开，对党支部重要工作进行讨论、作出决定，也可召开支委扩大会议，吸收党员和非党领导干部列席，听取意见。党支部委员会会议由党支部书记召集并主持。书记不能参加会议的，可以委托副书记或者委员召集并主持。党支部委员会会议须有半数以上委员到会方可进行。

党支部委员会由支部党员大会选举产生，党支部委员会向支部党员大会负责并报告工作。党支部委员会可以就党支部党员大会的议题提出初步意见或方案，但不能把党支部委员会的意见强加给党支部党员大会，更不允许把党支部委员会的意见置于党支部党员大会之上。对党支部委员会作出的决议或决定，党支部党员大会有权修改或否定。党支部委员会如果认为或发现党支部党员大会作出的决议不符合党的路线、方针、政策和上级党组织的决议时，可请示上级党组织裁决或重新召开党支部党员大会讨论决定。

（三）党小组

党小组是党支部的组成部分，而不是党的一级组织。党员人数较多或者党员工作地、居住地比较分散的党支部，按照便于组织开展活动原则，应当划分若干党小组，并设立党小组组长。党员数量少的党支部，也可以不划分党小组。党小组的设立便于具体地组织、推动和指导每个党员的日常活动，保证党的指示和决议的贯彻落实。

党小组组长由党支部指定，也可以由所在党小组党员推荐产生。一般选小组长 1 人，如党员较多、分散或工作需要，也可增选副组长 1 人。小组长的任期和支部委员会的任期一样，可在改选支部委员会的同时改选党小组组长。因为党小组不是一级组织，所以党小组组长也不是党内的领导职务，只是党小组的负责人，是党的基层骨干。

党小组在党支部的领导下，以自己的积极活动来实现党支部的决议和担负党支部不便集中进行的一部分工作，保证党支部各项任务的完成。党小组会是党小组活动的主要形式之一，也是党员组织生活的一个重要组成部分。党小组会的内容一般围绕党的中心工作和党支部的近期工作，结合本小组的实际情况确定，每次解决一两个问题。党小组会一般每月召开 1 次，组织党员参加政治学习、谈心谈话、开展批评和自我批评等。

三、党支部的组织生活

党的组织生活通常是指党员参加所在支部的党员大会、支部委员会、党小组会以及党课。党的组织生活是党的生活的一部分。党章第八条规定："每个党员，不论职务高低，都必须编入党的一个支部、小组或其他特定组织，参加党的组织生活，接受党内外群众的监督。党员领导干部还必须参加党委、党组的民主生活会。不允许有任何不参加党的组织生活、不接受党内外群众监督的特殊党员。"党组织对党员进行教育、管理、监督，主要依托党支部、党小组开展活动。主要形式有党员大会、支部委员会、党小组会、党员领导干部民主生活会以及党课、民主评议党员、评选先进党员和党组织等。

（一）"三会一课"制度

党支部应当组织党员按期参加党员大会、党小组会和上党课，定期召开党支部委员会会议。"三会一课"应当突出政治学习和教育，突出党性锻炼，结合党员思想和工作实际，确定主题和具体方式，做到形式多样、氛围庄重。党课应当针对党员思想和工作实际，回应普遍关心的问题，注重身边人讲身边事，增强吸引力和感染力。党员领导干部应当定期为基层党员讲党课，党委（党组）书记每年至少讲 1 次党课。

（二）主题党日制度

近年来，特别是在党内集中学习教育中，许多地方和部门系统以党支部为单位开展主题党日活动，深化学习教育效果，受到广大基层党员和干部、群众的欢迎。实践证明，支部主题党日接地气、有实效，是党的组织生活方式的重要创新。党支部每月相对固定 1 天开展主题党日，组织党员集中学习、过组织生活、进行民主议事和志愿服务等。主题党日开展前，党支部应当认真研究确定主题和内容；开展后，应当抓好议定事项的组织落实。

（三）组织生活会制度

党支部每年至少召开1次组织生活会，一般安排在第四季度，也可以根据工作需要随时召开。组织生活会一般以党支部党员大会、党支部委员会会议或者党小组会形式召开。组织生活会应当确定主题，会前认真学习，谈心谈话，听取意见；会上查摆问题，开展批评和自我批评，明确整改方向；会后制定整改措施，逐一整改落实。

（四）民主评议党员制度

民主评议党员工作，要在党委的领导下，以支部为单位有步骤地进行。党支部一般每年开展1次民主评议党员，组织党员对照合格党员标准、对照入党誓词，联系个人实际进行党性分析。党支部召开党员大会，按照个人自评、党员互评、民主测评的程序，组织党员进行评议。党员人数较多的党支部，个人自评和党员互评可以在党小组范围内进行。党支部委员会会议或者党员大会根据评议情况和党员日常表现情况，提出评定意见。民主评议党员可以结合组织生活会一并进行。

（五）谈心谈话制度

党支部应当经常开展谈心谈话。党支部委员之间、党支部委员和党员之间、党员和党员之间，每年谈心谈话一般不少于1次。谈心谈话应当坦诚相见、交流思想、交换意见、帮助提高。党支部应当注重分析党员思想状况和心理状态。对家庭发生重大变故和出现重大困难、身心健康存在突出问题等情况的党员，党支部书记应当帮助做好心理疏导；对受到处分处置以及有不良反映的党员，党支部书记应当有针对性地做好思想政治工作。

四、党支部委员会建设

“火车跑得快，全靠车头带。”党支部委员会是组织和领导党员、群众完成党的各项任务的指挥部。加强党支部委员会自身建设，是提高党支部的战斗力，发挥党支部战斗堡垒作用的关键。[①]

（一）党支部书记队伍建设

针对党支部建设薄弱环节和党员群众呼声，《支部工作条例》对加强党支部书记队伍建设作出具体规定。一是规范了党支部书记选任条件，明确了村、社区，机关、国有企业、事业单位，非公有制经济组织、社会组织等不同领域党支部书记的选拔渠道，以拓宽视野、严格标准，把优秀的党员选拔为党支部带头人。二是提出了加强党支部书记培训和激励措施，明确规定党支部书记培训纳入干部教育培训规划，开展党支部书记全员轮训，中央组织部组织开展党支部书记示范培训。在激励方面，提出注重从优秀村、社区党支部书记中选拔乡镇和街道领导干部，考录公务员和招聘事业单位人员。三是强化了对党支部书记的管理监督，明确建立持续整顿软弱涣散党支部工作机制。[②]

（二）党支部建设的监督方式

《支部工作条例》还要求强化对抓党支部建设的监督问责，提出村、社区党支部工作纳入县级党委巡察监督工作内容，明确把抓党支部建设列入各级党委书记抓基层党建工作述职评议考核重要内容，对党支部建设出现严重问题，党员、群众反映强烈的，应当按照规定严肃问责。强调各级党组织应当为党支部开展工作提供必要条件、给予经费保障，并对落实村和社区党支部书记报酬待遇、给予非公有制经济组织和社会组织党支部工作经费支持等作出规定。

① 《加强党支部委员会自身建设的重要性是什么？》，载共产党员网，https://fuwu.12371.cn/2012/07/26/ARTI1343283762901988.shtml?from=singlemessage&isappinstalled=0。

② 《全面提高新时代党支部建设质量——中央组织部负责人就印发〈中国共产党支部工作条例（试行）〉答记者问》，载共产党员网，https://www.12371.cn/2018/11/26/ARTI1543239775411663.shtml。

五、各类基层组织的特殊规定

根据不同基层组织的特点，党章和《支部工作条例》规定了对街道、乡、镇党的基层委员会和村、社区党组织，国有企业和集体企业中党的基层组织，非公有制经济组织中党的基层组织，事业单位中党的基层组织，各级党和国家机关中党的基层组织等不同基本任务和工作重点。

街道、乡、镇党的基层委员会和村、社区党组织，统一领导本地区基层各类组织和各项工作，加强基层社会治理，支持和保证行政组织、经济组织和群众性自治组织充分行使职权。《中国共产党农村基层组织工作条例》是专门针对党的农村基层组织的党内法规，该条例针对农村党组织的特点，设置乡镇党的委员会和村党支部委员会两类基层组织，确保党成为乡镇、村各种组织和各项工作的领导核心。

国有企业党委（党组）发挥领导作用，把方向、管大局、保落实，依照规定讨论和决定企业重大事项。国有企业和集体企业中党的基层组织，围绕企业生产经营开展工作。《中国共产党国有企业基层组织工作条例（试行）》以习近平新时代中国特色社会主义思想为指导，深入贯彻党的十九大和十九届二中、三中、四中全会精神，贯彻党章要求，对国有企业党组织工作作出全面规范，是新时代加强国有企业党的建设的基本遵循。该条例阐明了国有企业党组织工作的指导思想和工作原则，规范了国有企业党组织的设置，规定了国有企业党组织的主要职责，明确了加强国有企业党员队伍建设的有关要求，明确了党的领导和公司治理的关系。

各级党和国家机关中党的基层组织，协助行政负责人完成任务，改进工作，对包括行政负责人在内的每个党员进行教育、管理、监督，不领导本单位的业务工作。《中国共产党党和国家机关基层组织工作条例》强调基层组织的政治功能，理顺了机关党建的工作体制机制。

《中国共产党普通高等学校基层组织工作条例》规定了普通高校基层组织的设置，职责，党员的教育、管理和发展，干部工作、思想政治工作，党组织对群众组织的领导内容等。进一步健全了党委领导下的校长负责制，牢牢把握高等学校意识形态领导权，培养德智体美全面发展的社会主义建设者和接班人。

第五节　党　组

党组是党在中央和地方国家机关、人民团体、经济组织、文化组织、社会组织和其他组织领导机关中设立的派出机关，在本单位发挥领导核心作用。这个意义上说，党组的本质属性是党领导国家和社会的一种组织设置形式。[①] 在非党组织的领导机关中设立党组，是我们党从国情出发作出的重要组织制度安排，充分体现了我们党独特的政治优势、组织优势和制度优势。2015 年 6 月中共中央印发的《中国共产党党组工作条例（试行）》，对推进党组工作制度化、规范化、程序化发挥了重要作用，党的十九大党章修正案对党组职责作了充实，进一步明确了党组管党治党的政治责任。2019 年 4 月修订的《中国共产党党组工作条例》，是坚持和加强党的全面领导的重要举措，为新形势下加强和改进党组工作提供了基本遵循。本节以《中国共产党党组工作条例》（以下简称《党组工作条例》）为范本，充分介绍党组的设立、职权职责、工作方式、决策程序等相关内容，进一步理顺党组与所在机构组织的关系。

一、党组的设立

中央和地方国家机关、人民团体、经济组织、文化组织和其他非党组织的领导机关中，有党员领导成员 3 人以上的，经批准可以设立党组。党组在党的组织体系中具有特殊地位，有其自身设立、运行的一套体制机制。《党组工作条例》规范了党组的设立，进一步完善领导体制机制，夯实党组工作的组织基础。

---

① 冯舟:《党组制度的本质特征和实践要求》，载《学习时报》2019 年 5 月 31 日，第 1 版。

（一）党组的设立条件与标准

《党组工作条例》以列举与兜底相结合的方式对应当设立党组、可以设立党组、不设立党组的党委予以明确。一般应当设立党组的单位：县级以上人大常委会、政府、政协、法院、检察院；县级以上政府工作部门、派出机关（街道办事处除外）、直属事业单位；县级以上工会、妇联等人民团体；中管企业；县级以上政府设立的有关管委会的工作部门；其他有必要设立党组的单位。经党中央批准，全国性的重要文化组织、社会组织以及其他需要设立党组的单位可以设立党组。下列单位一般不设立党组：领导机关中的党员领导成员不足 3 人的；与党的机关合并设立或者合署办公的；由党的机关代管或者管理等并纳入党的机关序列的；县级以上政府直属事业单位以外的其他事业单位；共青团组织；中管企业的下属企业，地方国有企业；地方文化组织、社会组织。

《党组工作条例》对机关党组、分党组设立作了规范。市级以上人大常委会、政府、政协，应当设立机关党组。县级人大常委会、政府、政协根据工作需要，可以设立机关党组。国务院有关部门的派出机构，具有行业、系统管理需要的国务院有关直属事业单位、中央一级有关人民团体的下属单位，省级以上人大、政协的专门委员会，市级以上法院、检察院的派出机构，经批准可以设立分党组。设立分党组的单位，其下属单位不再设立分党组。

（二）党组的审批

党组的设立，应当由党中央或者本级地方党委审批。有关管委会的工作部门设立党组，由本级党委授权管委会党工委审批。党组不得审批设立党组。新成立的有关单位符合设立党组条件的，党中央或者本级地方党委可以根据需要作出设立党组的决定，也可以由需要设立党组的单位或者其上级主管部门党组织提出设立申请，由党中央或者本级地方党委审批。变更、撤销党组的，由批准其设立的党组织作出决定。

（三）党组成员配置

党组成员除应当具备党章和《党政领导干部选拔任用工作条例》规定的党员领导干部的基本条件外，还应当有3年以上党龄，其中厅局级以上单位的党组成员应当有5年以上党龄。党组成员一般设3人至7人。副省部级以上单位、中管企业党组成员一般不超过9人，个别单位确需增加的，由党中央决定。市、县两级政府及县级以上地方政府个别工作部门确需增加的，按程序报请省级党委批准，但总数不得超过9人。

党组设书记，必要时可以设副书记。党组书记一般由本单位领导班子主要负责人担任，主要负责人不是中共党员或者由上级领导兼任以及因其他情况不宜担任党组书记的，党组书记、主要负责人可以分设。党组其他成员一般由本单位领导班子成员中的党员干部、派驻本单位的纪检监察组组长担任，必要时也可以由本单位重要职能部门或者下属单位党员主要负责人担任。

（四）党组的清理

在党组清理规范工作中，主要在党组的设立范围与党组成员配备方面存在问题。其一，撤销、调整设立范围不规范的党组。县以上人大、政协直属事业单位、政府部门直属事业单位和企业设立的党组应予撤销，相应调整党的基层组织设置；没有下属单位，或对下属单位未实行集中统一领导的县级及以上国家工作部门设立党组性质党委的，应撤销党委，设立党组。其二，在应建未建党组的部门和单位新设党组。县级及以上政府工作部门和共青团、工会、妇联等人民团体，没有设立党组的，一般应当设立党组。其中，行政班子党员领导成员不足3名的，应调整领导班子配备创造条件设立党组。部门单位领导职数不足3名的，可以由本单位重要职能部门或内设机构或下属单位党员主要负责人担任党组成员。其三，调整不符合《党组工作条例》规定成员配备条件的党组。党组成员不足3人的应及时配齐，不能长期空缺。党组成员任免程序不符合《党组工作条例》规定的，应重新履行任免程序。

二、党组的职责

党章规定，党组的任务，主要是负责贯彻执行党的路线、方针、政策；加强对本单位党的建设的领导，履行全面从严治党责任；讨论和决定本单位的重大问题；做好干部管理工作；讨论和决定基层党组织设置调整和发展党员、处分党员等重要事项；团结党外干部和群众，完成党和国家交给的任务；领导机关和直属单位党组织的工作。较之十八大党章，增加了党组关于党的建设的领导、党组的全面从严治党责任、基层党组织设置调整等事项。党组职责的这一转变，使党组在全面从严治党各项工作中占据重要地位。2019 年《党组工作条例》对党的建设的领导工作与全面从严治党的主体责任进一步细化，强化了党组的“领导”作用，明确了“领导”责任，并明确要推动党的主张和重大决策转化为法律法规、政策政令和社会共识。

《党组工作条例》要求党组既履行好对本单位业务工作的领导责任，聚焦重大事项把方向、管大局、保落实，防止事无巨细都抓在手上的倾向，实现党组发挥领导作用与本单位行政领导班子依法依章程履行职责相统一；又履行好对本单位党的建设的领导责任，担负起管党治党政治责任，坚持党建工作与业务工作同谋划、同部署、同推进、同考核，坚决克服“两张皮”和“一手硬、一手软”。

一方面，在党组对本单位业务工作的领导上，党组讨论和决定本单位的重大问题由原来的 7 项调整为 12 项：贯彻落实党中央以及上级党组织决策部署的重大举措；制定拟订法律法规规章和重要规范性文件中的重大事项；业务工作发展战略、重大部署和重大事项；重大改革事项；重要人事任免等事项；重大项目安排；大额资金使用、大额资产处置、预算安排；职能配置、机构设置、人员编制事项；审计、巡视巡察、督查检查、考核奖惩等重大事项；重大思想动态的政治引导；党的建设方面的重大事项；其他应当由党组讨论和决定的重大问题。[①]

另一方面，在党组对本单位党的建设的领导上，从加强党的政治建设、强化理论武装、落实意识形态工作责任制、加强干部队伍建设和人才工作、加强党的基层组织建设和党员队伍建设、加强作风建设、加强纪律建设、抓好制度建设八个方面，对党组全面履行管党治党主体责任提出明确要求。并且要求党组书记必须认真履行抓党建第一责任人职责，党组其他成员按照"一岗双责"要求抓好职责范围内党的建设工作。同时，对党组履行党风廉政建设主体责任提出明确要求，强调党组要支持纪检监察机构履行监督责任。

三、党组的工作机制

2019 年《党组工作条例》总结近年来党组工作的理论、实践和制度创新成果，结合党组工作的新变化、新情况、新要求，对党组工作组织原则作了进一步充实完善，在党组工作原则、领导体制、基本工作制度等方面作了较为详细的规定。

（一）党组工作原则

党组工作要以贯彻落实党中央决策部署为前提。这是党组工作必须始终坚持的政治原则，也是最重要的政治纪律和政治规矩。做好新时代党组工作，必须提高政治站位，自觉把党组工作放到坚持和加强党的全面领导的政治高度来审视、谋划和推进，充分发挥党组把方向、管大局、保落实的重要作用，确保党始终成为中国特色社会主义事业的坚强领导核心。党组及其成员必须始终在政治立场、政治方向、政治原则、政治道路上同以习近平同志为核心的党中央保持高度一致，坚决执行党中央决策部署以及上级党组织决定，党组任何工作部署都必须以贯彻党中央精神为前提，坚决维护习近平总书记党中央的核心、全党的核心地位，坚决维护党中央权威和集中统一领导。

① 《更好发挥党组把方向、管大局、保落实重要作用——中办负责人就〈中国共产党党组工作条例〉答记者问》，载中国政府网，http://www.gov.cn/zhengce/2019-04/15/content_5383065.htm?from=groupmessage&isappinstalled=0。

（二）党组的领导体制

党组领导体制是关于党组与批准其设立的党组织之间、党组与机关党组或下属单位分党组之间、党组与机关和直属单位党组织之间建立的组织领导关系及其制度支撑的规范机制。

第一，党组必须服从批准它成立的党组织领导。党组不是一级党委，而是上级党委在非党组织中的派出机关。党组不是经党员大会或党员代表大会选举产生，而是由党委授权设立。与此对应，党组成员一般由批准设立党组的党组织决定。这种授权关系决定了党委与党组是上下级领导关系。[①]党组应当按照《中国共产党重大事项请示报告条例》等有关规定，向批准其设立的党组织和其他有关党组织请示报告工作。请示报告制度是保证党组贯彻落实党中央路线方针政策和上级党组织决定的重要制度。县级以上人大常委会党组、政府党组、政协党组、法院党组、检察院党组应当按照规定，向本级党委请示报告工作。

第二，机关党组、下属单位分党组接受批准其设立的党委（组织部）和单位党组的双重领导，实行双重领导的单位党组接受上级单位党组和批准其设立的党委的双重领导。《党组工作条例》规定，除必须服从批准其设立的党组织领导外，人大常委会机关党组、政府机关党组、政协机关党组，分别接受人大常委会党组、政府党组、政协党组的领导。分党组应当接受上级单位党组的领导，上级单位设立机关党组的，还应接受机关党组的指导。

第三，党组与所在部门机关党组织和直属事业单位党组织是指导关系，不是领导关系。机关党组织和直属事业单位党组织不隶属于本单位的党组，而是隶属于同级机关党委或同级党委，并受其领导。[②]党组对有关重要问题作出决定时，应当根据需要充分征求机关和直属单位党组织以及本单位党员群众的意见，重要情况应当及时进行通报。所在部门的机关和直属事业单位

① 田桥：《中国共产党党组制度的沿革、结构与功能》，载《社会主义研究》2019年第6期。

② 王振民、施新州等：《中国共产党党内法规研究》，人民出版社2016年版，第225页。

党组织应向党组经常汇报工作，反映情况，主动取得党组的指导。

《党组工作条例》还在党组工作贯彻落实集体领导、请示报告等方面制度作了充实完善，强调党组书记应当带头执行民主集中制，党组其他成员应当对党组讨论和决定的事项积极提出意见和建议，党组成员必须坚决服从党组集体决定，有不同意见的在坚决执行的前提下可以声明保留，也可以向上级党组织反映，但不得在其他场合发表不同意见。

四、党组的决策与执行

党组的战斗力和整体水平，集中表现在决策能力上，而能否进行正确决策，则主要取决于是否贯彻执行民主集中制原则，是否有规范化、制度化的决策程序。关于党组议事决策范围、程序、形式，《党组工作条例》作出了详细规定，既调动了党内外各方面的积极性，又形成了党组的统一意志，提高了决策的民主化、科学化水平。

（一）党组决策原则

党组应当按照集体领导、民主集中、个别酝酿、会议决定的原则作出决策，实行科学决策、民主决策、依法决策。在党组的决策与执行中，集体领导指的是凡属党组会议讨论决定的事项，由党组成员集体讨论和决定，任何个人或者少数人无权擅自决定。民主集中指的是在集体讨论和决定问题时，个人应当充分发表意见。个人对集体作出的决定必须坚决执行，有不同意见的可以保留，也可以向上级党组织报告。个别酝酿指的是对于重大问题的决定，要充分酝酿、协商和讨论。会议决定是指，重大决策必须通过党组会议形式作出。

集体领导原则有利于防止“一把手”一言堂、权力过分集中，体现了科学执政、民主执政的要求，必须充分理解集体领导原则的内涵。集体领导制度有两个方面的内涵：一是党组成员应以大局为重，班子每个成员都应自觉以大局为重，时时把自己作为集体领导的一员，主动将自己的分管工作纳入全局工作来考虑，主动将自己分管领域的重大问题提交班子集体讨论，而不能只想到自己那一块工作，不能只当分管领域的代言人，不能为了局部利益而损害全局利益。二是认真行使决策参与权。集体决策的质量取决于班子成员发表意见的质量。党组成员在酝酿、讨论时都应谈自己的真实想法，敢于发表独立见解，努力为集体决策贡献智慧。

（二）党组的决策形式

党组作出重大决策，一般应当经过调查研究、征求意见、充分酝酿等程序，按照规则由集体讨论和决定。会议决定是党组议事决策的必经程序，党组决策一般采用党组会议形式。党组会议一般每月召开 1 次，遇有重要情况可以随时召开。党组会议议题由党组书记提出，或者由党组其他成员提出建议、党组书记综合考虑后确定。会议议题应当提前书面通知党组成员。党组会议应当有半数以上党组成员到会方可召开，讨论和决定干部任免、处分党员事项必须有三分之二以上党组成员到会。党组成员因故不能参加会议的应当在会前请假，其意见可以用书面形式表达。党组会议议题涉及本人或者其亲属以及存在其他需要回避情形的，有关党组成员应当回避。根据工作需要，召开党组会议可以请不是党组成员的本单位领导班子成员列席。会议召集人可以根据议题指定有关人员列席会议。批准其设立的党组织等可以派员列席党组会议。

（三）党组决策执行

党组决策一经作出，应当坚决执行。党组应当督促推动本单位领导班子依法依章程及时全面落实党组决策。党组成员应当在职责范围内认真抓好党组决策贯彻落实。党组应当建立有效的督查、评估和反馈机制，确保党组决策落实。

《关于新形势下党内政治生活的若干准则》对此作了较为细致的描述："领导班子成员必须坚决执行党组织决定，如有不同意见，可以保留或向上一级党组织提出，但在上级或本级党组织改变决定以前，除执行决定会立即引起严重后果等紧急情况外，必须无条件执行已作出的决定。""领导干部要自觉服从组织分工安排，任何人都不能向组织讨价还价、不服从组织安排。

领导干部不准把分管工作、分管领域和地方当作‘私人领地’，不准搞独断专行。”决策的目的是执行，不执行的决策没有意义。按照集体领导制度，党委（党组）作出决策后，由班子成员按分工抓好落实。这包含三层含义：一是班子已经形成决定，不管自己的意见是否被采纳，都要自觉服从、坚决执行，不能讲价钱、搞拖延；二是在执行中严格按程序和要求办事，不得离开决策另搞一套，不能因为执行有困难、有矛盾就不抓落实，不能因为执行会影响自己分管领域的利益就随意变通落实；三是自觉服从组织的分工安排，不得挑肥拣瘦，不得只做自己想做的事。

第六节　其他党组织

随着党内法规制度建设的不断推进，党的组织法规制度体系已经相对完善，为各级党组织的工作、活动提供了明确有效的行为准则。除本章主要介绍的《中国共产党地方委员会工作条例》《中国共产党党组工作条例》《中国共产党支部工作条例（试行）》，党的组织法规制度还包含规定党的工作机关设立与职责的《中国共产党工作机关条例（试行）》等调整党的各级各类组织产生、组成、职权职责等的党内法规。

党的工作机关是党实施政治、思想和组织领导的政治机关，是落实党中央和地方各级党委决策部署，实施党的领导、加强党的建设、推进党的事业的执行机关，主要包括办公厅（室）、职能部门、办事机构和派出机关。新的历史条件下，我们党要更好地进行具有许多新的历史特点的伟大斗争、推进党的建设新的伟大工程、推进中国特色社会主义伟大事业，必须进一步加强和规范党的工作机关的工作。2017 年中共中央印发的《中国共产党工作机关条例（试行）》，是规范党的工作机关设立、职责和运行的基础主干党内法规，是加强党的组织制度建设的又一重要成果，对于夯实党执政治国的组织制度基础，推进国家治理体系和治理能力现代化，提高党的领导水平和执政水平具有重要意义。

本章思考题：

1. 地方党委委员、候补委员“被追究刑事责任的，职务自动终止”应如何理解与适用？

2. 拒不执行上级党组织决策的问责方式有哪些？

3. 党组的设立条件都有哪些？

4. 举例说明党的工作机关有哪些？

第三章
党的领导法规制度

2018 年第十三届全国人民代表大会第一次会议通过的宪法修正案，在《宪法》第一条第二款“社会主义制度是中华人民共和国的根本制度”之后增加了“中国共产党领导是中国特色社会主义最本质的特征”的规定。《宪法》的这一修改，从社会主义本质属性的角度对坚持和加强党的全面领导进行了规定，有利于在全体人民中强化党的领导意识，确保党和国家事业始终沿着正确方向前进。如果说，宪法和法律中的“党的领导”更具抽象性和宣誓性，党内法规制度体系中的“党的领导法规制度”则更加具体。它以制度化的方式，生动地体现了党的领导的体制机制、方式方法和内在逻辑。

第一节　党的领导法规制度概述

何谓“党的领导”？在党内法规制度体系中，“党的领导法规”具体规定什么内容，与其他板块的法规制度相比有什么特点，又发挥什么作用？这是本节所要讨论的内容。

一、党的领导

理解“党的领导法规”，首先要理解“党的领导”。诚然，由于概念本身的复杂性和具体性，我们很难从语义上直接给出何谓“党的领导”的抽象定义。但我们可以从意义、目标、方略等方面入手，结合《宪法》、党章的具体规定和党的主张的相关表述，从整体上把握党的领导内涵。

（一）坚持党的领导的基本逻辑

党的领导的重要性毋庸讳言。党的领导是前提、是基础、是本质、是保障。习近平总书记在庆祝中国共产党成立100周年大会上的讲话中指出：中国共产党领导是中国特色社会主义最本质的特征，是中国特色社会主义制度的最大优势，是党和国家的根本所在、命脉所在，是全国各族人民的利益所系、命运所系。《宪法》第一条规定："中华人民共和国是工人阶级领导的、以工农联盟为基础的人民民主专政的社会主义国家。社会主义制度是中华人民共和国的根本制度。中国共产党领导是中国特色社会主义最本质的特征。禁止任何组织或者个人破坏社会主义制度。"本条将"党的领导"与"国家根本制度"结合起来，具体化于宪法总纲之内，明确了党的领导作为我国立国之本的重要地位。

党的领导符合历史和现实的双重逻辑。在历史逻辑上，中国共产党领导中国各族人民推翻了"三座大山"，取得了新民主主义革命的胜利，建立了中华人民共和国，这是任何人都无法抹杀的历史功绩。这种功绩既是党的领导受到人民拥护的基础，也蕴含着党的领导的必然逻辑。中华人民共和国成立后制定的《宪法》规定了中国共产党的领导。现行《宪法》"序言"部分，也以历史叙事的方式规定了中国共产党的领导。当然，党的领导地位的维护，必然还要配合以中国共产党本身的先进性、宗旨路线的正确性，包括党员的率先垂范等来予以保障。

在现实逻辑上，党的领导是新时代坚持和发展中国特色社会主义的基本方略之一，是首要的方略。坚持党的集中统一领导，是我国国家制度和国家治理体系具有的显著优势之一，是第一优势。党的十九大报告指出，党政军民学，东西南北中，党是领导一切的。必须增强政治意识、大局意识、核心意识、看齐意识，自觉维护党中央权威和集中统一领导，自觉在思想上，政治上，行动上同党中央保持高度一致，完善坚持党的领导的体制机制，坚持稳中求进工作总基调，统筹推进"五位一体"总体布局，协调推进"四个全面"

战略布局，提高党把方向、谋大局、定政策、促改革的能力和定力，确保党始终总揽全局、协调各方。在当前的中国，推进中国特色社会主义事业不断前进，实现民族复兴和人民幸福的伟大目标，必须依靠中国共产党的领导。

（二）党的领导与执政

从本体上理解党的领导，要注意区分“领导”和“执政”。综合学界的各种观点，本书认为，党的领导权和执政权一脉相承，但又有所区别。[①]首先，领导权相较于执政权范围更大，领导权是总体意义上的，是党对国家、社会、人民在概括层面上的政治权力；执政权则仅指党借助国家机关如立法、行政、司法、监察等机关，表达自己的意志，实现自身的目的。其次，领导权本质上是一种“影响力”，依赖被领导者（人民）的认同和内在服从，不具有直接的强制性；执政权往往直接规定于宪法法律，以国家权力运行的方式体现，具有直接强制性。最后，领导权可以通过各种方式体现，执政只是党的领导实现的方式之一，党还可以通过决定重大事项、出台方针政策乃至密切与群众联系等方式实现自己的领导；执政权只能通过宪法法律的规定，借助国家机关来实现。所以，从某种意义上讲，党的执政权来源于党的领导权，执政权是领导权的下位概念，执政是党实现自身领导的方式之一，主要存在于党与国家机关发生联系的场域。

理解党的领导与执政的区别，是理解党的领导权的重要问题。中国共产党是中国特色社会主义事业的领导核心，党的领导是中国特色社会主义的最本质特征，是各项工作顺利进行的前提和基础，是一切目标实现的要求和保障。党的领导是整体的、抽象的，是对整个社会主义事业，对整个国家社会方方面面工作的全面领导。党的领导又是精细的、具体的，是党中央及各级党组织对国家机关、企事业单位、社会团体乃至公民个人等进行有效指引，从而保证党总揽全局、协调各方。理解党的领导，要兼顾整体和部分，抽象

---

① 关于党的“领导”和“执政”的关系，学界的观点并不一致。可参见张明军：《领导与执政：依法治国需要厘清的两个概念》，载《政治学研究》2015 年第 5 期；蒋清华：《党的领导权与执政权之辨——“执政权”之歧义和误用》，载《政治与法律》2016 年第 8 期。

和具体两个层面。

（三）党的领导方式

党的领导的实现方式有很多。党的十九大报告指出："加强党的集中统一领导，支持人大、政府、政协和法院、检察院依法依章程履行职能、开展工作、发挥作用，这两个方面是统一的。要改进党的领导方式和执政方式，保证党领导人民有效治理国家。"党章规定："党要适应改革开放和社会主义现代化建设的要求，坚持科学执政、民主执政、依法执政，加强和改善党的领导。党必须按照总揽全局、协调各方的原则，在同级各种组织中发挥领导核心作用。"党的领导是全面领导，但不代表着党可以取代国家机关，事无巨细地对国家社会的具体事务进行规范。党的十九届四中全会提出，要坚持和完善党的领导制度体系，提高党科学执政、民主执政、依法执政水平。一要建立不忘初心、牢记使命的制度，确保全党遵守党章，恪守党的性质和宗旨。二要完善坚定维护党中央权威和集中统一领导的各项制度，健全党中央对重大工作的领导体制，完善推动党中央重大决策落实机制，健全维护党的集中统一的组织制度。三要健全党的全面领导制度，确保党在各种组织中发挥领导作用，把党的领导贯彻到党和国家所有机构履行职责全过程，推动各方面协调行动、增强合力。四要健全为人民执政、靠人民执政各项制度，贯彻党的群众路线，完善党员、干部联系群众制度。五要健全提高党的执政能力和领导水平制度，坚持民主集中制，完善发展党内民主和实行正确集中的相关制度。完善全面从严治党制度。坚持党要管党、全面从严治党，增强忧患意识，不断推进党的自我革命，永葆党的先进性和纯洁性。

在更加具体的层面上，当前党的领导主要通过以下几种方式实现：一是党中央把方向、谋大局、定政策、促改革，制定大政方针政策，决定各方面重大问题，提出立法修法建议等。二是坚持党管干部原则，党组织按照各自干部管理权限，向同级人大、政府、政协、人民团体推荐重要干部。三是通过设立党组，发挥党组在中央和地方人大、政府、政协、人民团体中的领导作用。四是通过党员身份和公职人员身份的重合性，在各级国家机关、企事业单位、人民团体的决策和运行中发挥影响。五是通过对党员的严格要求，发挥党员的先进性，使党为民服务的宗旨在平时工作生活中得到体现，从而提高党的实际影响力及人民群众对党的拥护和认同。此外，党还通过指导检查、号召提倡、通报表彰等方式实现自己的领导。

二、党的领导法规制度

党的领导的实现，既需要理论指引，也需要制度依托，那些规定了“党的领导”的方方面面内容的制度，就是所谓“党的领导法规制度”。这些制度是有效地把党的领导落实到国家工作全过程和各方面的重要方式和保障。

（一）党的领导法规制度的内容

《中国共产党党内法规制定条例》第三条规定：“党内法规是……规范党的领导和党的建设活动……的专门规章制度……”第四条规定：“制定党内法规，主要就以下事项作出规定……（二）党的领导和党的建设的体制机制、标准要求、方式方法……”结合上述规定及前一节对“党的领导”的阐释，党的领导法规制度主要包括以下内容：

其一，“领导什么”，即领导领域的问题。党的领导是全面领导，党领导的是社会主义事业的方方面面。但这种“全面领导”可以、也应当根据领域进行进一步的具体划分。不同领域、不同方面工作的现实情况、重点难点及内在规律不同，势必要求党的领导在体制机制、方式方法上有所区别。因此，党的领导领域问题，决定了党要制定哪些方面的领导法规制度。党章在总纲中，以“中国共产党领导人民……”的阐述方式，对党的全面领导进行了一定的概括，包括党对经济、政治、文化、社会、生态、军队、民族宗教、统战、外交等工作的领导。《中央党内法规制定工作五年规划纲要（2013—2017年）》提出要“完善党的领导和党的工作方面的党内法规”。具体包括：完善地方党委工作制度，规范和完善党组工作制度，完善党领导国家法治建设的党内法规，完善意识形态工作方面的党内法规，完善统一战线工作方面的党内法规，完善群众工作方面的党内法规，完善外事工作方面的党内法规，完善军队政治工作方面的党内法规。《中央党内法规制定工作第二个五年规划（2018—2022年）》则要求“重点制定中国共产党重大事项请示报告条例，党中央领导全面深化改革工作、经济工作、法治工作等方面的规定，中国共产党农村工作条例、宣传工作条例、组织工作条例、政法工作条例、机构编制工作条例、群团工作条例、外事工作条例、人才工作条例等党内法规；修订中国共产党统一战线工作条例（试行）、中国人民解放军政治工作条例等党内法规”。

总体来看，党的领导可以有两种分类方式。第一种分类是对党内的领导和对党外的领导。前者指党中央对党的各级组织、工作机关、内设机构及党员的领导，目的是实现党内一致，维护党中央的权威。后者指党对党之外的其他主体的领导，目的是通过对这些主体施加影响，实现对国家社会的管理，使之共同为中国特色社会主义事业服务。从某种意义上讲，前者也可以理解为实现后者的一种机制。第二种分类是党对宏观工作的领导和党对具体条块工作的领导。前者如党领导经济建设、民主政治建设等，后者如党领导政法工作、统战工作等。两者之间相互交叉又相辅相成。

其二，“谁领导”，即领导主体及其相互关系的问题。领导主体是党的领导法规制度中必不可少的内容。规范党的领导，首先要阐明哪些主体有对某项工作的领导权，这些主体之间的相互关系如何，每一主体具体有哪些权限。规定领导主体、权限及其相互关系，就确定了党对某项工作的领导体制，既能防止某项工作无具体主体负责，党的领导无法实现的情况，也能避免领导主体间职权交叉不清，政出多门，无所适从的问题。按照党章的规定，党中央和地方各级党委在党的代表大会闭会期间，领导全党（本地方）的全部工作。

其三，“领导谁”，即领导对象的问题。党章总纲部分规定：“党必须保证国家的立法、司法、行政、监察机关，经济、文化组织和人民团体积极主动地、独立负责地、协调一致地工作。党必须加强对工会、共产主义青年团、妇女联合会等群团组织的领导，使它们保持和增强政治性、先进性、群众性，充分发挥作用。”这些列举的确可能成为党领导某一方面工作时的对象，但并不是全部。例如，党对统战工作的领导，其中就涉及民主党派、无党派人士，党外知识分子，少数民族人士，宗教界人士，非公有制经济人士，出国和归国留学人员，港澳台同胞，华侨、归侨及侨眷等。

其四，“如何领导”，即领导方式及制度的问题。党的领导法规制度中，还有相当大的比重会规定党的领导的方式方法、具体机制等，这是实现党的领导的途径。一般而言，党的领导的实现既有共性的机制方法，也有专门针对某一方面工作的机制方法。共性的制度如重大事项的请示报告制度、民主集中制下的决策制度、加强党对机关、单位党委（党组）领导的相关制度、党内监督追责制度等。个性的制度则要根据具体工作的不同专门设计。

（二）党的领导法规制度的特征

党的领导法规制度的上述内容，决定了党的领导法规制度与其他党内法规制度迥然不同。党的领导法规制度有以下几个特征，彰显了其特殊之处。

首先，党的领导法规制度是一个“集合体”。党的领导法规制度，核心是党的领导的体制机制、方式方法、标准要求等，但不可避免地会涉及党的组织法规制度、自身建设法规制度和监督保障法规制度。党的领导法规制度要包括党对某一方面工作的领导体制，势必涉及领导主体及权限，这就涉及组织法规的内容。党的领导法规制度会涉及党对自身党组织、党的机关及党员的要求，因而可能涉及党的自身建设的问题。党的领导实现需要借助请示报告、监督追责等机制，又天然地与监督保障法规相联系。

其次，党的领导法规制度归根结底规定的是“关系”问题。与其他板块的党内法规制度不同，党的领导法规归根结底是规定党与其他主体之间的“关系”，这种关系是一种领导与被领导的关系。

最后，党的领导法规制度往往更加抽象。即使具体到党对某一领域、某一方面工作的领导，党的领导也是一个复杂的系统工程，涉及方方面面的主体、关系和利益。其复杂程度决定了，党的领导法规制度往往较其他法规制度更加抽象。党的组织法规制度规定各类党组织的设置、组成、人员、会议制度等，自身建设法规制度根据建设内容的不同，以不同方式对党员提出各种要求，监督保障法规制度对党内法规制度的执行效果、党员的具体行为等进行检查监督奖惩。这三者的规定许多都一目了然，并不存在理解上的巨大差异，党组织和党员应当如何遵守相关制度、其是否真的遵守了相关制度也都相对明确，争议不大。党的领导法规制度不同，党的领导的体制机制、标准要求在许多时候都是抽象的，需要在具体工作中拿捏平衡。这种抽象性特点，使得党的领导法规制度在执行的难度上较其他党内法规制度要大得多。

（三）党的领导法规制度的意义

党的领导法规制度，是中国共产党制度治党、依规治党的重要表现，是党的领导方式的巨大进步，对党和国家意义重大。第一，党的领导法规制度将党的领导的方方面面纳入制度化轨道中，使党的领导有章可循。第二，党的领导法规制度明确规定了党中央、各级党组织、党的工作机关、党员之间的关系，确保党内上下一致，令行禁止，有效地提升了党的组织力和行动力。第三，党的领导法规制度涉及党与国家机关、企事业单位、社会团体，包括普通公民之间的关系，是对党政关系、党社关系、党法关系的尝试和探索，有利于明晰党的领导理念，改善党的领导方式，理顺各方面关系，从而在根本上巩固党的领导地位。第四，党的领导法规制度将党的领导的方方面面体系化、清晰化，有利于查漏补缺，及时发现和补强党的领导中的薄弱环节，保证党的全面领导。第五，党的领导法规对党的领导权和执政权进行科学合理的调整和安排，对各级党组织和党员干部的行为进行严格规范，有利于在源头上防止权力滥用，在整体层面将权力纳入制度的笼子里，有效地维护了广大人民群众的利益。

第二节　党对政法工作的领导

政法工作是党和国家工作的重要组成部分，是党领导政法单位依法履行专政职能、管理职能、服务职能的重要方式和途径。《中国共产党政法工作条例》（以下简称《政法工作条例》）以党内基本法规的形式，对党领导新时代政法工作进行全面制度擘画，为党领导政法工作提供基本遵循，具有重大而深远的意义：第一，出台《政法工作条例》是提高党领导政法工作法治化、制度化水平的内在要求，是坚持和发展中国特色社会主义制度、推进国家治理体系和治理能力现代化的题中之义。第二，出台《政法工作条例》是推进依法治国与依规治党有机统一的重要举措，有利于推动政法工作政治性、人民性和法治性在更高水平上深度融合。第三，政法工作事关党和国家长治久安，事关“两个一百年”奋斗目标的实现，《政法工作条例》的出台和实施有利于从制度上保障政法工作始终坚持正确前进方向，更好地发挥服务保障党和国家工作大局的重要作用。[①] 通过分析《政法工作条例》，可概括了解党领导政法工作的全貌。

一、党领导政法工作概述

政法工作是党领导政法单位依法履行专政职能、管理职能、服务职能而进行的相关工作。所谓“政法单位”，是指党领导下从事政法工作的专门力量，主要包括审判机关、检察机关、公安机关、国家安全机关、司法行政机关等单位。政法工作的主要任务有以下几点：一是推进平安中国、法治中国建设；二是推动政法领域全面深化改革；三是加强过硬队伍建设；四是深化智能化建设；五是确保严格执法、公正司法；六是履行维护国家政治安全、确保社会大局稳定、促进社会公平正义、保障人民安居乐业；七是创造安全的政治环境、稳定的社会环境、公正的法治环境、优质的服务环境，增强人民群众的获得感、幸福感、安全感。

从以上任务可以看出，党领导政法工作，就是要通过党对政法单位的绝对领导，利用国家专政职能和政法机关的管理与服务功能，全方位推进法治

① 《中央政法委负责人就〈中国共产党政法工作条例〉答记者问》，载中国政府网，http://www.gov.cn/zhengce/2019-01/18/content_5359162.htm。

中国建设，对外维护国家安全和利益，对内处理和化解社会矛盾，打击违法行为，维护社会和谐，为经济政治文化各方面建设提供安全稳定的社会环境，从而在整体上提高国家治理现代化水平，使整个国家和社会保持安定和谐，人民群众生活在安全、稳定的环境之中。

政法工作的基本原则有以下几点：

第一，必须坚持党对政法工作的绝对领导。政法工作事关政治安全、社会安定、人民安宁，是经济发展和社会各方面不断进步的良好环境保障，在党的十八大之后越来越受到党中央的重视。《政法工作条例》明确规定，党对政法工作是“绝对领导”，即一种全面的、独立的、集中统一的领导。这是党领导政法工作的首要原则。

第二，坚持以人民为中心，维护人民群众合法权益。为人民服务是中国共产党的宗旨。政法工作以人民为中心，就要贯彻好党的群众路线，坚持社会治理为了人民，善于把党的优良传统和新技术、新手段结合起来，创新组织群众、发动群众的机制，创新为民谋利、为民办事、为民解忧的机制。同时，要加大关系群众切身利益的重点领域执法司法力度，在打击黑恶势力、治理环境污染、保障食品安全等方面做出卓有成效的工作。

第三，坚定不移地走中国特色社会主义法治道路，建设社会主义法治国家。政法工作是法治中国建设的重要抓手。法治中国建设必须坚持走中国特色社会主义法治道路，不能与西方话语体系下的“法治”亦步亦趋，要坚定中国特色社会主义道路自信、理论自信、制度自信、文化自信。

第四，坚持政法工作服务和保障大局。独立性是维护社会公正和公平正义的必要保障。各级党组织和领导干部要支持政法单位开展工作，支持司法机关依法独立公正行使职权。但政法工作也要服从和服务于大局，为党和国家中心工作提供保障，确保政法工作真正为人民利益服务。

第五，坚持总体国家安全观。政法工作必须贯彻落实总体国家安全观，必须既重视外部安全又重视内部安全，既重视国土安全又重视国民安全，既重视传统安全又重视非传统安全，对内求发展、求变革、求稳定、建设平安中国，对外求和平、求合作、求共赢、建设和谐世界，构建集政治安全、国土安全、军事安全、经济安全、文化安全、社会安全、科技安全、网络安全、生态安全、资源安全、核安全、海外利益安全、生物安全、太空安全、极地安全、深海安全等于一体的国家安全体系。

第六，准确行使人民民主专政职能。政法工作对外体现为执法、司法过程，只有准确适用法律，依法办事，公正司法，才能使人民群众从每一个个案中感受到公平正义。为此，要严格区分和正确处理敌我矛盾和人民内部矛盾这两类不同性质的矛盾，准确行使人民民主专政职能。各政法单位要依法分工负责、互相配合、互相制约，确保正确履行职责、依法行使权力。要按照政治过硬、业务过硬、责任过硬、纪律过硬、作风过硬的要求，建设信念坚定、执法为民、敢于担当、清正廉洁的新时代政法队伍。

第七，坚持推进国家治理体系和治理能力现代化。要善于把党的领导和我国社会主义制度优势转化为社会治理效能，完善党委领导、政府负责、社会协同、公众参与、法治保障的社会治理体制，打造共建共治共享的社会治理格局。

二、党领导政法工作的主体与权限

政法工作的领导主体包括党中央、地方党委、各级党委政法委及政法单位党组（党委）。四者配套以不同的权限，共同构筑了党对政法工作的领导体系。

党中央对政法工作实施绝对领导、全面领导。其主要职权是：1. 决定政法工作大政方针。党中央要为政法工作坚持正确方向提供根本遵循，确立政法工作的政治立场、政治方向、政治原则、政治道路，严明政治纪律和政治规矩，为政法工作科学发展提供政治保证。2. 决策部署事关政法工作全局和长远发展的重大举措。如事关国家政治安全、社会大局稳定、社会公平正义和人民安居乐业的重大方针政策、改革措施、专项行动等。3. 管理政法工作中央事权和由中央负责的重大事项，也即承担那些在国防、外交、国家安全、全国统一市场规则和管理、部分社会保障、部分跨区域重大项目建设维护等全国性重大问题和事项中与政法工作相关的责任。4. 加强政法系统组织建设和党风廉政建设，领导和推动建设忠诚、干净、担当的高素质专业化政法队伍，为政法工作提供组织保证。

县级以上地方党委领导本地区政法工作，贯彻落实党中央关于政法工作大政方针，执行党中央以及上级党组织关于政法工作的决定、决策部署、指示等事项。具体包括：1. 统筹政法工作中事关维护国家安全特别是以政权安全、制度安全为核心的政治安全重要事项。2. 统筹维护社会稳定工作，及时妥善处理影响社会稳定的重要事项和突发事件。3. 统筹规划平安建设、法治建设与经济社会发展，做到同部署、同推进、同督促、同考核、同奖惩。4. 依法维护社会主义市场经济秩序，为经济高质量发展提供法治保障。5. 组织实施党中央关于政法改革方案，推动完善社会主义司法制度和政法工作运行体制机制。6. 完善党委领导、政府负责、社会协同、公众参与、法治保障的社会治理体制，提高社会治理社会化、法治化、智能化、专业化水平。7. 完善党委、纪检监察机关、党委政法委员会对政法单位的监督机制，保证党的路线方针政策和党中央重大决策部署贯彻落实，保证宪法法律正确统一实施。8. 加强党对政法队伍建设的领导。9. 改善执法司法条件。10. 推动完善和落实保障政法干警依法履职、开展工作的制度和政策。11. 本地区政法工作中的其他重要事项。

党委政法委员会是党委领导和管理政法工作的职能部门。中央和县级以上地方党委设置政法委员会。党委政法委员会在党委领导下履行职责、开展工作。同时，中央政法委员会指导地方各级党委政法委员会工作，上级党委政法委员会指导下级党委政法委员会工作。乡镇（街道）党组织配备政法委员，在乡镇（街道）党组织领导和县级党委政法委员会指导下开展工作。

党委政法委员会主要职责任务是：1. 执行党的路线方针政策和党中央重大决策部署，推动完善和落实政治轮训和政治督察制度。2. 贯彻党中央以及上级党组织决定，研究协调政法单位之间、政法单位和有关部门、地方之间有关重大事项，统一政法单位思想和行动。3. 加强对政法领域重大实践和理论问题调查研究，提出重大决策部署和改革措施的意见和建议，协助党委决策和统筹推进政法改革等各项工作。4. 了解掌握和分析研判社会稳定形势、政法工作情况动态，创新完善多部门参与的平安建设工作协调机制，协调推动预防、化解影响稳定的社会矛盾和风险，协调应对和妥善处置重大突发事件，协调指导政法单位和相关部门做好反邪教、反暴恐工作。5. 加强对政法工作的督查，统筹协调社会治安综合治理、维护社会稳定、反邪教、反暴恐等有关国家法律法规和政策的实施工作。6. 支持和监督政法单位依法行使职权，检查政法单位执行党的路线方针政策、党中央重大决策部署和国家法律法规的情况，指导和协调政法单位密切配合，完善与纪检监察机关工作衔接和协作配合机制，推进严格执法、公正司法。7. 指导和推动政法单位党的建设和政法队伍建设，协助党委及其组织部门加强政法单位领导班子和干部队伍建设，协助党委和纪检监察机关做好监督检查、审查调查工作，派员列席同级政法单位党组（党委）民主生活会。8. 落实中央和地方各级国家安全领导机构、全面依法治国领导机构的决策部署，支持配合其办事机构工作；指导政法单位加强国家政治安全战略研究、法治中国建设重大问题研究，提出建议和工作意见，指导和协调政法单位维护政治安全工作和执法司法相关工作。9. 掌握分析政法舆情动态，指导和协调政法单位和有关部门做好依法办理、宣传报道和舆论引导等相关工作。10. 完成党委和上级党委政法委员会交办的其他任务。

政法单位党组（党委）领导本单位或者本系统政法工作。其主要职责任务是：1. 执行党的路线方针政策和党中央重大决策部署，维护党对政法工作的绝对领导。2. 遵守和实施宪法法律，带头依法履职，推进严格执法、公正司法，维护国家法制的统一、尊严和权威。3. 研究影响国家政治安全和社会稳定的重大事项或者重大案件，制定依法处理的原则、政策和措施。4. 研究推动本单位或者本系统全面深化改革，研究制定本单位或者本系统执法司法政策，提高执法司法质量、效率和公信力。5. 履行全面从严治党主体责任，加强本单位或者本系统党的建设和政法队伍建设。6. 完成上级党组（党委）和党委政法委员会交办的其他任务。

三、党领导政法工作的重要制度

重大事项请示报告制度是党领导政法工作的重要制度。对于重大事项请示报告制度的主体、事项、程序、方式等,《中国共产党重大事项请示报告条例》有系统的规定。《政法工作条例》结合政法工作实践，具体规定了政法系统内的请示报告制度，两者是一般规定与特别规定的关系。按照《政法工作条例》的规定，中央政法委员会、中央政法单位党组（党委）在党中央领导下履行职责、开展工作，对党中央负责，受党中央监督，向党中央和总书记请示报告工作。县级以上地方党委政法委员会、政法单位党组（党委）每年应当向同级党委报告全面工作情况，遇有重要情况及时请示报告。政法单位党组（党委）向同级党委请示报告重大事项和汇报重要工作，一般应当同时抄报同级党委政法委员会。

对于具体的请示报告事项,《政法工作条例》规定了中央政法委员会、中央政法单位党组（党委）向党中央请示报告的事项，以及中央政法单位党组（党委）和省（自治区、直辖市）党委政法委员会向中央政法委员会请示报告的事项。其他的请示报告事项，则可根据《中国共产党重大事项请示报告条例》执行，或由各级党委政法委员会单独制定。

除请示报告制度外,《政法工作条例》还规定了其他一些具体的决策制度、会议制度，确保党对政法工作的领导。例如，要求党委、党委政法委员会、政法单位党组（党委）在作出决策时，按照集体领导、民主集中、个别酝酿、会议决定的原则进行，应当先行调查研究，提出适当方案，充分听取各方面意见，进行风险评估和合法合规性审查，按照规定提请相关会议讨论和决定。要求地方党委建立健全委员会全体会议或者常委会会议研究部署政法工作的制度，将政法工作纳入重要议事日程。要求党委政法委员会实行全体会议制度，讨论和决定职责范围内的政法工作重大事项。要求政法单位党组（党委）按照有关规定召开党组（党委）会议，讨论和决定本单位或者本系统政法工作和队伍建设重大事项等。这些制度的设立，对各级各类领导主体更加重视政法工作有重要作用。

习近平总书记关于做好政法工作的体制机制的要求①

2019年1月，习近平总书记出席中央政法工作会议并发表重要讲话，对做好政法工作的目标、要求、体制机制等作出明确部署。其中涉及体制机制的部分主要包括：

要创新完善平安建设工作协调机制，统筹好政法系统和相关部门的资源力量，形成问题联治、工作联动、平安联创的良好局面。

要大力弘扬社会主义核心价值观，加强思想教育、道德教化，改进见义勇为英雄模范评选表彰工作，让全社会充满正气、正义。

要健全社会心理服务体系和疏导机制、危机干预机制，塑造自尊自信、理性平和、亲善友爱的社会心态。要加快推进立体化、信息化社会治安防控体系建设。

要优化政法机关职权配置，构建各尽其职、配合有力、制约有效的工作体系。要推进政法机关内设机构改革，优化职能配置、机构设置、人员编制，让运行更加顺畅高效。

要全面落实司法责任制，让司法人员集中精力尽好责、办好案，提高司法质量、效率、公信力。要聚焦人民群众反映强烈的突出问题，抓紧完善权力运行监督和制约机制，坚决防止执法不严、司法不公甚至执法犯法、司法腐败。

要深化诉讼制度改革，推进案件繁简分流、轻重分离、快慢分道，推动大数据、人工智能等科技创新成果同司法工作深度融合。

要努力提供普惠均等、便捷高效、智能精准的公共服务。要持续开展“减证便民”行动，加快推进跨域立案诉讼服务改革，推动诉讼事项跨区域远程办理、跨层级联动办理，解决好异地诉讼难等问题。

要深化公共法律服务体系建设，加快整合律师、公证、司法鉴定、仲裁、

① 《习近平出席中央政法工作会议并发表重要讲话》，载新华网，http://www.xinhuanet.com/politics/2019-01/16/c_1123999899.htm。

司法所、人民调解等法律服务资源，尽快建成覆盖全业务、全时空的法律服务网络。

要加快构建海外安全保护体系，保障我国在海外的机构、人员合法权益。

要全面提升政法干警的法律政策运用能力、防控风险能力、群众工作能力、科技应用能力、舆论引导能力。要对政法队伍给予特殊的关爱，做到政治上激励、工作上鼓劲、待遇上保障、人文上关怀，千方百计帮助解决各种实际困难，让干警安身、安心、安业。

要加强政法领导班子和干部队伍建设，加强政法机关基层党组织建设。各级党委政法委要把工作着力点放在把握政治方向、协调各方职能、统筹政法工作、建设政法队伍、督促依法履职、创造公正司法环境上，健全完善政治督察、综治督导、执法监督、纪律作风督查巡查等制度机制。

第三节　党对统战工作的领导

党的十九大报告指出：“统一战线是党的事业取得胜利的重要法宝，必须长期坚持。要高举爱国主义、社会主义旗帜，牢牢把握大团结大联合的主题，坚持一致性和多样性统一，找到最大公约数，画出最大同心圆。”2015年4月30日，中共中央政治局召开会议审议通过了《中国共产党统一战线工作条例(试行)》。这也是中国共产党关于统一战线工作的第一部党内法规。2020年12月21日，根据新形势新任务对统一战线工作的新要求，结合习近平总书记关于加强和改进统一战线工作的重要思想和党中央一系列最新精神，中共中央发布了《中国共产党统一战线工作条例》。这是新时代统一战线工作的基本遵循，对于提高统战工作科学化、规范化、制度化水平具有重要意义。本节将以这一党内法规文本为基础，系统介绍党对统战工作的领导。

一、党领导统战工作概述

“统战”即“统一战线”。在中国革命、建设和改革的各个历史时期，统一战线都是中国共产党的一大重要法宝。

1935 年 12 月 27 日，在陕北瓦窑堡党的活动分子会议上，毛泽东做了《论反对日本帝国主义的策略》的报告。其中指出："党的基本的策略任务是什么呢？不是别的，就是建立广泛的民族革命统一战线。"① "目前的时局，要求我们勇敢地抛弃关门主义，采取广泛的统一战线，防止冒险主义。"② 后来在《共产党人》发刊词中，毛泽东根据中国的历史和社会状况，深刻揭示了中国新民主主义革命的基本特点，总结了中国共产党 18 年来的主要经验。"十八年的经验，已使我们懂得：统一战线，武装斗争，党的建设，是中国共产党在中国革命中战胜敌人的三个法宝，三个主要的法宝。这是中国共产党的伟大成绩，也是中国革命的伟大成绩。" ③

在这一策略的指导下，中国共产党在不同历史时期根据革命、建设、改革的不同需要和现实情况，组成了各种各样的统一战线：在国民革命时期，组成了国共统一战线，即由广大工人、农民、城市小资产阶级参加的反帝反封建的国民革命联合战线。在土地革命战争时期，组成了工农民主统一战线，包括两个联盟：工、农、知识分子和其他劳动者的联盟；工、农、知识分子和非劳动者的联盟。在抗日战争时期，组成了抗日民族统一战线（国共第二次合作），包括工人阶级、农民阶级、小资产阶级和民族资产阶级，以蒋介石为首的国民党亲英美派。在解放战争时期，组成了人民民主统一战线，包括各民族、各民主阶级、各民主党派、各人民团体、广大华侨、各界民主人士及其他爱国分子和国民党统治集团中的一部分地方实力派。在党的十一届三中全会后，提出爱国统一战线。它是工人阶级领导的、工农联盟为基础的全体社会主义劳动者、社会主义建设者、拥护社会主义的爱国者和拥护祖国统一的爱国者的联盟，是最广泛的爱国统一战线。

《中国共产党统一战线工作条例》所称"统一战线"，是指中国共产党领导的、以工农联盟为基础的，包括全体社会主义劳动者、社会主义事业的建

① 《毛泽东选集》（第一卷），人民出版社 1991 年版，第 152 页。
② 《毛泽东选集》（第一卷），人民出版社 1991 年版，第 153 页。
③ 《毛泽东选集》（第二卷），人民出版社 1991 年版，第 606 页。

设者、拥护社会主义的爱国者、拥护祖国统一和致力于中华民族伟大复兴的爱国者的联盟。这是以爱国统一战线为基础，结合了新时代中国共产党实现民族复兴、人民幸福的初心和使命而产生的联盟。

新时代统一战线工作的指导思想和主要任务是：在中国共产党领导下，以马克思列宁主义、毛泽东思想、邓小平理论、“三个代表”重要思想、科学发展观、习近平新时代中国特色社会主义思想为指导，坚定不移地走中国特色社会主义道路，增强“四个意识”、坚定“四个自信”、做到“两个维护”，深入学习贯彻习近平总书记关于加强和改进统一战线工作的重要思想，围绕统筹推进“五位一体”总体布局、协调推进“四个全面”战略布局，积极促进政党关系、民族关系、宗教关系、阶层关系、海内外同胞关系和谐，巩固和发展最广泛的爱国统一战线，为全面建设社会主义现代化国家、实现中华民族伟大复兴服务，为坚持和完善中国特色社会主义制度、推进国家治理体系和治理能力现代化服务，为维护社会和谐稳定、维护国家主权安全发展利益服务，为保持香港澳门长期繁荣稳定、实现祖国完全统一服务。

二、党领导统战工作的主体与权限

中国共产党领导是统一战线最鲜明的特征，坚持党的领导是统一战线最根本、最核心的问题。在新时代，必须加强党对统一战线工作的集中统一领导，保证统一战线始终沿着正确的政治方向前进。[①] 为此，要致力于构建党委统一领导、统战部门牵头协调、有关方面各负其责的大统战工作格局。

其一，党中央成立统一战线工作领导小组。中央统一战线工作领导小组在中央政治局及其常委会领导下开展工作，对学习贯彻落实党中央关于统一战线工作的重大理论方针政策和涉及统一战线工作的法律法规进行研究部署、协调指导和督促检查，研究统一战线重大问题，向党中央提出建议。在此基础上，地方党委成立统一战线工作领导小组，组长一般由同级党委书记

① 《六问〈中国共产党统一战线工作条例〉》，载中共中央统一战线工作部网站，http://www.zytzb.gov.cn/xxgctztl/351035.jhtml。

担任。

其二，地方党委对本地区统一战线工作负主体责任，主要职责是：

（1）贯彻落实党中央以及上级党委关于统一战线工作的决策部署和工作要求，指导和督促检查下级党组织做好统一战线工作，重视加强基层统一战线工作。

（2）定期研究统一战线重大问题、部署重要工作，每年向党中央或者上一级党委报告统一战线工作情况。

（3）按照权限制定统一战线工作相关党内法规、规范性文件和重要政策，推动制定统一战线工作相关地方性法规，并组织实施。

（4）组织开展统一战线理论方针政策的学习、研究、宣传和教育，把统一战线理论方针政策纳入党委理论学习中心组学习内容和党校（行政学院）、干部学院、社会主义学院教学内容，把统一战线工作纳入宣传工作计划，把统一战线知识纳入国民教育内容。

（5）落实党中央关于统一战线工作部门和统战干部队伍建设的要求，选优配强统战系统领导班子和主要负责人，加强统战干部、人才队伍建设。

（6）领导同级人大、政府、政协、监察委员会、法院、检察院和有关人民团体、企事业单位等做好本部门、本单位、本领域统一战线工作。

（7）发现、培养、使用、管理党外代表人士，健全领导干部与党外代表人士联谊交友制度。

其他部门、单位的党组（党委）参照上述规定履行相应统一战线工作职责。各级党委（党组）主要负责人为本地区、本部门、本单位统一战线工作第一责任人。

其三，党中央以及地方党委设置统战部。统战部是党委主管统一战线工作的职能部门，是党委在统一战线工作方面的参谋机构、组织协调机构、具体执行机构、督促检查机构，承担了解情况、掌握政策、协调关系、安排人事、增进共识、加强团结等职责，主要是：

（1）贯彻落实党对统一战线工作的理论方针政策和决策部署，拟订统一战线工作政策和规划，向同级党委请示报告统一战线工作并提出意见建议。

（2）统筹协调指导统一战线工作，组织协调开展日常监督检查。

（3）负责发现、联系和培养党外代表人士，在同级党委领导下做好党外代表人士的政治安排，协同有关部门做好安排党外代表人士担任政府和审判机关、检察机关等领导职务的工作。

（4）联系民主党派，牵头协调无党派人士工作，支持民主党派和无党派人士履行职责、发挥作用，支持、帮助民主党派和无党派人士加强自身建设。

（5）开展党外知识分子统一战线工作。

（6）统筹协调民族工作，领导民族工作部门依法管理民族事务。

（7）统一管理宗教工作，领导宗教工作部门依法管理宗教事务。

（8）参与制定、推动落实鼓励支持引导非公有制经济发展的方针政策，统筹开展非公有制经济人士统一战线工作。

（9）统筹开展新的社会阶层人士统一战线工作。

（10）会同有关部门开展港澳统一战线工作，开展对台统一战线工作。

（11）统一领导海外统一战线工作，统一管理侨务工作，统筹协调有关部门和社会团体涉侨工作。

（12）协调推进统一战线领域法治建设。

（13）在统一战线工作中落实意识形态工作责任制，负责开展统一战线宣传工作。

（14）指导下级党委统一战线工作，协助管理下一级党委统战部部长；协调政府有关部门统一战线工作，协助做好民族、宗教等工作部门领导班子成员推荐工作；加强同政协组织的沟通协调配合；加强对参事室、文史研究馆的工作指导；领导工商联党组，指导工商联工作；指导和管理社会主义学院；做好统一战线有关单位和团体管理工作。

（15）完成同级党委和上级党委统战部交办的其他任务。

此外，统一战线工作任务重的乡（镇、街道）党组织应当明确专人负责统一战线工作。统一战线工作任务重的中央和省市两级党委派出机构，统一战线工作任务重的高等学校、科研院所党委，应当设置统一战线工作机构；统一战线工作任务重的大型国有企业党委应当明确机构和人员负责统一战线工作。有关人民团体也应当明确相关机构负责统一战线工作。

在人员配备上，省、市两级党委统战部部长一般由同级党委常委担任，县级党委统战部部长由同级党委常委担任或者兼任，分管日常工作的副部长按照同级党委部门正职领导干部配备。民族、宗教工作部门主要负责人具备条件的，可以担任同级党委统战部副部长。工商联党组书记由同级党委统战部副部长担任。高等学校党委统战部部长担任党委常委或者不设常委会的党委委员。

三、党领导统战工作的对象与事项

统战工作归根结底就是中国共产党与作为统战对象的党外人士之间协调关系，增进共识，相互合作的工作。当前情况下，统一战线工作范围和对象包括：1. 民主党派成员；2. 无党派人士；3. 党外知识分子；4. 少数民族人士；5. 宗教界人士；6. 非公有制经济人士；7. 新的社会阶层人士；8. 出国和归国留学人员；9. 香港同胞、澳门同胞；10. 台湾同胞及其在大陆的亲属；11. 华侨、归侨及侨眷；12. 其他需要联系和团结的人员。

统一战线工作的重点是党外人士中的代表人士，即“党外代表人士”。党外代表人士是指与中国共产党团结合作、作出较大贡献、有一定社会影响的人士，其标准是政治坚定、业绩突出、群众认同。一般来说，党外代表人士具有较高文化水平，在所从事的专业领域中有较深造诣或有较大影响，有较广泛的社会联系和一定活动能力，有较强的参政议政能力。为确保党外代表人士能够真正发挥自己的作用，《中国共产党统一战线工作条例》规定，党外代表人士在各级人大代表、人大常委会委员和人大专门委员会主任委员、副主任委员及委员中应当保持适当比例。全国人大常委会副委员长、县级以上地方各级人大常委会副主任中应当有适当数量的党外代表人士。省、市两级地方政府领导班子应当配备党外干部，符合条件的党外干部可以担任政府部门（单位）行政正职，各省（自治区、直辖市）在政府组成部门中应当配备2名左右党外正职。

此外，党外代表人士在各级政协中应当占有较大比例，在换届时委员不少于 60%，常委不少于 65%，在各级政协领导班子中副主席不少于 50%（不包括民族自治地方）。全国政协和省级政协应当有民主党派成员或者无党派人士担任专职副秘书长。全国和省级人大常委会中应当有民主党派成员或者无党派人士担任专职副秘书长。符合条件的省级民主党派主委、工商联主席、无党派代表人士一般应当进入同级人大常委会、政府、政协领导班子。各级人民法院、人民检察院、高等院校、参事室、文史研究馆领导班子中都应当配备党外干部，参事室、文史研究馆馆员应当以党外代表人士为主体，党外参事、党外馆员不少于 70%。

根据党外人士的身份不同，党领导统战工作的内容又有各自的特点。

1. 民主党派和无党派人士工作方面。民主党派人士和无党派人士是统战工作的重要对象。我国的民主党派包括中国国民党革命委员会、中国民主同盟、中国民主建国会、中国民主促进会、中国农工民主党、中国致公党、九三学社和台湾民主自治同盟。无党派人士是指没有参加任何政党、有参政议政愿望和能力、对社会有积极贡献和一定影响的人士，其主体是知识分子。两者参与政权、发挥作用的主要方式都是参政议政、民主监督，参加中国共产党领导的政治协商。

2. 政治协商方面。民主党派人士、无党派人士可以参与政党协商。政党协商主要采取会议协商、约谈协商、书面协商等形式，其内容包括：中国共产党全国和地方各级代表大会、中央和地方各级党委的有关重要文件；宪法的修改建议，有关重要法律的制定、修改建议，有关重要地方性法规的制定、修改建议；人大常委会、政府、政协领导班子成员和监察委员会主任、人民法院院长、人民检察院检察长建议人选；关系统一战线和多党合作的重大问题。无党派人士及民主党派人士还可以参与人大协商、政府协商、政协协商及其他方面的协商。参政议政方面，中国共产党支持民主党派和无党派人士参加国家政权，参与重要方针政策、重要领导人选的协商，参与国家事务的管理，参与国家方针政策、法律法规的制定和执行。

3. 民主监督方面。中国共产党支持民主党派和无党派人士在坚持四项基本原则基础上，在政治协商、调研考察，参与党和国家有关重大方针政策、决策部署执行和实施情况的监督检查，受党委委托就有关重大问题进行专项监督等工作中，通过提出意见、批评、建议等方式，对中国共产党进行民主监督。

4. 党外知识分子工作方面。党外知识分子特指没有加入中国共产党的知识分子，其中包括参加各民主党派的知识分子和没有参加任何党派的无党派知识分子。作为主要统战对象的党外知识分子，主要是指具有高级职称的党外知识分子、学科带头人或者重要业务骨干中的党外知识分子，担任国家机关、高等学校、科研院所、大中型国有企业中层以上领导职务的党外知识分子以及其他有成就、有影响的党外知识分子等。另外，留学人员因为涉及对外交流问题，也是重要的统战对象。

在机制上，党外知识分子除以上述民主党派、无党派人士的身份发挥作用外，主要是通过联席会议制度团结在中国共产党的周围。联席会议应当在各级党委统一领导下，坚持充分尊重、广泛联系、加强团结、热情帮助、积极引导的方针，由统战部牵头、党政有关部门参加、社会有关团体参与。党对留学人员的统战工作，则一般通过各类留学人员组织如欧美同学会、党外留学人员联谊会等进行。

5. 民族工作方面。我国是一个多民族国家，中国共产党的领导、中国特色社会主义建设都离不开各族人民的支持。中国共产党历来重视民族工作，通过统一战线工作促进各民族大团结，是维护国家长治久安的重要举措。民族工作必须坚定不移地走中国特色解决民族问题的正确道路，以铸牢中华民族共同体意识为主线，坚持各民族一律平等，全面贯彻党的民族政策，坚持和完善民族区域自治制度，深化民族团结进步教育，促进各民族交往、交流、交融，实现各民族共同团结奋斗、共同繁荣发展。

具体而言，做好民族工作，要改善民生，推动民族地区经济社会发展。要全面推广国家通用语言文字，尊重、支持各少数民族语言文字的学习和使用。要大力培养民族地区各族干部，大力选拔使用少数民族干部，积极培养少数民族专业人才。要全面深入持久开展马克思主义祖国观、民族观、文化观、历史观宣传教育，开展党的民族理论、政策学习宣传，开展民族团结进步创建，增进各族群众对伟大祖国、中华民族、中华文化、中国共产党、中国特色社会主义的认同。要反对一切形式的民族歧视，反对大汉族主义和地方民族主义。要尊重少数民族风俗习惯，保障少数民族合法权益。要依法治理民族事务，妥善处理涉及民族因素的矛盾纠纷。要做好城市民族工作，防范和打击各种渗透颠覆破坏活动、暴力恐怖活动、民族分裂活动、宗教极端活动，维护国家统一、民族团结和社会稳定。

6. 宗教工作方面。中国共产党信仰马克思主义，中国共产党党员应当是坚定的唯物主义者，是无神论者，不得信仰宗教。但这并不意味着，党不需要团结党外宗教界人士。中国共产党坚持宗教信仰自由政策，依法管理宗教事务，坚持独立自主自办原则，积极引导宗教与社会主义社会相适应。

党和国家要提高宗教工作法治化水平，善于用法律法规规范宗教事务管理、调节涉及宗教的各种社会关系，运用法治思维和法治方式妥善处理宗教领域的矛盾和问题，教育引导宗教界人士和信教群众自觉维护宪法法律权威，在法律法规规定范围内开展活动。要防范外国势力干预和支配我国宗教团体和宗教事务。防范和抵御境外势力利用宗教进行渗透。支持和鼓励宗教界在独立自主、平等友好、互相尊重的基础上开展对外交往。要用社会主义核心价值观引领和教育宗教界人士和信教群众，支持和引导宗教界人士对宗教教义教规作出符合当代中国发展进步要求、符合中华优秀文化的阐释，从而发挥宗教的积极作用。

7. 非公有制经济人士统战工作。"非公有制经济人士"，是指个体工商户、私营企业主、股份制公司中的自然人股东等群体中的代表性人物，在统一战线实际工作中，主要是指私营企业主中的代表性人物。但外国投资者、港澳台侨胞投资者一般不称为"非公有制经济人士"。早在 1982 年全国统战工作会议上，中央就提出新时期统战工作对象除 10 个传统对象外，还应包括个体工商业者。随着非公有制经济的发展，非公有制经济人士群体越来越壮大。团结这一群体，是统战工作的重要方面。要建立健全政企沟通协商制度，了解反映非公有制经济人士诉求，帮助其依照法定程序维护合法权益。畅通非公有制经济人士有序政治参与渠道，引导规范政治参与行为。要培育和发展中国特色商会组织，推动统一战线工作向商会组织有效覆盖。

中华人民共和国成立后，我国还成立了工商业联合会，简称“工商联”，这是我国重要的人民团体之一。工商联是党领导的以民营企业和民营经济人士为主体的，具有统战性、经济性、民间性有机统一基本特征的人民团体和商会组织。它主要围绕促进非公有制经济健康发展和非公有制经济人士健康成长的主题履行职责、发挥作用，同样可以参与政治协商、参政议政、民主监督等。

8. 新的社会阶层人士统一战线工作。这是本次《中国共产党统一战线工作条例》修订新增的内容，是对社会现实情况的积极应对。所谓新的社会阶层人士，主要包括民营企业和外商投资企业管理技术人员、中介组织和社会组织从业人员、自由职业人员、新媒体从业人员等。中国共产党对新的社会阶层人士坚持信任尊重、团结引导、组织起来、发挥作用的思路，运用社会化、网络化的方法，通过实践创新基地、联谊组织等形式，分类分众施策，强化思想引领，凝聚政治共识，发挥新的社会阶层人士在建设中国特色社会主义事业中的重要作用。

9. 港澳台海外统一战线工作。团结港澳台同胞、海外侨胞，做好这一群体的统战工作，对维护国家统一有重大作用。根据港澳台海外具体情况的不同，统一战线工作的主要任务也相应不同。港澳统一战线工作的主要任务是：全面准确、坚定不移贯彻“一国两制”、“港人治港”、“澳人治澳”、高度自治的方针，坚持依法治港治澳，维护宪法和基本法确定的特别行政区宪制秩序。坚持和完善“一国两制”制度体系，落实中央全面管治权，落实“爱国者治港”“爱国者治澳”原则，落实特别行政区维护国家安全的法律制度和执行机制。坚持中央全面管治权和保障特别行政区高度自治权相统一，坚持行政主导，支持特别行政区行政长官和政府依法施政，支持港澳融入国家发展大局，发展壮大爱国爱港、爱国爱澳力量，增强香港同胞、澳门同胞国家意识和爱国精神，维护国家主权安全发展利益，维护香港、澳门长期繁荣稳定，确保“一国两制”实践行稳致远。对台统一战线工作的主要任务是：贯彻执行党中央对台工作大政方针，坚持一个中国原则，广泛团结海内外台湾同胞，发展壮大台湾爱国统一力量，反对“台独”分裂活动，不断推进祖国和平统一进程，同心实现中华民族伟大复兴。海外统一战线工作的主要任务是：加强思想政治引领，增进华侨和出国留学人员等对祖国的热爱和对中国共产党、中国特色社会主义的理解认同；传承和弘扬中华优秀文化，促进中外文化交流；鼓励华侨参与我国改革开放和社会主义现代化建设，融入民族复兴伟业；遏制“台独”等分裂势力，维护国家核心利益；发挥促进中外友好的桥梁纽带作用，营造良好国际环境。侨务工作的主要任务是：围绕凝心聚力同圆共享中国梦的主题，加强华侨、归侨、侨眷代表人士工作，凝聚侨心、汇集侨智、发挥侨力、维护侨益，为侨服务；统筹国内侨务和国外侨务工作，着力涵养侨务资源，引导华侨、归侨、侨眷致力于祖国现代化建设，维护和促进中国统一，实现中华民族伟大复兴，致力于增进中国人民与世界人民的友好合作交流，推动构建人类命运共同体。

第四节　党对农村工作的领导

从“农村包围城市”策略下建立革命根据地，到实行土地改革推广农业合作社，再到家庭联产承包责任制打破公有制经济体制铁板一块的格局，中国共产党领导革命、建设和改革的历史，无一不是从农村开始打开局面。实践已经一再表明，在中国这样一个农业人口占大多数的国家，解决好“三农”问题是关系党和国家事业全局的根本性问题，必须始终牢牢掌握党对农村工作的领导权。2019 年 8 月，中共中央印发了《中国共产党农村工作条例》（以下简称《农村工作条例》），这是我们党历史上首次专门制定关于农村工作的党内法规，充分体现了以习近平同志为核心的党中央对农村工作的高度重视。《农村工作条例》的出台，在许多方面具有重大而深远的意义。一是有助于落实加强党对农村工作的全面领导。《农村工作条例》把党管农村工作的总体要求细化成具体的规定，实现了有章可循、有法可依，从制度机制上把加强党的领导落实到了“三农”各个方面、各个环节，确保党始终总揽全局、协调各方。二是有助于巩固党在农村的执政基础。《农村工作条例》贯穿了以人民为中心的发展思想，着眼于满足农民群众日益增长的美好生活需要，把许多惠民生、解民忧的大政方针固定下来、长期坚持，将进一步密切党群干群关系，把农民群众紧紧团结在党的周围。三是有助于深入实施乡村振兴战略。《农村工作条例》围绕实施乡村振兴战略，强化农业农村优先发展的政策导向，将更好地把党集中统一领导的政治优势转化为重农强农、推动乡村振兴的行动优势。[①] 本节将以《农村工作条例》为基础，系统介绍党对农村工作的领导体制、任务和具体机制。

一、党领导农村工作概述

党对农村工作的领导，就是党中央、地方党委及其他有权主体，根据党内规章制度，对与农业农村农民相关的问题进行统筹规划、系统决策，协调各方面力量，确保农村各项建设顺利进行，确保党在农村工作中的领导地位。

农业农村农民问题是关系国计民生的根本性问题。党必须坚持把解决好“三农”问题作为全党工作重中之重，把解决好吃饭问题作为治国安邦的头等大事。必须坚持农业农村优先发展，坚持多予少取放活，推动城乡融合发展，集中精力做好脱贫攻坚、防贫减贫工作，走共同富裕道路。必须健全党领导农村工作的组织体系、制度体系和工作机制，加快推进乡村治理体系和治理能力现代化，加快推进农业农村现代化，让广大农民过上更加美好的生活。这也是党领导农村工作的基本思路和目标。

党领导农村工作必须遵循以下原则：一是坚持党对农村工作的全面领导，确保党在农村工作中总揽全局、协调各方，保证农村改革发展沿着正确的方向前进；二是坚持以人民为中心，尊重农民主体地位和首创精神，切实保障农民物质利益和民主权利，把农民拥护不拥护、支持不支持作为制定党的农村政策的依据；三是坚持巩固和完善农村基本经营制度，夯实党的农村

---

① 《坚持和加强党对农村工作的全面领导——中央农办负责人就〈中国共产党农村工作条例〉答记者问》，载共产党员网，https://www.12371.cn/2019/09/02/ARTI1567379993593298.shtml。

政策基石；四是坚持走中国特色社会主义乡村振兴道路，推进乡村产业振兴、人才振兴、文化振兴、生态振兴、组织振兴；五是坚持教育引导农民听党话、感恩党、跟党走，把农民群众紧紧团结在党的周围，筑牢党在农村的执政基础；六是坚持一切从实际出发，分类指导、循序渐进，不搞强迫命令、不刮风、不一刀切。

二、党领导农村工作的主体和权限

党管农村工作是我们党的传统。要坚持党对农村工作的领导，就要将党的全面领导落实到农村最基层，从健全党领导农村工作的组织体系、制度体系和工作机制入手，不断坚持和改善党对农村工作的领导，精心做好顶层设计，统筹协调、整体推进、督促落实，才能凝聚起做好农村工作的磅礴力量。

党对农村工作的领导，实行中央统筹、省负总责、市县乡抓落实的农村工作领导体制。各领导主体的权限如下：

党中央全面领导农村工作，统一制定农村工作大政方针，统一谋划农村发展重大战略，统一部署农村重大改革。党中央定期研究农村工作，每年召开农村工作会议，根据形势任务研究部署农村工作，制定出台指导农村工作的文件。

党中央设立中央农村工作领导小组，在中央政治局及其常务委员会的领导下开展工作，对党中央负责，向党中央和总书记请示报告工作。中央农村工作领导小组发挥农村工作牵头抓总、统筹协调等作用，定期分析农村经济社会形势，研究协调“三农”重大问题，督促落实党中央关于农村工作重要的决策部署。

省（自治区、直辖市）党委应当定期研究本地区农村工作，定期听取农村工作汇报，决策农村工作重大事项，召开农村工作会议，制定出台农村工作政策举措，抓好重点任务分工、重大项目实施、重要资源配置等工作。

市（地、州、盟）党委应当把农村工作摆上重要议事日程，做好上下衔接、域内协调、督促检查工作，发挥好以市带县作用。

县（市、区、旗）党委应当结合本地区实际，制定具体管用的工作措施，建立健全职责清晰的责任体系，贯彻落实党中央以及上级党委关于农村工作的要求和决策部署。县委书记应当把主要精力放在农村工作上，深入基层调查研究，加强统筹谋划，狠抓工作落实。此外，县级党委应当认真履行农村基层党建主体责任，坚持抓乡促村，选优配强村党组织书记，整顿软弱涣散村党组织，加强党内激励关怀帮扶，健全以财政投入为主的稳定的村级组织运转经费保障制度，持续加强基本队伍、基本活动、基本阵地、基本制度、基本保障建设。

三、党领导农村工作的主要任务

党领导农村工作的主要任务有以下六项：

一要加强党对农村经济建设的领导。要巩固和加强农业基础地位，实施藏粮于地、藏粮于技战略，严守耕地红线，确保谷物基本自给、口粮绝对安全。要深化农业供给侧结构性改革，构建现代农业产业体系、生产体系、经营体系，促进农村一、二、三产业融合发展，发展壮大农村集体经济，促进农民持续增收致富。

二要加强党对农村社会主义民主政治建设的领导。要完善基层民主制度，深化村民自治实践，健全村党组织领导的充满活力的村民自治机制，丰富基层民主协商形式，保证农民依法实行民主选举、民主协商、民主决策、民主管理、民主监督。要严厉打击农村黑恶势力、宗族恶势力，严厉打击各类违法犯罪，严厉打击暴力恐怖活动，保障人民生命财产安全，促进农村社会公平正义。要坚决取缔各类非法宗教传播活动，巩固农村基层政权。

三要加强党对农村社会主义精神文明建设的领导。要培育和践行社会主义核心价值观，在农民群众中深入开展中国特色社会主义、习近平新时代中国特色社会主义思想宣传教育，建好用好新时代文明实践中心。要加强农村思想道德建设，传承发展提升农村优秀传统文化，推进移风易俗。要加强农村思想政治工作，广泛开展民主法治教育。要深入开展农村群众性精神文明创建活动，丰富农民精神文化生活，提高农民科学文化素质和乡村社会文明程度。

四要加强党对农村社会建设的领导。要坚持保障和改善农村民生，大力发展教育、医疗卫生、养老、文化体育、社会保障等农村社会事业，加快改善农村公共基础设施和基本公共服务条件，提升农民生活质量。要建立健全党委领导、政府负责、社会协同、公众参与、法治保障、科技支撑的现代乡村社会治理体制，健全党组织领导下的自治、法治、德治相结合的乡村治理体系，建设充满活力、和谐有序的乡村社会。

五要加强党对农村生态文明建设的领导。要牢固树立和践行绿水青山就是金山银山的发展理念，统筹山水林田湖草系统治理，促进农业绿色发展，加强农村生态环境保护，改善农村人居环境，建设生态宜居美丽乡村。

六要加强农村党的建设。要以提升组织力为重点，突出政治功能，加强农村基层党组织建设，发挥党员先锋模范作用。要坚持农村基层党组织领导地位不动摇，村党组织书记应当通过法定程序担任村民委员会主任和村级集体经济组织、合作经济组织负责人，推行村“两委”班子成员交叉任职。要加强村党组织对共青团、妇联等群团组织的领导，发挥它们的积极作用。要健全村党组织领导下的议事决策机制、监督机制，建立健全村务监督委员会，村级重大事项决策实行“四议两公开”。要推动全面从严治党向基层延伸，深入推进农村党风廉政建设，加强农村纪检监察工作，把落实农村政策情况作为巡视巡察重要内容，建立健全农村权力运行监督制度，持续整治侵害农民利益的不正之风和群众身边的腐败问题。

四、党领导农村工作的机制

党领导农村工作的制度体系和工作机制，在领导主体、权限和任务中都有部分涉及。例如，各级党委每年召开农村工作会议制度、各级党委农村工作决策机制、党领导下的村民自治机制、村党组织书记任职村民委员会主任机制、村党组织议事规则等。本节在此基础上，将进一步介绍确保党对农村工作的领导的几个重点制度。

第一，加强农村工作队伍建设的相关制度。农村工作专业性、实践性强，各地情况迥异，需要因时制宜，因地制宜，必须由真正懂“三农”、会“三农”

的专业人才负责。但农村工作大多环境艰苦，困难众多，开展不易，天然难以吸引相关人员投身其中。为加强农村工作队伍建设，党中央要求，各级党委和政府主要负责人首先要以身作则，做到懂“三农”、会抓“三农”，分管负责人应当成为抓“三农”的行家里手。在此基础上，一要加强农村工作干部队伍的培养、配备、管理、使用，健全培养锻炼制度，选派优秀干部到县乡挂职任职、到村担任第一书记，把到农村一线工作锻炼、干事创业作为培养干部的重要途径，注重提拔使用实绩优秀的农村工作干部。二要建立县域专业人才统筹使用制度和农村人才定向委托培养制度。大力提高乡村教师、医生队伍素质。加强农业科技人才队伍和技术推广队伍建设，造就更多乡土人才。三要发挥工会、共青团、妇联、科协、残联、计生协等群团组织的优势和力量，发挥各民主党派、工商联、无党派人士等积极作用，支持引导农村社会工作和志愿服务发展，鼓励社会各界投身乡村振兴。

第二，加强农村工作保障措施的相关制度。农村工作是重要工作、系统工作，不能孤立进行，需要各方面提供强有力的保障。具体而言有以下几方面：一是要重改革，以改革促发展。要以处理好农民和土地的关系为主线推动深化农村改革，坚持农村土地农民集体所有，坚持家庭经营基础性地位，坚持保持土地承包关系稳定并长久不变，健全符合社会主义市场经济要求的农村经济体制。二是要重投入，以投入作支撑。要推动建立“三农”财政投入稳定增长机制，加大强农惠农富农政策力度，完善农业支持保护制度，健全商业性金融、合作性金融、政策性金融相结合的农村金融服务体系，拓宽资金筹措渠道，确保“三农”投入力度不断增强、总量持续增加。三是要重科教，以科教兴三农。要健全国家农业科技创新体系、现代农业教育体系、农业技术推广服务体系，把农业农村发展转到创新驱动发展的轨道上来。四是要重规划，以规划定导向。要加强各类规划统筹管理和系统衔接，推动形成城乡融合、区域一体、多规合一的规划体系，突出乡村特色，保持乡村风貌。五是要重法治，以法治为保障。要坚持法治思维，增强法治观念，健全农业农村法律体系，加强农业综合执法，保障农民合法权益，自觉运用法治方式深化农村改革、促进农村发展、维护农村稳定，提高党领导农村工作法治化水平。

第三，加强农村工作考核监督的相关制度。考核奖惩是提高制度执行力的重要方面，在各方面工作中都必不可少。农村工作的考核奖惩制度主要包括：一是五级书记抓乡村振兴考核机制。地方各级党委和政府主要负责人、农村基层党组织书记是本地区乡村振兴工作第一责任人，要把推进乡村振兴战略实绩、贫困县精准脱贫成效作为政绩考核的重要内容，考核结果是其在干部选拔任用、评先奖优、问责追责中的重要参考。二是报告工作制度。各省（自治区、直辖市）党委和政府每年向党中央、国务院报告乡村振兴战略实施情况，省以下各级党委和政府每年向上级党委和政府报告乡村振兴战略实施情况。三是问责制度。地方各级党政领导班子和主要负责人不履行或者不正确履行农村工作职责的，要依法依规问责，对农村工作履职不力、工作滞后的，上级党委应当约谈下级党委，本级党委应当约谈同级有关部门。同时，各级党政部门要贴近基层服务农民群众，不得将部门职责转嫁给农村基层组织。四是激励机制。要鼓励干部敢于担当作为、勇于改革创新、乐于奉献为民，按照规定表彰和奖励在农村工作中作出突出贡献的集体和个人。

本章思考题

1. 党的领导的基本目标、基本方式是什么？党的领导与依法治国的关系如何？

2. 如何提高党的领导法规制度的执行力？

第四章

党的自身建设法规制度

打铁必须自身硬。中国特色社会主义进入新时代，党要团结带领人民进行伟大斗争、推进伟大事业、实现伟大梦想，必须毫不动摇坚持和完善党的领导，毫不动摇把党建设得更加坚强有力。新时代党的建设总要求是：坚持和加强党的全面领导，坚持党要管党、全面从严治党，以加强党的长期执政能力建设、先进性和纯洁性建设为主线，以党的政治建设为统领，以坚定理想信念宗旨为根基，以调动全党积极性、主动性、创造性为着力点，全面推进党的政治建设、思想建设、组织建设、作风建设、纪律建设，把制度建设贯穿其中，深入推进反腐败斗争，不断提高党的建设质量，把党建设成为始终走在时代前列、人民衷心拥护、勇于自我革命、经得起各种风浪考验、朝气蓬勃的马克思主义执政党。党的二十大报告指出，我们要落实新时代党的建设总要求，健全全面从严治党体系，全面推进党的自我净化、自我完善、自我革新、自我提高，使我们党坚守初心使命，始终成为中国特色社会主义事业的坚强领导核心。

第一节　党的自身建设法规制度概述

党的建设是政党内部基于自身理念和价值追求而采取的一系列自我优化、自我完善的举措，是一个包括政治、思想、组织、作风、纪律等建设在内的系统性工程。党的自身建设法规是围绕党的建设所制定的一系列制度规范，截至 2021 年 7 月 1 日，现行有效的党的自身建设法规共 1319 部，其中，中央党内法规 74 部，部委党内法规 76 部，地方党内法规 1169 部，党的自身建设法规制度已形成了较为系统完善的体系框架。[①]

一、党的自身建设法规的概念及历史演变

党的自身建设法规，是调整党的政治建设、思想建设、组织建设、作风建设、纪律建设等的党内法规，为提高党的建设质量、永葆党的先进性和纯洁性提供制度保障。

早在党的一大召开后，中国共产党就意识到了通过党内法规来加强党的自身建设的重要性。1922 年《中国共产党章程》在第四章以专章形式对党的纪律进行规范。从建党到大革命时期，为把党建设成为坚强的无产阶级先锋队，实现领导中国革命的使命，制定修改党章和健全民主集中制成为党的建设的核心任务，组织建设和纪律建设成为党内法规制度建设的重中之重。1926 年至 1928 年，制定了《组织问题决议案》（1926 年）、《政治纪律决议案》（1927 年）、《关于组织问题草案之决议》（1928 年）等组织法规。延安整风运动前后，形成了一系列党内学习制度和调查研究制度的文件，如《关于增强党性的决定》（1941 年）、《关于延安在职干部学习的决定》（1941 年）等。

1949 年，在解放战争即将取得全国胜利的前夕，党的七届二中全会强调了作风建设的重要性，毛泽东提出了防止资产阶级腐蚀，反对突出个人的六条措施。《关于在全党全军进行大规模整风运动的指示》（1950 年）、《中共中央关于反对官僚主义、反对命令主义、反对违法乱纪的指示》（1953 年）、《中共中央关于今后加强干部工作方法的通知》（1957 年）、《中共中央对中央组织部"关于加强对党员的教育管理工作的报告"的批示》（1961 年）等一系列规定，[②] 都旨在加强党的政治、思想、作风和纪律建设，提高党的执政能力，

① 参见中共中央办公厅法规局：《中国共产党党内法规体系》。

② 李斌雄：《扎紧制度的笼子：中国共产党党内法规制度的重大发展研究》，武汉出版社 2017 年版，第 84—86 页。

巩固党的执政基础。

党的十一届三中全会以后，党内法规的建设重新步入正轨。1982 年党的十二大通过了新的《中国共产党章程》，党的建设步入新时期执政党建设的正确轨道。1987 年，党的十三大提出“靠改革和制度建设的新路子”，党的建设由过去注重传统思想教育向更多依靠制度过渡。党的十四大把“从严治党”写进党章，旗帜鲜明地提出反对腐败，注重党规党纪教育。党的十七大报告明确提出，要以完善惩治和预防腐败体系为重点，加强反腐倡廉建设，把反腐倡廉放在更加突出的位置。党的十七届四中全会还提出了关于党的自身建设的六条基本经验。

党的十八大以来，一大批关键性、标志性和引领性的党内法规颁布实施，推动了党的自身建设法规体系的完善，为全面从严依规治党提供了坚实基础。《关于加强党内法规制度建设的意见》以及党的十九大报告、党的二十大报告等均对党的自身建设提出了要求。《中央党内法规制定工作第二个五年规划（2018—2022 年）》还要求重点制定加强党的政治建设方面的法规制度、党员教育管理工作条例、公务员职务与职级并行规定、党委（党组）落实全面从严治党主体责任规定等党内法规；修订党政领导干部选拔任用工作条例、中央企业领导人员管理暂行规定等党内法规。

二、党的自身建设法规制度的功能

党的自身建设法规对于新时代坚持和加强党的全面领导，坚持党要管党、全面从严治党，加强党的长期执政能力建设、先进性和纯洁性建设具有重要意义。

第一，党的自身建设法规制度提高了党的全面领导能力。“坚持和加强党的全面领导”是新时代党的建设总要求的首要内容，这一新方略的提出，对原有的党内法规体系提出了新要求、新目标，推动了党内法规体系的完善。我们党作为一个有着 9000 多万名党员、在 13 亿多人口的大国长期执政的大党，如果没有强有力的党中央权威和集中统一领导，必然导致四分五裂、一盘散沙。[①] 习近平总书记强调，“领导13亿多人的社会主义大国，我们党既要政治过硬，也要本领高强”。[②] 如果没有过硬的本领，坚持和加强党的全面领导就是一句空话。党的自身建设法规牢牢把握党的政治建设这一根本性建设，更加紧密地团结在以习近平同志为核心的党中央周围；牢牢把握党的思想建设这一基础性建设，扎实抓好用习近平新时代中国特色社会主义思想武装全党的根本任务。

第二，党的自身建设法规制度加强了党的长期执政能力。“办好中国的事情，关键在党”“打铁还需自身硬”，党的十九大报告在论述新时代党的建设总要求时提出，以加强党的长期执政能力建设、先进性和纯洁性建设为主线。从加强执政能力建设到加强长期执政能力建设，对党的自身能力建设提出了更全面的要求、更严格的标准。只有着力坚定政治自信、强化使命担当、推进自我革命，才能实现长期执政能力建设的目标。

第三，党的自身建设法规制度是落实全面从严治党的内在要求。把纪律挺在前面，着力解决人民群众反映最强烈、对党的执政基础威胁最大的突出问题，是全面从严治党的鲜明特色。党的十九大不仅把全面从严治党写入党章，上升到党的根本大法层面，而且写入新时代党的建设总要求，上升到党的建设指导方针层面。全面从严治党就是要围绕加强党的领导这个根本，把党建设成为始终走在时代前列、人民衷心拥护、勇于自我革命、经得起各种风浪考验、朝气蓬勃的马克思主义执政党，使中国特色社会主义展现出更加强大、更有说服力的真理力量，在历史性“赶考”中交出优异答卷。

三、党的自身建设法规制度的内容及相互关系

《中共中央关于加强党内法规制度建设的意见》提出了“1+4”的党内法

---

① 中共湖北省委理论学习中心组：《毫不动摇坚持和加强党的全面领导》，载《求是》2018年第6期。

② 《决胜全面建成小康社会　夺取新时代中国特色社会主义伟大胜利——在中国共产党第十九次全国代表大会上的报告》，载共产党员网，http://www.12371.cn/2017/10/27/ARTI1509103656574313.shtml。

规制度体系基本框架，关于党的自身建设法规制度的内容表述为“党的自身建设法规完善党的自身建设法规制度，加强党的思想建设、组织建设、作风建设、反腐倡廉建设，深化党的建设制度改革，增强党的创造力、凝聚力、战斗力”。党的十九大报告对新时代党的自身建设提出了要求，明确党的自身建设包含政治、思想、组织、作风、纪律建设五个方面，十九大党章对此也作了规定，即以党的政治建设为统领，全面推进党的政治建设、思想建设、组织建设、作风建设、纪律建设，把制度建设贯穿其中。二十大党章延续了此规定。

“坚持全面从严治党，必须以党章为根本遵循，把党的政治建设摆在首位，思想建党和制度治党同向发力。”这一重大论断是对我们党从严治党管党历史经验的科学总结，是结合党的建设实际和时代特征作出的重大创新，是对马克思主义执政党建设规律的科学认识。

一方面，政治建设是党的根本性建设。政治、思想、组织、作风和纪律建设法规并不是并列关系。政治建设在五大建设中是最重要的，是统领、是核心，党的其他建设最终的着眼点和落脚点必须在政治建设上。没有政治建设这个“灵魂”和“根基”，其他建设都将是一纸空文。抓好政治建设，才能把握政治方向、政治立场、政治大局，提高党的政治能力。政治建设抓好了，对党的其他建设可以起到纲举目张的作用。因此，党的政治建设是党的根本性建设，政治建设法规在自身建设法规中具有根本性地位。

另一方面，制度建设贯穿其中，具有关键性地位。按照习近平总书记的要求，既不能忽视思想建党的自觉性和坚定性，又不能忽视党组织自身的制度化、规范化、程序化建设，二者刚柔并济，都是治本之策。党的思想建设是从内在理想信念和价值观等方面引导党员的言行举止，而制度建设是从外在规范来约束党员的一言一行。思想建党是制度治党的基础与前提，影响乃至决定着制度建设的性质和方向，是内因，是柔性的；制度治党是思想建党的规范和保障，决定着思想建党的规范化水平，是外因，是刚性的。思想建党和制度治党两者一内一外、一柔一刚，相互依存、相互渗透、相互促进。

党内制度建设的具体内容是对政治、思想、组织、作风、纪律建设五个方面进行行为的规范，因此党的自身建设法规包含五大类：政治建设法规、思想建设法规、组织建设法规、作风建设法规和纪律建设法规。

第二节　党的政治建设法规制度

党的十八大以来，以习近平同志为核心的党中央高度重视党的自身建设法规制度的完善，特别是在政治建设方面，相继出台或修订了《关于新形势下党内政治生活的若干准则》(以下简称《准则》)、《中共中央关于加强党的政治建设的意见》(以下简称《加强党的政治建设的意见》)等重要党内法规和规范性文件。党的政治建设是党的根本性建设，决定党的建设方向和效果，党的政治建设法规明确了政治建设的重要部署与主要任务，并且就如何加强党的政治建设提出了基本要求。

一、党的政治建设的重要意义

旗帜鲜明讲政治是我们党作为马克思主义政党的根本要求，是我们党不断发展壮大、从胜利走向胜利的重要保证。党的十八大以来，以习近平同志为核心的党中央把党的政治建设摆在更加突出的位置，并明确指出，我们党作为马克思主义政党，讲政治是突出的特点和优势。

把政治建设摆在党的建设的首位，是对全面从严治党成功经验的深刻总结，也是我党在新时代新征程中必须牢牢把握的根本方略。早在1929年12月的古田会议上，毛泽东同志就提出思想建党、政治建军的重大政治原则，要求从思想上政治上把党的队伍组织起来、武装起来。① 随着我们党领导中国人民进行革命、建设和改革的伟大事业不断向前发展，党的建设的内涵与外延、内容与形式都与时俱进地不断扩展和丰富，但讲政治始终是不变的主

① 《毛泽东选集》(第一卷)，人民出版社1991年版，第83—93页。

题。正是在深刻总结党的建设历史经验的基础上，习近平总书记明确提出“党的政治建设是党的根本性建设”。

实践证明，党的政治建设决定党的建设方向和效果，不抓党的政治建设或偏离党的政治建设指引的方向，党的其他建设就难以取得预期成效。习近平总书记指出，党内存在的很多问题都同政治问题相关联，都是因为党的政治建设没有抓紧、没有抓实。[①] 加强党的政治建设，对于解决党内存在的突出问题、把我们党建设得更加坚强有力，具有很强的现实针对性和实践意义。

一方面，加强政治建设是解决党内各种问题的根本之策。党的十八大以来，我们深刻认识到，党内存在的很多问题都同政治问题相关联，管党治党上的“宽松软”根子上是政治上的“宽松软”。要成功应对新形势下我们党面临的“四大考验”“四种危险”，就必须把加强党的政治建设摆在首要位置，从根本上解决党内存在的思想不纯、政治不纯、组织不纯、作风不纯等问题，使我们党始终具有崇高政治理想、高尚政治追求、纯洁政治品质、严明政治纪律，永葆党的先进性和纯洁性。

另一方面，加强政治建设是坚持和加强党的全面领导的必然要求。中国特色社会主义最本质的特征是中国共产党领导，中国特色社会主义制度的最大优势是中国共产党领导，党是最高政治领导力量，党的领导必须落实和体现到各方面各环节。在这个问题上，曾一度存在模糊甚至错误的认识和做法，有的认识不清、底气不足、能力不够，含糊其词不敢领导、不会领导；有的只讲业务、不讲政治，弱化党的领导，党的领导在一些地方和单位落虚落空了。这些问题都是政治问题。解决这些问题，必须不断加强党的政治建设，建立健全坚持和加强党的全面领导的组织体系、制度体系、工作体系，提高党的执政能力和领导水平，使各级各类组织都在党的集中统一领导下齐心协力、协调一致开展工作，为夺取新时代中国特色社会主义伟大胜利提供坚强

---

① 《习近平：增强推进党的政治建设的自觉性和坚定性》，载人民网，http://jhsjk.people.cn/article/31235213。

政治保证。[①]

二、党的政治建设的任务

党的政治建设是不是太空、太抽象呢？当然不是。党的政治建设是统领党的其他方面建设的灵魂，深刻体现在政治立场、政治方向、政治原则、政治道路、政治纪律、政治规矩、政治能力、政治文化等各个方面，有着实实在在的要求。[②]当前，加强党的政治建设，把保证全党服从中央、坚持党中央权威和集中统一领导作为首要任务，尤其要在坚守党的政治立场、严肃党内政治生活、提升政治能力上下功夫。

（一）党的政治建设的首要任务

保证全党服从中央，坚持中央权威和集中统一领导，是党的政治建设的首要任务，也是最大的政治纪律和最高规矩。

一方面，保证全党服从中央。在新时代坚持和发展中国特色社会主义的十四条基本方略中，“坚持党对一切工作的领导”是摆在第一条的，只有由党站在全局高度上把握发展方向、制定发展战略、统筹各方面力量、协调各方利益、理顺重大关系，才能保证全面建设社会主义现代化国家的重要目标、重点任务落到实处，保持经济社会持续健康发展。党的十九大报告指出：“全党要坚定执行党的政治路线，严格遵守政治纪律和政治规矩，在政治立场、政治方向、政治原则、政治道路上同党中央保持高度一致。”[③]中国共产党是中国最高的政治领导力量，坚持党对一切工作的领导，确保全党统一意志、统一行动、步调一致向前进。《准则》对党内政治生活提出要求：坚决维护党中央权威。并明确了坚持党的领导，首先是坚持党中央的集中统一领导，一

① 《为加强党的政治建设提供基本遵循——中央办公厅负责人就〈中共中央关于加强党的政治建设的意见〉答记者问》，载共产党员网，http://www.12371.cn/2019/02/27/ARTI1551263811024526.shtml。

② 方雷：《加强党的政治建设不能有半点含糊》，载《人民日报》2018年1月31日，第1版。

③ 《决胜全面建成小康社会　夺取新时代中国特色社会主义伟大胜利——在中国共产党第十九次全国代表大会上的报告》，载共产党员网，http://www.12371.cn/2017/10/27/ARTI1509103656574313.shtml。

个国家、一个政党，领导核心至关重要；涉及全党全国性的重大方针政策问题，只有党中央有权作出决定和解释；全党必须自觉服从党中央领导；全党必须严格执行重大事项请示报告制度。

另一方面，维护党中央权威和集中统一领导，是我国革命、建设、改革的重要经验，是一个成熟的马克思主义执政党的重大建党原则。全体党员干部要把维护党中央集中统一领导作为明确的政治准则和根本的政治要求。《加强党的政治建设的意见》通篇贯彻和体现“两个维护”这一根本要求，将其作为加强党的政治建设的首要任务，强调坚持和加强党的全面领导，最重要的是坚决维护党中央权威和集中统一领导，最关键的是坚决维护习近平总书记党中央的核心、全党的核心地位，着力提高党的政治建设的政治性、时代性、针对性，推动各级党组织和党员、干部始终在政治立场、政治方向、政治原则、政治道路上同党中央保持高度一致。《加强党的政治建设的意见》与《准则》均明确了党的政治路线是党在社会主义初级阶段的基本路线，并且要求把以经济建设为中心同坚持四项基本原则、坚持改革开放两个基本点统一于中国特色社会主义伟大实践，绝不能有丝毫偏离和动摇。维护党中央权威和集中统一领导必须坚持“四个服从”，《准则》重申党章规定，强调必须坚持党员个人服从党组织，少数服从多数，下级组织服从上级组织，全党各个组织和全体党员服从党的全国代表大会和中央委员会。维护中央权威和集中统一领导必须政令畅通，这是我党治国理政的基本保证。

（二）党的政治建设的主要任务

《加强党的政治建设的意见》明确提出，加强党的政治建设的目的是坚定政治信仰，强化政治领导，提高政治能力，净化政治生态，实现全党团结统一、行动一致。着眼于这一目标要求，该意见就实现党的政治建设的目的主要作了以下部署：

第一，坚定政治信仰。《加强党的政治建设的意见》着眼夯实党的政治建设思想根基，强调坚持用党的科学理论武装头脑、坚定执行党的政治路线、坚决站稳政治立场。最重要的就是用习近平新时代中国特色社会主义思想武装全党、教育人民，牢固树立共产主义远大理想和中国特色社会主义共同理想，坚定“四个自信”。全党必须始终坚定马克思主义立场，坚持党性和人民性相统一。

第二，强化政治领导。《加强党的政治建设的意见》抓住党的政治领导这个根本要求，就坚持和加强党的全面领导特别是坚决做到“两个维护”、完善党的领导体制、改进党的领导方式提出了明确要求。党的领导要坚持民主集中制这一根本领导制度，坚持群众路线这一基本领导方法，坚持依法执政这一基本领导方式，运用法治思维和法治方式治国理政，善于使党的主张通过法定程序成为国家意志、转化为法律法规，自觉把党的领导活动纳入制度轨道。

第三，提高政治能力。《加强党的政治建设的意见》着眼于提高各级各类组织和党员、干部的政治能力，针对不同主体分别提出要求。强调进一步增强党组织政治功能，彰显国家机关政治属性，发挥群团组织政治作用，强化国有企事业单位政治导向，不断提高党员干部特别是领导干部政治本领。

第四，净化政治生态。《加强党的政治建设的意见》提出要把营造风清气正的政治生态作为基础性、经常性工作，着力增强党内政治生活的政治性、时代性、原则性、战斗性，严明党的政治纪律和政治规矩，发展积极健康的党内政治文化，突出政治标准选人用人，永葆共产党人清正廉洁的政治本色，推动实现正气充盈、政治清明。

（三）党的政治建设的重要内容

营造风清气正的政治生态是党的政治建设的重要内容。要尊崇党章，严格执行新形势下党内政治生活若干准则，增强党内政治生活的政治性、时代性、原则性、战斗性，营造风清气正的良好政治生态。政治生态是决定党的执政能力、国家建设能力和社会发展能力的软实力，是构成国家治理体系和治理现代化基础内容的软指标。

党的十八大以来，习近平总书记多次强调营造健康政治生态对于党和国家事业发展的极端重要性。党中央把严肃党内政治生活、净化党内政治生态摆在更加突出的位置来抓，以《中共中央政治局关于改进工作作风、密切联系群众的八项规定》(本节以下简称《八项规定》)为切入口，深入推进党风廉政建设和反腐败斗争。《八项规定》出台后，中央通报多起违反《八项规定》精神的典型案例，形式主义、官僚主义、享乐主义和奢靡之风等问题得到进一步纠正，党内政治生活呈现新气象。

随着执政环境和执政条件的变化，我们党面临的“四大挑战”“四种危险”将是长期的、复杂的、严峻的。要巩固全面从严治党的好势头，有效防范已经解决的矛盾和问题反弹复发，防止新的矛盾和问题滋生蔓延，必须坚持思想建党和制度治党相结合，完善规范，健全制度。[①]《准则》就严肃党内政治生活提出了160多条重大观点和重大举措，从12个方面对加强和规范党内政治生活提出明确要求、作出具体规定。包括坚定理想信念、坚持党的基本路线、坚决维护党中央权威、严明党的政治纪律、保持党同人民群众的血肉联系、坚持民主集中制原则、发扬党内民主和保障党员权利、坚持正确选人用人导向、严格党的组织生活制度、开展批评和自我批评、加强对权力运行的制约和监督、保持清正廉洁的政治本色等。

三、党的政治建设的落实措施

根据《加强党的政治建设的意见》与《准则》的相关规定，加强党的政治建设主要是包含两方面内容：一是抓住“关键少数”。加强党的建设必须抓好领导干部特别是高级干部，而抓好中央委员会、中央政治局、中央政治局常务委员会的组成人员是关键。把这部分人抓好了，能够在全党作出表率，很多事情就好办了。因此，加强和规范党内政治生活，必须首先从这部分人抓起。二是加强监督问责。增强党自我净化能力，根本靠强化党的自我监督和群众监督。要加强对权力运行的制约和监督，让人民监督权力，让权力在阳光下运行，把权力关进制度的笼子。

① 《严肃党内政治生活 推动全面从严治党——中共中央组织部有关负责同志就〈关于新形势下党内政治生活的若干准则〉答记者问》，载共产党员网，https://news.12371.cn/2016/11/24/ARTI1479994881953141.shtml。

（一）抓住“关键少数”

加强党的政治建设，要坚持抓“关键少数”和管“绝大多数”相结合，重点是抓住领导机关和领导干部，发挥其示范引领作用。2018 年 12 月 25 日至 26 日，中共中央政治局召开民主生活会强调：“中央政治局的同志要带头树牢‘四个意识’，坚定‘四个自信’，坚决做到‘两个维护’，自觉在思想上政治上行动上同以习近平同志为核心的党中央保持高度一致……努力成为党的政治建设的引领者、实践者、推动者。”[①]

在习近平总书记对《准则》所作的说明中，重点说明了关于以高级干部为重点的问题。《准则》指出，新形势下加强和规范党内政治生活，重点是各级领导机关和领导干部，关键是高级干部特别是中央委员会、中央政治局、中央政治局常务委员会的组成人员。高级干部特别是中央领导层组成人员必须以身作则，模范遵守党章党规，严守党的政治纪律和政治规矩，坚持不忘初心、继续前进，坚持率先垂范、以上率下，为全党全社会作出示范。

在抓好《加强党的政治建设的意见》贯彻落实中，抓住“关键少数”，充分发挥“关键少数”带动“绝大多数”的示范引领作用是重要的举措之一。各级党委（党组）要坚决把思想和行动统一到党中央的决策部署上来，深刻领会加强党的政治建设的意义、目的、任务、要求，进一步强化责任，切实承担好本地区本部门党的政治建设主体责任，把加强党的政治建设各方面工作抓紧抓实抓好。各级领导机关特别是中央和国家机关、各级领导干部特别是高级干部要带头贯彻《加强党的政治建设的意见》。

（二）加大监督问责力度

《准则》对如何加大监督问责的力度提出了一系列新的举措和新观点，都反映了十八大以来全面从严治党的有益经验，在党内贯彻落实，有着深厚

① 《十九大后政治局首次民主生活会　习近平提这 6 点要求》，载共产党员网，http：//news.12371.cn/2017/12/28/ARTI1514450995252161.shtml。

的群众基础和可靠的实践基础，也有坚强的组织保证。至于具体怎么落实好，从工作的角度，就是应该把教育、监督、查处、问责四方面的工作结合起来。教育，就是要通过深入宣传和学习教育，使广大党员、干部尽快能够认识、了解、理解新《准则》的规范和要求。监督有两个方面：一方面是从党组织的角度来讲，要及时了解掌握党员干部的思想和行为，加强日常的提醒、督促、检查和经常性的批评引导。另一方面是党员之间、领导班子成员之间、上下级之间，互相提醒、互相监督，必要的时候及时批评、及时纠正。问责，就是对管党治党不力、放任违反相关党内法规制度行为发生的党组织及其主要负责人，要严肃追究责任，对不履行主体责任和监督责任的党组织，要给予追究，确保制度成为“带电的高压线”。①

《加强党的政治建设的意见》也提出要加大监督问责力度，对落实党的政治建设责任不到位、推进党的政治建设工作不力，以及违反党的政治纪律和政治规矩的行为严肃问责追责。按照党中央的要求，中央办公厅将制订分工方案，搞好任务分解，明确责任单位，抓好《加强党的政治建设的意见》贯彻落实，并适时对各地区各部门贯彻落实情况开展督查。

第三节　党的思想建设法规制度

思想建设是党的基础性建设。革命理想高于天。共产主义远大理想和中国特色社会主义共同理想，是中国共产党人的精神支柱和政治灵魂，也是保持党的团结统一的思想基础。党的十九大报告指出“思想建设是党的基础性建设”，找准了党的思想建设在整个党的建设总布局中的恰当位置，对处在领导和执政地位的中国共产党在中国特色社会主义新时代更好地推进思想建设提供了指南。

---

① 参见《中组部副部长齐玉介绍〈关于新形势下党内政治生活的若干准则〉有关情况》，载共产党员网，https://news.12371.cn/2016/10/28/ARTI1477655488436337.shtml。

《中央党内法规制定工作第二个五年规划（2018—2022 年）》提出要贯彻落实新时代党的建设总要求，坚持思想建党和制度治党同向发力，制定中国共产党宣传工作条例、党的思想道德方面的准则，不断增强党的政治引导力、思想引领力。党的十八大以来，党中央制定了《干部教育培训工作条例》《党委（党组）意识形态工作责任制实施办法》《中国共产党党委（党组）理论学习中心组学习规则》等一系列有关思想建设的党内法规制度，主要包含理论学习中心组学习制度，党员、干部党性建设制度，党员、干部意识形态建设制度。

一、党委（党组）理论学习中心组学习制度

习近平新时代中国特色社会主义思想是当代中国马克思主义、二十一世纪马克思主义，是中华文化和中国精神的时代精华。推进理论武装，重点是学习习近平新时代中国特色社会主义思想，全面准确把握其历史方位、丰富内涵、精神实质和实践要求，进而深化中国特色社会主义理论体系和中国梦宣传教育，推动党员干部真学真懂真信真用，增强“四个自信”。党委（党组）理论学习中心组学习，是建设学习型、服务型、创新型的马克思主义执政党、提高党的执政能力和领导水平的重要途径，对全党学习具有“风向标”和“排头兵”作用。①2017 年 1 月 30 日，中共中央办公厅印发了《中国共产党党委（党组）理论学习中心组学习规则》（本章以下简称《学习规则》），对进一步提高中心组学习的制度化、规范化水平，推动学习由“软任务”变成“硬约束”，对于推动理论武装工作深入开展，提高领导干部的理论水平和工作能力，加强领导班子思想政治建设，具有重要意义。

（一）党委（党组）理论学习中心组的组织与职责

党委（党组）理论学习中心组学习，是各级党委（党组）领导班子和领

① 《中央宣传部负责人就〈中国共产党党委（党组）理论学习中心组学习规则〉答记者问》，载共产党员网，http: //news.12371.cn/2017/03/30/ARTI1490871664312159.shtml。

导干部在职理论学习的重要组织形式。党委（党组）理论学习中心组主要由党委（党组）领导班子成员组成，可以根据学习需要适当吸收有关人员参加。党委中心组成员包括党委书记、副书记、宣传委员、组织委员、纪检委员和干事，以及系统内重点部门和单位的行政或党政一把手、常委以及党委工作部门的主要负责同志和下级党委的主要负责同志。由此可以看出，中心组成员主要是党员领导干部，抓住了领导干部这一“关键少数”，充分发挥其示范引领作用。

各级党委（党组）对本级理论学习中心组学习负主体责任，对本地区本部门本单位的理论学习中心组学习负领导责任，党委（党组）书记是理论学习中心组学习第一责任人，负责宣传思想工作的成员是理论学习中心组学习直接责任人。党委（党组）理论学习中心组应当配备学习秘书，由宣传部、办公厅（室）、组织部或者机关党委等机构负责人担任，由宣传部负责人牵头。宣传部、办公厅（室）、组织部、机关党委、讲师团等机构人员应当协助学习秘书共同做好学习服务工作。

（二）党委（党组）理论学习中心组的学习内容与形式

为使领导干部增强工作本领、提高解决实际问题的水平，《学习规则》第八条规定了中心组学习的内容，包括：马克思列宁主义、毛泽东思想、邓小平理论、“三个代表”重要思想、科学发展观，习近平总书记系列重要讲话和治国理政新理念新思想新战略；党章党规党纪和党的基本知识；党的路线、方针、政策和决议；国家法律法规；社会主义核心价值观；党的历史、中国历史、世界历史和科学社会主义发展史；推进中国特色社会主义事业所需要的经济、政治、文化、社会、生态、科技、军事、外交、民族、宗教等方面知识；改革发展实践中的重点、难点问题；党中央和上级党组织要求学习的其他重要内容。

《学习规则》着力改进理论教育方式方法，深入研究新形势下理论教育的特点和规律，继承好的经验做法，探索新的途径办法，结合党员干部队伍的实际，不断增强理论武装的时代性、针对性和实效性。《学习规则》第九条从中心组学习实际出发，结合多年来各地区各部门积累的经验做法，规定中心组可以通过集体学习研讨、个人自学、专题调研开展切实有效的学习活动。同时，中心组成员应当积极参加学习讲坛、读书会、报告会等学习活动，充分利用网络学习平台开展学习，拓宽学习渠道，提升学习效果。

（三）党委（党组）理论学习中心组的管理、考核与问责

抓好党委（党组）理论学习中心组学习，是一项严肃的政治任务，必须把《学习规则》的规定落到实处。

一是加强组织领导。各级党委（党组）要把中心组学习列入重要议事日程，纳入党建工作责任制，纳入意识形态工作责任制。每年年初，中心组要按照党中央和上级党组织部署，结合工作实际，制订年度学习计划。党委（党组）书记作为第一责任人，要以高度负责的态度抓好中心组学习，以自己的示范作用带动中心组成员认真学习。二是做好情况通报。党委宣传部、组织部每年要通报下级党委（党组）中心组学习情况，有关党的机关工作委员会每年要通报同级机关、企事业单位党组织中心组学习情况，督促其落实好各项规定。三是强化监督问责。对中心组学习开展不力、出现错误倾向产生恶劣影响的，要按照有关规定严肃问责。[①]

二、党员干部党性建设制度

习近平总书记指出，党性是党员干部立身、立业、立言、立德的基石。党性教育是共产党人修身养性的必修课，是共产党人的“心学”。要把党性教育作为党的思想建设的重要内容，深入开展党史国史教育、革命传统教育，深入开展党章和党规党纪教育、反腐倡廉教育，在严格的党内政治生活中锤炼党性。党的十八大以来，我们党开展了党的群众路线教育实践活动、“三严三实”专题教育、“两学一做”学习教育、“不忘初心、牢记使命”主题教育、

① 《中央宣传部负责人就〈中国共产党党委（党组）理论学习中心组学习规则〉答记者问》，载共产党员网，https://news.12371.cn/2017/03/30/ARTI1490871664312159.shtml。

党史学习教育，旨在推动全党更加自觉地为实现新时代党的历史使命不懈奋斗。思想教育必须突出重点，那就是加强党性和道德教育，引导党员干部坚定理想信念，坚守共产党人精神追求，而这恰恰是共产党人价值观的内容。

党的群众路线教育实践活动，要抓住人民最关心、最直接、最现实的利益问题保障和改善民生，为人民办实事、解难题，进一步厚植党执政的群众基础，更加自觉地维护人民利益，坚决反对一切损害人民利益、脱离群众的行为。为此，《中共中央关于在全党深入开展党的群众路线教育实践活动的意见》和《关于开展第二批党的群众路线教育实践活动的指导意见》针对不符合为民务实清廉要求的问题，特别是有的领导机关、领导班子和一些领导干部形式主义、官僚主义、享乐主义突出等问题，对党的群众路线教育实践活动在指导原则、目标要求、方法步骤等方面提出了规范化、制度化要求。

“三严三实”指“严以修身、严以用权、严以律己，谋事要实、创业要实、做人要实”。2015 年 4 月，中共中央办公厅印发《关于在县处级以上领导干部中开展“三严三实”专题教育方案》，对 2015 年在县处级以上领导干部中开展“三严三实”专题教育作出安排。教育方案将专题教育的目标重点锁定在县处级领导干部，提出要着力解决县处级以上领导干部常见的几类“病症”问题，将教育方案与工作重点相结合，推动各级领导干部把“三严三实”作为修身做人用权律己的基本遵循、干事创业的行为准则。

“两学一做”学习教育常态化制度化，是坚持思想建党、组织建党、制度治党紧密结合的有力抓手，是不断加强党的思想政治建设的有效途径，是全面从严治党的战略性、基础性工程。中共中央办公厅分别于 2016 年 2 月、2017 年 3 月印发了《关于在全体党员中开展“学党章党规、学系列讲话，做合格党员”学习教育方案》和《关于推进“两学一做”学习教育常态化制度化的意见》，指出开展“两学一做”学习教育是面向全体党员深化党内教育的重要实践，是推动党内教育从“关键少数”向广大党员拓展、从集中性教育向经常性教育延伸的重要举措。

在全党开展党史学习教育，是党中央立足党的百年历史新起点、统筹中华民族伟大复兴战略全局和世界百年未有之大变局、为动员全党全国满怀信心投身全面建设社会主义现代化国家而作出的重大决策。2021 年 2 月，中共中央印发《关于在全党开展党史学习教育的通知》，指出开展党史学习教育，要深入学习领会习近平总书记关于党史的重要论述，紧紧围绕学懂弄通做实党的创新理论，做到学史明理、学史增信、学史崇德、学史力行，引导广大党员干部增强“四个意识”、坚定“四个自信”、做到“两个维护”，不断提高政治判断力、政治领悟力、政治执行力，为全面建设社会主义现代化国家、实现中华民族伟大复兴中国梦而不懈奋斗。

三、党员干部意识形态建设制度

共产党人的理想信念，即马克思主义信仰，共产主义远大理想和中国特色社会主义共同理想，是共产党人的精神支柱和政治灵魂，是共产党人履行使命的精神之“钙”。总体上看，大多数党员干部理想信念是坚定的，但也有一些人宗旨意识淡化，是非观念淡薄，有的在政治性原则性问题上态度暧昧，有的不能洁身自好，走向腐化堕落的深渊。坚定理想信念，不断深化对意识形态工作的规律性认识，是党的一项极端重要的工作，是新时代党的思想建设的一项重大课题。

党的十八大以来，党中央高度重视意识形态工作的统一思想、稳定人心、凝聚共识的作用，先后召开了宣传思想工作会议、文艺工作座谈会、网络安全和信息化座谈会等一系列意识形态工作会议。习近平总书记在全国宣传思想工作会议上指出：“建设具有强大凝聚力和引领力的社会主义意识形态，是全党特别是宣传思想战线必须担负起的一个战略任务。”《中央党内法规制定工作第二个五年规划（2018—2022 年）》把制定宣传工作条例纳入其中。2019 年 8 月，中共中央印发了《中国共产党宣传工作条例》，这是宣传领域的龙头性、骨干性、基础性党内法规。该条例的制定体现了以习近平同志为核心的党中央对宣传工作的高度重视，标志着宣传工作科学化、规范化、制度化建设迈上新的台阶。

第四节　党的组织建设法规制度

党的组织建设法规是党的自身建设法规的重要组成部分。党的组织建设主要包括民主集中制建设、干部队伍建设和党员队伍建设等内容。党的组织建设法规包含党内选举、党组织决定问题的方式等民主集中制建设法规，党员权利义务、发展党员、党费管理等党员队伍建设法规，领导干部的选拔、考核、奖惩、监督问责等干部队伍建设法规。党的组织建设的决定因素是高素质专业化领导队伍，本节主要就干部队伍建设相关党内法规进行阐述。党的干部队伍建设法规详细规定了我党干部的选拔、任用、教育培训、考核、管理等问题。

一、党政领导干部的选拔任用制度

解决党自身的问题，关键在党的各级领导干部，特别是高级干部，要用更高的标准监督管理领导干部这个“关键少数”。规范领导干部选拔任用工作、构建具有活力的选人用人机制，是提高党的领导水平和执政能力，把中国特色社会主义事业不断推向前进的必然要求。2019 年中共中央印发了修订后的《党政领导干部选拔任用工作条例》(以下简称《干部选拔任用条例》)，对干部的选拔标准与任用程序进行了详细规定。

(一)干部选拔标准

政治标准是干部选拔的首要标准。中国共产党是具有崇高政治理想、政治追求、政治品质和严明政治纪律的马克思主义政党，历来把政治标准作为选人用人的首要标准。《干部选拔任用条例》进一步强化和明确了干部选拔任用的政治标准和政治要求。比如，明确“选拔任用党政领导干部，必须把政治标准放在首位”；在基本条件中增加自觉坚持以习近平新时代中国特色社会主义思想为指导，牢固树立“四个意识”，坚定“四个自信”，坚决做到

“两个维护”等要求。

在党政领导干部必须具备六项基本条件外,《干部选拔任用条例》提拔担任党政领导职务的基本资格进行了规定。一是工龄与工作经历要求:提任县处级领导职务的,应当具有五年以上工龄和两年以上基层工作经历;提任县处级以上领导职务的,一般应当具有在下一级两个以上职位任职的经历;提任县处级以上领导职务,由副职提任正职的,应当在副职岗位工作两年以上;由下级正职提任上级副职的,应当在下级正职岗位工作三年以上。二是文化程度要求:一般应当具有大学专科以上文化程度,其中厅局级以上领导干部一般应当具有大学本科以上文化程度。三是教育培训要求:应当经过党校(行政学院)、干部学院或者组织(人事)部门认可的其他培训机构的培训,培训时间应当达到干部教育培训的有关规定要求;确因特殊情况在提任前未达到培训要求的,应当在提任后一年内完成培训。四是身体素质要求:具有正常履行职责的身体条件。五是党龄要求:符合有关法律规定的资格要求。提任党的领导职务的,还应当符合党章等规定的党龄要求。

坚持五湖四海、任人唯贤,是我们党历来坚持的选人用人理念。此次《干部选拔任用条例》的修订,进一步拓宽了选人用人的视野,将党政领导干部的选人渠道拓宽到企业、高等学校、科研院所等单位以及社会组织,并明确地方党政领导班子成员应当注意从担任过县(市、区、旗)、乡(镇、街道)党政领导职务的干部和国有企事业单位领导人员中选拔。

(二)干部选拔任用程序

根据《干部选拔任用条例》的相关规定,干部的任用程序必须经过“动议——民主推荐——组织考察——组织讨论决定”的程序。

动议的程序是指,党委(党组)或者组织(人事)部门按照干部管理权限,根据工作需要和领导班子建设实际,提出启动干部选拔任用工作意见。动议是干部选拔任用工作的重要基础,很大程度上影响着干部选拔任用工作的走向和结果。《干部选拔任用条例》针对一些地方和部门在具体工作中存在的对干部日常了解不够、综合分析研判不到位、程序操作随意性比较大等问题，增加“加强日常了解和分析研判”条款，并对动议的主体、时机、内容、程序、要求等作了规范，从程序上促进干部选拔任用工作重心前移，推动组织人事部门把更多精力放到研究班子、研究干部、研究队伍建设上。

民主推荐的程序是指，选拔任用党政领导干部，应当经过民主推荐。民主推荐包括谈话调研推荐和会议推荐，推荐结果作为选拔任用的重要参考，在一年内有效。民主推荐是干部选拔任用工作发扬民主、践行群众路线的重要制度安排。民主推荐的程序为：第一步，进行谈话调研推荐；第二步，经与本级党委沟通协商后，由上级党委或者组织部门研究提出会议推荐参考人选，参考人选应当差额提出；第三步，召开推荐会议；第四步，对民主推荐情况进行综合分析；第五步，向上级党委或者组织部门汇报民主推荐情况。个别提拔任职的民主推荐程序参照上述规定，根据实际情况可以进行适当的调整。

组织考察的程序是指，对确定的考察对象，由组织（人事）部门进行严格考察。《干部选拔任用条例》突出强调了对政治标准、道德品行、专业素养等方面的考察要求，考察党政领导职务拟任人选，必须依据干部选拔任用条件和不同领导职务的职责要求，全面考察其德、能、勤、绩、廉，严把政治关、品行关、能力关、作风关、廉洁关。提出了差异化考察方式，针对不同层级、不同岗位考察对象，采取差异化考察标准。

组织讨论决定的程序是指，党政领导职务拟任人选，在讨论决定或者决定呈报前，应当根据职位和人选的不同情况，分别在党委（党组）、人大常委会、政府、政协等有关领导成员中进行酝酿。

（三）干部任职制度

党政领导职务实行选任制、委任制，部分专业性较强的领导职务可以实行聘任制。党政领导干部的任职包含任职前公示制度、试用期制度、任职谈话制度。

领导干部任职前公示制度。中央组织部根据《深化干部人事制度改革纲要》的要求，总结各地党政领导干部任职前公示制度的经验，颁布了《关于推行党政领导干部任前公示制的意见》。这种做法把扩大民主从干部推荐、考察环节延伸到任用决策阶段，把民主参与的范围由部分干部扩展到广大群众，体现了坚持党管干部原则与充分发扬民主、走群众路线的有机结合。《干部选拔任用条例》规定了公示的时间与内容要求：提拔担任厅局级以下领导职务的，除特殊岗位和在换届考察时已进行过公示的人选外，在党委（党组）讨论决定后、下发任职通知前，应当在一定范围内公示。公示内容应当真实准确，便于监督，涉及破格提拔的还应当说明破格的具体情形和理由。公示期不少于五个工作日。公示结果不影响任职的，办理任职手续。

领导干部任职试用期制度。《党政领导干部任职试用期暂行规定》对党政领导干部的试用期限、试用考核以及考核后果进行了详细规定。《干部选拔任用条例》重申了提拔担任非选举产生的厅局级以下领导职务的，试用期为一年。试用期满后，经考核胜任现职的，正式任职；不胜任的，免去试任职务，一般按照试任前职级或者职务层次安排工作。

领导干部任职谈话制度。对决定任用的干部，由党委（党组）指定专人同本人谈话，肯定成绩，指出不足，提出要求和需要注意的问题。对破格提拔以及通过公开选拔、竞争上岗任职的干部，试用期满正式任职时，党委（党组）还应当指定专人进行谈话。

二、党员干部的教育培训制度

党的十八大以来，以习近平同志为核心的党中央把党员教育管理作为党的建设一项基础性经常性工作来部署推进，从严从实教育管理党员，推动管党治党不断从宽松软走向严紧硬，取得明显成效。为激发党组织的生机活力，提高党员队伍建设质量，2019 年 5 月中共中央印发了《中国共产党党员教育管理工作条例》（以下简称《党员教育条例》），对党员教育的方式、内容、程序进行规范。为总结中央深入实施“大规模培训干部、大幅度提高干部素质”战略的实践经验，做好干部教育培训工作，2015 年 10 月，中共中央修订颁布了《干部教育培训工作条例》（以下简称《干部教育条例》），对干部教育培训工作的管理体制、培训对象、内容、方式方法、机构、考核等内容进行规范。这两部条例为党员、干部的教育培训工作提供了基本遵循，本节就其中关键性、创新性内容予以重点阐述。

（一）教育培训的内容

深入学习贯彻习近平新时代中国特色社会主义思想是全党的重大政治任务，是党员与党员干部培训教育的重点内容。《党员教育条例》明确提出把用习近平新时代中国特色社会主义思想武装全党作为党员教育管理的首要政治任务，并专章作出规定。要求组织党员读原著、学原文、悟原理，深入学习领会习近平新时代中国特色社会主义思想的核心要义、基本精神、实践要求，掌握贯穿其中的马克思主义立场观点方法，增强政治自觉、理论自信、情感融入。

培训内容应突出理想信念和党性党规党纪。党章规定，党员有接受党的教育和培训的义务。《干部教育条例》规定接受教育培训是干部的权利和义务，干部教育培训坚持以理想信念、党性修养、政治理论、政策法规、道德品行教育培训为重点，并注重业务知识、科学人文素养等方面教育培训，全面提高干部素质和能力。《党员教育条例》则从政治理论教育、政治教育和政治训练、党章党规党纪教育、党的宗旨教育、革命传统教育、形势政策教育、知识技能教育 7 个方面，规定了党员教育基本任务，并分别明确教育的重点内容和目标要求。通过对比分析可以发现，党员与干部在教育培训的内容方面差别甚微，但对于教育培训的目的存在差别。比如，在党章党规党纪的教育上，党员教育培训的目的在于引导党员自觉遵守党的纪律，尊法学法守法用法；干部教育培训的目的在于提高干部科学执政、民主执政、依法执政水平。

（二）教育培训的方式

培训方式应按需施教、搞好需求调研。《党员教育条例》明确要坚持集中教育和经常性教育相结合，组织培训和个人自学相结合，采取集中轮训、党委（党组）理论学习中心组学习、理论宣讲、组织生活、在线学习培训等方式，形成习近平新时代中国特色社会主义思想学习教育长效机制。《干部教育条例》单设一章，规定干部教育培训以脱产培训、党委（党组）中心组学习、网络培训、在职自学等方式进行，并明确提出引导和支持干部教育培训方式方法创新。强调要根据内容要求和干部特点，综合应用讲授式、研讨式、案例式、模拟式、体验式教学方法，切实增强教育培训效果。

应用"互联网+"信息化教育手段，创新培训方式。适应时代发展要求，充分运用互联网技术和信息化手段，改进党员教育管理工作，推进基层党建传统优势与信息技术深度融合，不断提高党员教育管理现代化水平。根据《党员教育条例》，党员应当主动学网用网，依托各类党员教育管理信息化平台，积极参加在线学习培训，认真参加党组织的活动，自觉接受党组织的教育管理。此外，党员信息管理、党组织活动指导管理、流动党员管理服务、发展党员管理和党费管理等业务、转接党组织关系、参与党内事务和关怀帮扶等诸多党员教育管理活动，均可依托党员教育管理信息化平台。网络培训已逐步成为干部教育培训的重要方式之一。中央组织部于2012年开通了中国干部网络学院，绝大部分省区市都已经开通了干部网络培训平台，大部分中央和国家机关部委、中管金融企业、中管企业和中管高校也广泛开展了干部网络培训。《干部教育条例》首次以法规形式把网络培训明确为干部教育培训的方式之一，提出要充分运用现代信息技术，完善网络培训制度，建立兼容、开放、共享、规范的网络培训体系；提高干部教育培训教学和管理信息化水平，用好大数据、"互联网+"等理念和技术手段。

此外，两部条例虽均是关于加强理论教育、深化党性教育的党内法规，但党员教育管理与干部教育培训存在不同的侧重点。《党员教育条例》除对党员的教育内容、方式等进行规范外，还侧重对党员的管理，如党员的党籍、党组织关系等党员教育管理的常规性工作，对流动党员管理责任落实、参加组织生活等问题进行了详细规定。《干部教育条例》针对的是党员干部教育培训这一整体性活动，明确了量化要求、保障措施以及考核约束机制，旨在提升干部教育培训质量。

第五节　党的作风建设法规制度

作风建设是党的建设的永恒主题，中国共产党百年发展历程中，领导革命、建设和改革取得胜利和成就的经验中都贯穿着加强党的作风建设的实践，都把建设党的事业与建设良好的作风紧紧地联系在一起。党的十八大以来，习近平总书记就加强党的作风建设提出了一系列新思想、新观点、新论断、新要求，将作风建设提升到事关党的生死存亡的高度来强调。

2012 年 12 月 4 日，中共中央政治局召开会议，审议通过了《中央政治局关于改进工作作风、密切联系群众的八项规定》(以下简称《八项规定》)，强调要改进调查研究、精简会议活动、精简文件简报、规范出访活动、改进警卫工作、改进新闻报道、严格文稿发表、厉行勤俭节约。《八项规定》是一个切入口和动员令，党中央从落实中央八项规定精神破题，坚持以上率下，率先垂范，从中央做起，既抓思想引导又抓行为规范，执纪问责，严肃查处和曝光典型案件，形成高压态势。《八项规定》既不是最高标准，更不是最终目的，只是我们改进作风的第一步，此后党中央又颁布了一系列关于密切联系群众制度、厉行节约反对浪费制度、领导干部待遇制度以及作风建设监督问责制度。

一、党员干部密切联系群众制度

以作风过硬诠释人民立场，以人格力量赢得党心民心，是马克思主义政党鲜明的政治本色。作风建设的核心是保持党同人民群众的血肉联系，增强群众观念和群众感情，不断厚植党执政的群众基础。党章进一步明确，党风问题、党同人民群众联系问题是关系党生死存亡的问题。

《八项规定》第一条即提出要改进调查研究，到基层调研要走村入户了解民情，协助解决群众关心的具体问题，切忌走过场、搞形式主义；要轻车简从、减少陪同、简化接待。为进一步密切党群干群关系，巩固党执政的群众基础，促进社会主义和谐社会建设，2006年中共中央办公厅印发的《关于做好党员联系和服务群众工作的意见》，就做好党员联系和服务群众工作的总体要求、主要方式和加强组织指导都提出了具体的要求，指出党员联系和服务群众制度的主要方式包括：结对帮扶困难群众、参加主题实践活动、参加设岗定责活动、参加社会公益活动、深入基层调研、做好接待群众工作。该意见是各地开展党员联系和服务群众工作的指导性文件。

2016年中共中央颁布的《关于新形势下党内政治生活的若干准则》将“保持党同人民群众的血肉联系”单设一节，要求坚持领导干部调查研究、定期接待群众来访、同干部群众谈心、群众满意度测评等制度。各级领导干部必须深入实际、深入基层、深入群众，千方百计为群众排忧解难。领导干部下基层要接地气，反对一切搞劳民伤财的“形象工程”和“政绩工程”的行为。

中共中央办公厅印发的《关于解决形式主义突出问题为基层减负的通知》和《关于持续解决困扰基层的形式主义问题为决胜全面建成小康社会提供坚强作风保证的通知》在调查研究与精简文件和会议上不断创新联系和服务群众的方式方法。在调查研究上，明确调研工作要发扬求真务实作风，加强调研统筹，加强对调查情况的分析研究，增强针对性和可操作性，避免不接地气的“空中政策”和相互打架的“本位政策”。调研方式多采取随机调研、蹲点调研、解剖麻雀式调研。在精简文件与会议上作了更为精确的要求与规定：从中央层面做起，层层大幅度精简文件和会议，确保发给县级以下的文件、召开的会议减少30%~50%；中央印发的政策性文件原则上不超过10页，地方和部门也要按此从严掌握。

二、厉行节约反对浪费制度

厉行节约反对浪费是中国共产党的政治本色。党的十八大以来，从制定和执行中央八项规定开始，全党上下纠正“四风”取得显著成效，很多“四风”问题被曝光，很多党政领导干部因违纪违法被查处，但是作风问题需要抓常、抓细、抓长，才能防止“四风”问题反弹。

2013 年 11 月，《党政机关厉行节约反对浪费条例》发布实施，对党政机关及其工作人员的经费管理、国内外差旅、公务接待、公务用车、会议活动、办公用房、资源节约等进行规范，包括“建立预算执行全过程动态监控机制”“推进国内公务接待服务社会化改革”“建立厉行节约反对浪费监督检查机制”等内容的提出，具有很强的针对性和指向性。

在经费管理上，为解决“突击花钱”带来的巨大财务浪费，《党政机关厉行节约反对浪费条例》明确要建立财务预算制度，并明确提出党政机关应当加强预算编制管理，按照综合预算的要求，将各项收入和支出全部纳入部门预算。提出建立健全一系列经费管理制度，如建立预算执行全过程动态监控机制，健全会计制度、建立开支标准调整机制、实行公务卡制度等。此外，党政机关采购货物、工程和服务，应当遵循公开透明、公平竞争、诚实信用原则。政府采购应当依法完整编制采购预算，严格执行经费预算和资产配置标准，合理确定采购需求，不得超标准采购，不得超出办公需要采购服务；严格执行政府采购程序，不得违反规定以任何方式和理由指定或者变相指定品牌、型号、产地；党政机关应当按照政府采购合同规定的采购需求组织验收。

在公务接待上，《党政机关厉行节约反对浪费条例》指出要通过建立健全四项制度，扎紧“篱笆”，从源头上狠刹公务接待当中的奢侈浪费之风。一是公务接待集中管理制度，党政机关公务接待管理部门应当加强对国内公务接待工作的管理和指导。二是公务接待审批控制制度，对无公函的公务活动不予接待，严禁将非公务活动纳入接待范围。三是接待费支出总额控制制度，接待单位应当严格按标准安排接待对象的住宿用房，协助安排用餐的按标准收取餐费，不得在接待费中列支应当由接待对象承担的费用，不得以举办会议、培训等名义列支、转移、隐匿接待费开支。四是公务接待清单制度，如实反映接待对象、公务活动、接待费用等情况，接待清单作为财务报销的凭证之一并接受审计。2013 年 12 月，中共中央办公厅、国务院办公厅印发的《党政机关国内公务接待管理规定》提出了三个方面 13 项新举措，贯彻落实了《党政机关厉行节约反对浪费条例》的相关要求，切实强化了公务接待管理。

公务用车、办公用房是党政机关及其工作人员工作、生活的保障，为遏制“舌尖上的浪费”“车轮上的铺张”“楼堂馆所的豪华”等现象，党中央进一步改革公务用车制度，严格控制办公用房标准和要求。2017 年 12 月，中共中央办公厅、国务院办公厅印发的《党政机关公务用车管理办法》进一步细化了公务用车管理相关规定，全面规范公务用车的编制和标准管理、配备和经费管理、使用和处置管理等问题，有效保障公务活动，促进党风廉政建设和节约型机关建设。同时印发的《党政机关办公用房管理办法》，在《党政机关厉行节约反对浪费条例》与《机关团体建设楼堂馆所管理条例》规定的基础上，进一步对办公用房的权属、配置、使用、维修、处置利用等进行详细规定。

在会议活动管理上，党政机关会议实行分类管理、分级审批，从严控制会议数量、会期和参会规模；严格执行会议费开支范围和标准。会议期间，不得安排宴请，不得组织旅游以及与会议无关的参观活动，不得以任何名义发放纪念品。为进一步加强和规范中央和国家机关会议费管理，精简会议，改进会风，提高会议效率和质量，节约会议经费开支，2016 年 6 月，财政部、国家机关事务管理局、中共中央直属机关事务管理局联合印发了《中央和国家机关会议费管理办法》，加强了相关开支标准之间的衔接。

三、作风建设监督问责制度

严格的监督是保证制度规定不折不扣执行，防止“破窗”效应的关键。关于作风建设的监督、问责、惩戒制度既是《中国共产党党内监督条例》《中国共产党问责条例》《中国共产党巡视工作条例》《中国共产党纪律处分条例》等党的监督保障法规中的重要内容，又包含在作风建设的其他党内法规中。

《中国共产党问责条例》第七条第五项，规定了党组织、党的领导干部在作风建设方面松懈，造成严重后果的，应当予以问责。《中国共产党巡视工作条例》第十五条第四项规定了巡视组要着力发现“违反群众纪律、工作纪律、生活纪律，落实中央八项规定精神不力，搞形式主义、官僚主义、享乐主义和奢靡之风等问题”。《中国共产党党内监督条例》在第五条第二款中，将作风建设作为党内监督的主要内容。《中国共产党纪律处分条例》在廉洁纪律一节，对违反公务接待、办公用车用房、会议活动管理等行为设置了不同程度的纪律处分。

《党政机关厉行节约反对浪费条例》《党政机关办公用房管理办法》《党政机关公务用车管理办法》等党内法规均以专章形式规定了对于作风建设的监督问责规定。比如，《党政机关厉行节约反对浪费条例》中明确规定，各级党委和政府在厉行节约反对浪费方面做得怎么样，要接受十个方面的监督：民主生活会监督、办公厅（室）督查监督、纪检监察监督、巡视监督、财政监督、审计监督、人大监督、政协监督、舆论监督、群众监督。同时，《党政机关厉行节约反对浪费条例》中还规定，党政机关应当建立健全厉行节约反对浪费信息公开制度，并对违反规定造成浪费的责任追究进行了明确的规定。

《党政机关公务用车管理办法》则从三个方面强化对公务用车领域违规违纪问题的监督问责，依纪依法追究相关人员责任。一是编织一张监督网，明确公务用车主管部门、财政部门、审计部门、公安交通管理部门、纪检监察机关在监督管理方面的职责，要求各司其职、各负其责、形成监督合力；二是加强对主管部门监督，增加了针对公务用车主管部门违反编制、标准管理等五个方面的问责情形，体现出管车人也要受监管的思路理念，确保依规履行管理职责；三是加强对使用单位的监督，较为全面地细化了针对使用单位的问责情形，涉及九个方面，涵盖公务用车配备、使用、处置、经费支出等全流程和各环节，实现公务用车违规违纪问题问责无死角、全覆盖。

第六节　党的纪律建设法规制度

加强纪律建设是全面从严治党的治本之策。党要管党、全面从严治党，靠什么管，凭什么治？就是要靠严明纪律。我们党是用革命理想和铁的纪律组织起来的马克思主义政党，组织严密、纪律严明是党的优良传统和政治优势，也是我们的力量所在。党的十九大在总结十八大以来党的纪律建设新经验的基础上，提出了新时代党的建设总要求，把纪律建设纳入党的建设总布局，突出了纪律建设在新时代党的建设总要求中的重要地位。

党章指出，党的纪律是党的各级组织和全体党员必须遵守的行为规则，是维护党的团结统一、完成党的任务的保证。党组织必须严格执行和维护党的纪律，共产党员必须自觉接受党的纪律的约束。党的纪律主要包括政治纪律、组织纪律、廉洁纪律、群众纪律、工作纪律、生活纪律。对党员的纪律处分有五种：警告、严重警告、撤销党内职务、留党察看、开除党籍。

一、纪律建设的历史考察

以严明的纪律规范党的各级组织和全体党员的行为，从而保证党的团结一致，是马克思主义政党的优良传统。中国共产党在创建伊始就继承了这一传统，始终高度重视纪律建设，以严明的纪律，推进党自身建设发展，确保党在革命、建设、改革中的核心领导地位。

党的一大通过的《中国共产党第一个纲领》就曾规定：“在党处于秘密状态时，党的重要主张和党员身份应保守秘密。”[①] 这其实已经涉及了党的组织纪律和保密纪律，初步奠定“纪律立党”的基础。党的二大将“严密的、集权的、有纪律的组织与训练”作为革命政党的必备条件，[②] 并且从二大党章至

---

① 《建党以来重要文献选编（1921—1949）》（第一册），中央文献出版社2011年版，第2页。

② 《建党以来重要文献选编（1921—1949）》（第一册），中央文献出版社2011年版，第162页。

七大党章，每一部党章中都单设一章规定党的纪律。1927 年党的五大通过的《组织问题决议案》提出“政治纪律”的概念，强调“宜重视政治纪律”。[①] 1949 年 6 月，毛泽东在《论人民民主专政》一文中，总结概括了 28 年革命斗争战胜敌人的宝贵经验，其中将纪律放在了首位。[②]

中华人民共和国成立后，中国共产党继承和延续加强纪律建设的优良传统，不断加强执政党建设，使其适应新形势的需要。改革开放以后，党的纪律建设重新步入正轨，特别是党的纪律建设同保障党的路线方针政策有效贯彻落实得到有效结合。[③] 改革开放初期，党中央坚持一手抓搞活经济，一手抓严肃党纪党规。邓小平特别强调理想和纪律，指出：“我们这么大一个国家，怎样才能团结起来、组织起来呢？一靠理想，二靠纪律。”[④]1997 年党的十五大提出了“两个坚决”，并出台了《中国共产党纪律处分条例（试行）》，这是首次明确党的纪律处分法规，意义重大。随着一系列关于党的纪律建设的相关法规的出台，党的纪律建设迈上了一个新的台阶。[⑤]

党的十八大以来，以习近平同志为核心的党中央高度重视党的纪律建设。在全面从严治党的实践中，把纪律和规矩挺在前面，成为新时代管党治党的重要保障。党中央在统筹推进思想、组织、作风、反腐倡廉和制度建设的实践中，针对全面从严治党面临的形势和任务，强调“加强纪律建设是全面从严治党的治本之策”。党的十九大对新时代党的纪律建设进行了系统部署与创新，突出了纪律建设的重要性。[⑥] 党的十九大将纪律建设纳入党的建设总布局，提升到与政治建设、思想建设、组织建设、作风建设同等重要的地位。

① 《建党以来重要文献选编（1921—1949）》（第一册），中央文献出版社 2011 年版，第 208 页。
② 《毛泽东选集》（第四卷），人民出版社 1991 年版，第 1480 页。
③ 刘舒：《新时代党的纪律建设的内在逻辑与功能定位》，载《学习与实践》2018 年第 12 期。
④ 《邓小平文选》（第三卷），人民出版社 1993 年版，第 111 页。
⑤ 孙海东、杨永志：《新中国成立以来党的纪律建设述论》，载《理论与现代化》2019 年第 6 期。
⑥ 王同昌：《十九大对新时代党的纪律建设的部署与创新》，载《理论与改革》2018 年第 3 期。

二、纪律建设的内容

党的纪律建设法规包含《中国共产党廉洁自律准则》《国有企业领导人员廉洁从业若干规定》《农村基层干部廉洁履行职责若干规定（试行）》等。

2016年1月1日《中国共产党廉洁自律准则》正式实施，《中国共产党党员领导干部廉洁从政若干准则》同时废止。新修订的准则以宣示性的方式向全党提出“四个必须”“八条规范”，其重申党的理想信念宗旨、优良传统作风，为党员和党员领导干部树立了一个看得见、够得着的高标准，展现了共产党人高尚的道德追求，是向全党发出的道德宣誓和对人民的庄严承诺。较之原准则，《中国共产党廉洁自律准则》扩大了约束对象范围，不仅规范党员领导干部，而且规范一般党员，并且对二者提出了不同的道德准则和行为规范，对“关键少数”提出了更高的要求、更严的标准；扩大了规制行为的范围，对党员干部的自律规范不再局限于“廉洁从政”，而是扩展到“廉洁用权、廉洁修身、廉洁齐家”。道德自律准则作用于党员的内心，是党道德的成文化表述。

1998年11月，中共中央、国务院颁布了《关于实行党风廉政建设责任制的规定》，但是，随着形势的发展变化，党风廉政建设也面临许多新情况、新问题，该规定中有些内容已经不能完全适应形势发展的需要。为加强党风廉政建设，明确领导班子、领导干部在党风廉政建设中的责任，推动科学发展，促进社会和谐，提高党的执政能力，保持和发展党的先进性，在总结既有经验的基础上，2010年中共中央、国务院印发了修订后的《关于实行党风廉政建设责任制的规定》，完善了责任内容、检查考核与监督的措施、责任追究的具体情形、责任追究的办理程序、时效和影响期以及再追究程序等一系列问题，成为反腐倡廉的基础性法规。

本章思考题：

1. 为什么说政治建设是党的根本性建设?

2. 党政领导干部选拔任用的方式有哪些?

3. 什么是党委（党组）理论学习中心组学习?

4. 党的群众路线的科学内涵是什么?

第五章

党的监督保障法规制度

2018 年中共中央印发的《中央党内法规制定工作第二个五年规划（2018—2022 年）》指出，要完善党的监督保障法规。按照“规范主体、规范行为、规范监督”相统筹相协调原则，切实加强对党组织和党员干部的监督、奖惩、保障，建立健全相关法规制度，形成有权必有责、有责要担当、用权受监督、失责必追究的激励约束机制，确保行使好党和人民赋予的权力。党的监督保障法规制度，针对党组织工作、活动和党员行为的监督、考核、奖惩、保障等内容，确保权力规范运行，主要包括《中国共产党党内监督条例》《中国共产党问责条例》《中国共产党巡视工作条例》《中国共产党纪律处分条例》《中国共产党党务公开条例（试行）》等，核心是对党内执纪、监督、问责等工作的制度规定。

第一节　党的监督保障法规制度概述

监督保障类党内法规是全面从严治党最重要的制度规定和制度抓手，党的十八大以来对监督保障类党内法规尤为重视，成效最大，为全面从严治党和反腐败斗争的压倒性胜利提供了坚强的制度保障。本节将从内涵、特征、功能和意义等方面阐释各项党的监督保障法规制度概况。

一、党内监督制度内涵、特征和功能

中国共产党的党内监督是基于党内外的利益关系，按照民主集中制原则，根据党章和其他党内法规的规定，由党内监督主体对党内监督对象实施的监察、督促和制约活动，具体表现为党员、党员干部、党员领导干部和党组织相互之间的监察、督促和制约活动。党内监督的直接目的是增强党在长期执政条件下自我净化、自我完善、自我革新、自我提高能力；其根本目的是坚持和巩固党的领导，加强党的建设，全面从严治党，发展党内民主，永葆党的先进性和纯洁性，确保党始终成为中国特色社会主义事业的坚强领导核心。

中国共产党的党内监督制度是规范党内监督主体、规范党内监督主体的监督行为、规范党内监督工作保障的制度体系：规范党内监督主体，就是规范党内监督主体的权利和义务、职权和职责；规范党内监督主体的监督行为，也就是规范党内监督主体行使监督职权和履行监督职责的工作，或者行使监督权利和履行监督义务的活动；规范党内监督工作保障的制度是指规范监督对象的整改活动、规范监督对象的权益救济制度、规范监督工作的保障措施等。由此可见，中国共产党党内监督制度具有三方面要素，即规范监督主客体—规范监督行为—规范监督保障。其监督制度内部发生层次关系和结构关系，由此构成一个有机的系统，对外发挥对党的监督工作的规范功能和政治功能、社会功能。[①]

中国共产党党内监督制度的本质特征是党和人民整体利益和共同意志的制度体现。通过制定和实施党内监督法规制度，可以保障中国共产党党内制度、体制和机制的有效运行；保障中国共产党始终是中国工人阶级的先锋队，同时是中国人民和中华民族的先锋队；保障中国共产党所领导的伟大事业的最终实现。

---

① 李斌雄：《扎紧制度的笼子：中国共产党党内法规制度的重大发展研究》，武汉出版社2017年版，第245页。

二、党内巡视制度的实质、特征和功能

党内巡视是党内监督的制度创新，实质上是上级党组织针对下级党组织、领导班子、领导干部，特别是“一把手”进行监督的制度设计。党内巡视制度具备监督主体的权威性和独立性、监督依据的法规性和充分性、监督内容的聚焦性和政治性、监督手段的科学性和规范性、监督效果的标本兼治性等特征和要素，是党内监督体系中的结构创新和制度创新。党内巡视制度体现了马克思主义政党党内监督的一般规律与中国传统监督制度的优秀基因的有机结合，并在新形势下与中国共产党的治理特点和规律有机衔接。

党内巡视制度之所以是党内监督制度体系中的战略性制度安排，主要是由它在党内外监督体系中的价值、功能和作用决定的。从党的十八大以来巡视工作的历史过程来看，党内巡视理论、制度和实践的功能可以划分为政治导向功能、震慑遏制功能和治本功能。所谓政治导向功能，是指通过制定和实施巡视制度，对被巡视党组织、领导班子及其成员进行政治监督和政治指导的功能；所谓震慑遏制功能，是指党内巡视制度的制定和实施对党的领导弱化、党的建设缺失、管党治党“宽松软”现象蔓延，特别是对不正之风和消极腐败现象蔓延进行震慑遏制的功能；所谓治本功能，是指党内巡视制度的制定和实施对推动解决党的领导和党的建设、全面从严治党和党风廉政建设过程中所存在的突出矛盾的根源性问题进行治理的功能。①

三、党内问责制度的内涵、结构和意义

中国共产党党内问责制度简称党内问责制，是指规范党内问责主体、规范党内问责行为、规范党内问责工作的监督和保障制度。所谓规范问责主体，是指规范问责主体的问责权限和问责职责，包括规范问责决定机关的职权和

① 李斌雄：《扎紧制度的笼子：中国共产党党内法规制度的重大发展研究》，武汉出版社 2017 年版，第 226—229 页。

职责，规范问责实施机关的设置等。所谓规范问责行为，主要是指规范问责实施过程，包括规范问责启动、调查、决定的过程，规范问责客观事实的判定和问责方式等。所谓规范党内问责工作的监督和保障，主要是指规范问责工作的保障条件以及规范对问责主体开展问责工作的监督和规范问责主体失职失责行为的处罚措施。

中国共产党党内问责制度体系的内容结构包括了党章关于党内问责的规定、《问责条例》的总体性规定及其实施办法、专项问责的党内法规、含有问责条款的党内法规和含有问责内容的党内规范性文件。在党内问责制度体系建设过程中，一方面，党章与《问责条例》之间需要相互衔接，《问责条例》与其实施办法之间需要相互衔接。另一方面，专项问责的党内法规与《问责条例》之间需要相互衔接协调，含有问责条款的党内法规需要与《问责条例》之间协调一致，含有问责内容的党内规范性文件也不能与《问责条例》相互抵触。[①]

中国共产党党内问责制度把"两个维护"作为根本原则和首要任务，将保证党的路线方针政策和党中央重大决策部署贯彻执行作为重中之重，必将督促各级党组织和领导干部坚守初心使命、强化绝对忠诚，严守党的政治纪律和政治规矩，确保党中央各项决策部署落地生根、开花结果。

四、党纪处分制度的内涵、特征和意义

党的纪律，是指有权制定党内法规的机关根据党章制定颁布的，运用党的纪律处分手段保障其实施的，党的组织和广大党员应当严格遵守的党内行为规范。这种行为规范，主要体现在《中国共产党纪律处分条例》中。党的纪律有三个主要特征：一是党的纪律是党的各级组织和广大党员必须遵守的党内行为规范；二是党的纪律是维护党的性质、纲领，维护党的路线方针政策和民主集中制原则的行为规范；三是党的纪律是建立在广大党员自觉遵守

① 李斌雄：《扎紧制度的笼子：中国共产党党内法规制度的重大发展研究》，武汉出版社 2017 年版，第 302—305 页。

基础之上的，并运用党的纪律处分的手段保障其实施的，带有强制性的行为规范。

党的纪律处分，是指党的组织对于违犯党的纪律的党的组织和党员，按照党内法规的有关规定所作出的纪律惩戒。它是提高党员觉悟，增强纪律观念，维护党的纪律，纯洁党的组织，提高党的战斗力，保证党的路线方针政策顺利贯彻执行的重要手段。2018 年《中国共产党纪律处分条例》的修订，体现了党中央坚持不懈、持之以恒将全面从严治党推向纵深的坚定决心和担当精神，向全党释放全面从严治党永远在路上的强烈信号，树立下大气力建制度、立规矩、抓落实、重执行的鲜明导向，对于加强党的全面建设，保持党的先进性和纯洁性，提高党的执政能力，巩固党的执政基础，具有十分重大而深远的意义。

第二节　中国共产党党内监督制度

加强党内监督是马克思主义政党的一贯要求，是我们党的优良传统和政治优势。一段时期以来，有的地方和部门党的领导弱化、党的建设缺失、全面从严治党不力，党的观念淡漠、组织涣散、纪律松弛，管党治党宽松软。比如，监督的系统性、经常性、有效性不够，监督有盲区；党委（党组）履行主体责任缺乏硬性规定，有的没有把监督作为分内之事、应尽之责；监督“一把手”有效管用的办法措施不多，有的“一把手”成为脱离监督甚至监督不了的“特殊人”；对监督发现问题的纠正和整改刚性约束不足，发现问题、纠正偏差的机制尚未完全建立；等等。

《中国共产党党内监督条例（试行）》自 2003 年 12 月颁布施行以来，对加强党内监督、维护党的团结统一发挥了积极作用。但是，随着形势任务发展变化，其监督主体比较分散、监督责任不够明确、监督制度操作性和实效性不强等与新实践新要求不相适应的问题显现出来。形势发展需要对《中国共产党党内监督条例（试行）》进行修订，通过明确责任、完善制度，把党内监督严起来、实起来，把党组织的凝聚力、战斗力焕发出来，推动管党治党由宽松软走向严实硬。①

2016 年 10 月，党的十八届六中全会审议通过了修订后的《中国共产党党内监督条例》（以下简称《党内监督条例》）。《党内监督条例》以党章为根本遵循，全面贯彻习近平总书记系列重要讲话精神，在体例上改变了以前监督主体和监督制度分别规定的做法，围绕理论、思想、制度构建体系，围绕权力、责任、担当设计制度，以监督责任为主轴，针对不同主体，明确监督职责，规定具体制度，以实现监督主体、监督职责、监督措施的有机统一。

一、党内监督的根本原则

民主集中制是我们党的根本组织制度和领导制度，也是加强党内监督的根本原则。它正确规范了党内政治生活、处理党内关系的基本准则，是反映、体现全党同志和全国人民利益与愿望，保证党的路线方针政策正确制定和执行的科学的合理的有效率的制度。实行民主集中制，是中国特色社会主义制度的最大特点，也是中国共产党的最大制度优势。

当前，有的党组织软弱涣散，党的路线方针政策落实不到位；有的领导干部搞家长制、一言堂，党内民主得不到充分保障，领导干部特别是“一把手”的权力得不到有效制约。针对这些问题，2016 年 1 月 12 日，习近平总书记在十八届中央纪委六次会议上明确指出：“强化党内监督，必须坚持、完善、落实民主集中制，把民主基础上的集中和集中指导下的民主有机结合起来，把上级对下级、同级之间以及下级对上级的监督充分调动起来，确保党内监督落到实处、见到实效。”②

坚持民主集中制，必须做到“四个服从”，维护党中央权威和党的集中统一。2014 年 1 月，习近平总书记在十八届中央纪委三次全会上强调：“党章规定的‘四个服从’，既是党最基本的组织原则，也是最基本的纪律。”“四

① 《新形势下强化党内监督的根本遵循——中央纪委有关负责同志就〈中国共产党党内监督条例〉答记者问》，载共产党员网，https://news.12371.cn/2016/11/13/ARTI1478989712653449.shtml。

② 2016 年 1 月 12 日，习近平总书记在第十八届中央纪律检查委员会第六次全体会议上的讲话。

个服从”，最重要的是全党服从党中央。领导本身就包含管理和监督，党内监督的权威和责任来自于各级党组织，主要体现为自上而下的监督。全面从严治党、强化党内监督，就要从党的中央委员会做起。[①]《党内监督条例》明确规定，党的中央委员会、中央政治局、中央政治局常务委员会全面领导党内监督工作。中央政治局委员应当加强对直接分管部门、地方、领域党组织和领导班子成员的监督。党委（党组）在党内监督中负主体责任，书记是第一责任人，党委常委会委员（党组成员）和党委委员在职责范围内履行监督职责。上级党组织特别是其主要负责人，对下级党组织主要负责人应当平时多过问、多提醒，发现问题及时纠正。上级党组织应当加强对下级领导班子民主生活会的指导和监督。这些规定贯彻了“四个服从”原则，实现了权力与责任的高度统一。

坚持民主集中制，要注重发挥同级相互监督和自下而上民主监督作用。在同级监督方面，《党内监督条例》规定，领导班子成员发现班子主要负责人存在问题，应当及时向其提出，必要时可以直接向上级党组织报告；纪委发现同级党委主要领导干部的问题，可以直接向上级纪委报告。这体现了领导班子成员之间的相互监督作用。在民主监督方面，《党内监督条例》规定党员履行四个方面监督义务，并要求中央政治局委员自觉参加双重组织生活，党组织主要负责人个人有关事项应当在党内一定范围公开，为自下而上开展民主监督创造了条件。各级党组织要抓好这些制度的贯彻落实，促使各级领导干部特别是“一把手”带头执行民主集中制，促使广大党员充分参与党内监督，努力形成又有集中又有民主、又有纪律又有自由、又有统一意志又有个人心情舒畅、生动活泼的政治局面。[②]

二、党内监督的任务、内容和对象

加强党内监督是全面从严治党的迫切需要，是全面建设社会主义现代化

---

① 《新形势下强化党内监督的根本遵循——中央纪委有关负责同志就〈中国共产党党内监督条例〉答记者问》，载共产党员网，https://news.12371.cn/2016/11/13/ARTI1478989712653449.shtml。

② 本书编写组编:《党内监督制度解析》，中国方正出版社 2017 年版，第 10—11 页。

国家的重要保证，也是解决党内存在的突出问题的重要措施。在明确党内监督根本原则的基础上，有必要厘清党内监督的任务、内容和对象。

（一）党内监督的任务

党内监督的任务是确保党章党规党纪在全党有效执行，维护党的团结统一，重点解决党的领导弱化、党的建设缺失、全面从严治党不力，党的观念淡漠、组织涣散、纪律松弛，管党治党宽松软问题，保证党的组织充分履行职能、发挥核心作用，保证全体党员发挥先锋模范作用，保证党的领导干部忠诚干净担当。

（二）党内监督的主要内容

根据《党内监督条例》第五条第二款规定，党内监督的主要内容如下：（1）遵守党章党规，坚定理想信念，践行党的宗旨，模范遵守宪法法律情况；（2）维护党中央集中统一领导，牢固树立政治意识、大局意识、核心意识、看齐意识，贯彻落实党的理论和路线方针政策，确保全党令行禁止情况；（3）坚持民主集中制，严肃党内政治生活，贯彻党员个人服从党的组织，少数服从多数，下级组织服从上级组织，全党各个组织和全体党员服从党的全国代表大会和中央委员会原则情况；（4）落实全面从严治党责任，严明党的纪律特别是政治纪律和政治规矩，推进党风廉政建设和反腐败工作情况；（5）落实中央八项规定精神，加强作风建设，密切联系群众，巩固党的执政基础情况；（6）坚持党的干部标准，树立正确选人用人导向，执行干部选拔任用工作规定情况；（7）廉洁自律、秉公用权情况；（8）完成党中央和上级党组织部署的任务情况。

党内监督的主要内容有以下特点：

一是把握了根本依据。党内监督八项主要内容的提出，都是以党章党规和习近平新时代中国特色社会主义思想为根本依据。如党章规定，坚持民主集中制是党的建设必须坚决实现的四项基本要求之一。习近平总书记多次强调，党要管党必须从党内政治生活管起，全面从严治党必须从党内政治生活严起，要把开展严肃认真的党内政治生活作为党的建设重要任务来抓。

二是聚焦了突出问题。这八项党内监督主要内容，坚持问题导向，基本上体现的都是现阶段亟须解决的突出问题，增强了党内监督针对性。例如，着眼于解决党的领导弱化、党的建设缺失、全面从严治党不力等问题，把“维护党中央集中统一领导”“落实全面从严治党责任”等作为党内监督主要内容，督促各级党组织落实主体责任，把党的领导体现到党的建设、管理、监督之中。

三是明确了任务。将这八项确定为党内监督的主要内容，最终还是要落实到“一个确保”“三个保证”的监督任务上来。通过对这八项内容的监督，能及时了解督促解决党的领导、党的建设、全面从严治党、党风廉政建设和反腐败斗争等方面存在的突出问题，有利于“保证党的组织充分履行职能、发挥核心作用，保证全体党员发挥先锋模范作用，保证党的领导干部忠诚干净担当”，最终“确保党章党规党纪在全党有效执行，维护党的团结统一”。

（三）党内监督的重点对象

党内监督的重点对象是党的领导机关和领导干部特别是主要领导干部。之所以规定这样的重点对象，一方面是由党的领导机关和领导干部特别是主要领导干部的地位和作用决定的。中国共产党是执政党，各级领导机关和领导干部在资源配置、干部提拔等方面有很大的权力。另一方面是由党的领导机关和领导干部特别是主要领导干部中存在的突出问题决定的。各级领导干部绝大多数都能做到信念坚定、为民服务、勤政务实、敢于担当、清正廉洁，带领所在地区或单位的党员和群众努力工作，使党的队伍不断发展壮大，党的事业不断兴旺发达。但同时，面对世情、国情、党情的深刻变化，一些领导干部特别是主要领导干部精神懈怠、能力不足、脱离群众、消极腐败等问题也客观存在。

突出党内监督重点对象，要用实招，求实效。全面从严治党，强化党内监督，必须抓住领导机关和领导干部，特别是“一把手”。要破解“一把手监督难”的难题，用刚性制度把“一把手”管住，保证其正确用权、廉洁用权。

要强化党组织、党员、群众的监督，加强日常管理，经常抓、抓经常，多设监督“探头”，发现问题及时提醒和纠正。要用好以上率下的工作方法，要求各级领导机关和领导干部增强带头意识，在积极开展监督、自觉接受监督上作表率，带头贯彻执行民主集中制，带头加强对党员干部的日常管理监督，带头接受党组织、党员和群众的监督，以实际行动推进党内监督工作向纵深发展。

三、党内监督的主体和职责

党的十八届六中全会明确提出，建立健全党内监督体系，这是在深入总结历史经验，科学判断形势的基础上作出的战略决策。《党内监督条例》提出了“党内监督体系”的概念，第九条明确提出“建立健全党中央统一领导，党委（党组）全面监督，纪律检查机关专责监督，党的工作部门职能监督，党的基层组织日常监督，党员民主监督的党内监督体系”。这个监督体系既明确了党中央的领导，又明确了地方党委、基层组织的责任；既明确了党组织的责任，又明确了党员的责任；既明确了系统的责任，又明确了机关、部门的责任，形成了一个横向到边、纵向到底的严密的全覆盖监督体系。体系内部各司其职，密切协调，就能形成监督合力，我们的党内监督就会全覆盖、无死角，就能切实增强监督实效，真正发挥党内监督的职能作用。

（一）党的中央组织的监督

党的中央委员会、中央政治局、中央政治局常务委员会是党的领导机关，肩负着制定党的路线方针政策、领导党的全部工作的神圣职责。党章第三章以专章对党的中央委员会、中央政治局、中央政治局常务委员会等党的中央组织作出规定。其中明确规定，中央政治局向中央委员会全体会议报告工作，接受监督。2003 年《中国共产党党内监督条例（试行）》对党的中央组织的监督作出了一些具体规定，但这些规定散见于各个章节之中，不够系统和集中。《党内监督条例》将“党的中央组织的监督”单设一章，对党的中央委员会、中央政治局、中央政治局常务委员会的监督职责作出全面规定，是对党章要求的细化、具体化，是一个重大创新和突出亮点，体现了党中央以身作则、以上率下，对于加强党中央的集中统一领导，更好地落实全面从严治党主体责任、强化自我监督具有十分重要的意义。

党的十八大以来，以习近平同志为核心的党中央坚持党要管党、全面从严治党，在发挥党的中央组织的监督方面作了许多探索。比如，中央政治局及时研究部署在全党开展党的群众路线教育实践活动等学习教育；听取全国人大常委会、国务院、全国政协、最高人民法院、最高人民检察院党组工作汇报；中央政治局带头召开民主生活会，认真开展对照检查和党性分析；严格执行中央八项规定并听取全党落实情况汇报；听取中央巡视组每轮巡视情况汇报；出台《中国共产党问责条例》，严肃责任追究；带头坚持党内谈心谈话制度，在各自职责范围内与地方、部门主要负责同志谈心谈话，等等。实践探索在前，总结提炼在后。《党内监督条例》关于党的中央组织监督的相关规定正是在总结这些实践经验的基础上提炼出来的。

（二）党委（党组）全面监督

党要管党、全面从严治党，“管”和“治”都包含监督。在我们党的历史上，一大党纲就已经规定了中央和地方执行委员会的监督职能，随后制定、修订的历次党章都规定了党委的管理监督职能。党章第二十七条规定，党的地方各级委员会在代表大会闭会期间“领导本地方的工作”；第四十八条规定，“党组发挥领导作用”。党的领导是全方位的领导，党委（党组）在各地区、部门和单位处于总揽全局、协调各方的领导地位，除了对本地区本部门本单位“五位一体”建设实行全面领导，还必须对党的建设全面负责。党内监督是党的建设的重要组成部分，强化党内监督是落实全面从严治党主体责任的必然要求。

关于党委（党组）的监督，《党内监督条例》明确规定：“党委（党组）在党内监督中负主体责任，书记是第一责任人，党委常委会委员（党组成员）和党委委员在职责范围内履行以下监督职责……”责任的内容是具体的，不是抽象的。落实主体责任关键看行动，要形成实实在在的工作支撑。《党内监督条例》具体规定了四项监督职责：

一是领导本地区本部门本单位党内监督工作，组织实施各项监督制度，抓好督促检查。这是党委（党组）落实全面监督的首要职责。要切实加强领导，把党内监督工作列入重要议事日程，经常研究，及时解决党内监督工作中存在的突出问题，确定目标任务并作出部署。

二是加强对同级纪委和所辖范围内纪律检查工作的领导，检查其监督执纪问责工作情况。党章第四十五条规定，党的地方各级纪律检查委员会和基层纪律检查委员会在同级党的委员会和上级纪律检查委员会双重领导下进行工作。落实党内监督主体责任，一个重要方面就是加强对纪委工作的领导，支持纪委履行监督执纪问责职责。

三是对党委常委会委员（党组成员）、党委委员，同级纪委、党的工作部门和直接领导的党组织领导班子及其成员进行监督。全面从严治党，必然要求把所有党员干部置于党的监督之下。

四是对上级党委、纪委工作提出意见和建议，开展监督。党章第十条规定，“上下级组织之间要互通情报、互相支持和互相监督”。下级党组织认为上级党组织的决定有问题，可提出意见和建议，上级党组织应认真研究考虑并及时回复。如果上级党组织坚持原决定，下级党组织必须执行，决不允许以“监督”为名，不执行上级党组织决定或者公开发表与上级党组织决定相反的意见。

（三）纪律检查机关专责监督

党的十八大以来，各级纪律检查机关按照中央要求，找准职责定位，明确主责主业，转职能、转方式、转作风，及时履行监督责任，聚集主责主业，创新体制机制，坚持党纪严于国法，把纪律和规矩挺在前面，探索实践监督执纪“四种形态”，加大问责力度，强化责任追究，使问责常态化，促进了履职到位，取得了不少行之有效的好经验。在总结这些好经验的基础上，结合不断发展变化的实际，明确了纪律检查委员会在党内监督中的职责任务、工作重点、工作方式等，为各级纪律检查委员会做好党内监督工作指明了方向。

《党内监督条例》第二十六条对纪委的监督职责进行了细化规定，明确了三项具体任务："党的各级纪律检查委员会是党内监督的专责机关，履行监督执纪问责职责，加强对所辖范围内党组织和领导干部遵守党章党规党纪、贯彻执行党的路线方针政策情况的监督检查，承担下列具体任务：（一）加强对同级党委特别是常委会委员、党的工作部门和直接领导的党组织、党的领导干部履行职责、行使权力情况的监督；（二）落实纪律检查工作双重领导体制，执纪审查工作以上级纪委领导为主，线索处置和执纪审查情况在向同级党委报告的同时向上级纪委报告，各级纪委书记、副书记的提名和考察以上级纪委会同组织部门为主；（三）强化上级纪委对下级纪委的领导，纪委发现同级党委主要领导干部的问题，可以直接向上级纪委报告；下级纪委至少每半年向上级纪委报告 1 次工作，每年向上级纪委进行述职。"其中，第一项任务明确了纪委的监督对象和监督内容，第二项任务规定了领导体制，第三项任务规定强化了上级纪委对下级纪委的领导。

（四）党的工作部门职能监督

党的工作部门包括办公厅（室）、组织部、宣传部、统战部、政法委等，是党委（党组）的办事机构和职能部门，是党的各项方针政策的参与制定者和贯彻执行者，也是党委（党组）管党治党主体责任在不同领域的重要承担者和具体体现者，负有推进全面从严治党、对党员干部进行教育管理监督的政治责任。

《党内监督条例》以党内法规的形式明确规定了党的工作部门的监督责任。在第九条中，将"党的工作部门职能监督"作为党内监督体系的重要组成部分；在第十六条中规定："党的工作部门应当严格执行各项监督制度，加强职责范围内党内监督工作，既加强对本部门本单位的内部监督，又强化对本系统的日常监督。"这是《党内监督条例》的一个亮点，体现了对党内监督体系和监督制度的重要创新。

（五）党的基层组织日常监督和党员民主监督

基础不牢，地动山摇。党的基层组织是每个党员组织关系、工作、活动的基本单位，是党的全部工作和战斗力的基础。党的工作最坚实的力量支撑在基层，最突出的矛盾问题也在基层，必须把抓基层打基础作为长远之计和固本之举，努力使每个基层党组织成为坚强战斗堡垒。党的基层组织与党员联系最直接、最密切，只有这一层级的监督抓严抓实抓细了，才能真正形成对党员、干部的强有力监督。

《党内监督条例》第三十五条明确规定了党的基层组织的三项监督职责："（一）严格党的组织生活，开展批评和自我批评，监督党员切实履行义务，保障党员权利不受侵犯；（二）了解党员、群众对党的工作和党的领导干部的批评和意见，定期向上级党组织反映情况，提出意见和建议；（三）维护和执行党的纪律，发现党员、干部违反纪律问题及时教育或者处理，问题严重的应当向上级党组织报告。"这一规定，既为党的基层组织履行监督职能提供了基本遵循，也是条例的一大创新。

中国共产党党员既是中国工人阶级的有共产主义觉悟的先锋战士，也是党的肌体的细胞。党员民主监督是党内监督的重要组成部分，是发扬党内民主、健全党内政治生活的有效途径。《党内监督条例》根据党章规定，对党员开展党内监督的内容、方式和途径等作出明确规定，要求广大党员本着对党和人民事业高度负责的态度，积极行使党员权利，认真履行监督义务。包括："（一）加强对党的领导干部的民主监督，及时向党组织反映群众意见和诉求；（二）在党的会议上有根据地批评党的任何组织和任何党员，揭露和纠正工作中存在的缺点和问题；（三）参加党组织开展的评议领导干部活动，勇于触及矛盾问题、指出缺点错误，对错误言行敢于较真、敢于斗争；（四）向党负责地揭发、检举党的任何组织和任何党员违纪违法的事实，坚决反对一切派别活动和小集团活动，同腐败现象作坚决斗争。"

党的各级组织要为党员开展民主监督创造条件。要把贯彻民主集中制、保证党员的监督权作为加强各级党组织自身建设的一项重要内容，抓好对党员监督权利落实情况的经常性检查，发现问题及时纠正。要加强各级领导干部的党章党规特别是民主集中制教育，增强领导干部自觉接受党员民主监督的自觉性。要畅通党员监督渠道，对党员反映的群众意见，要耐心听取；对群众的批评，要虚心接受，增强党员民主监督实效。

（六）党内监督和外部监督相结合

建立健全党内监督体系，除加强党的自身建设，搞好党内监督外，还需要外部监督的补充和完善。《党内监督条例》对发挥好外部监督的作用作出了规定：

一是各级党委应当支持和保证同级人大、政府、监察机关、司法机关等对国家机关及公职人员依法进行监督，人民政协依章程进行民主监督，审计机关依法进行审计监督。有关国家机关发现党的领导干部违反党规党纪、需要党组织处理的，应当及时向有关党组织报告。审计机关发现党的领导干部涉嫌违纪的问题线索，应当向同级党组织报告，必要时向上级党组织报告，并按照规定将问题线索移送相关纪律检查机关处理。在纪律审查中发现党的领导干部严重违纪涉嫌违法犯罪的，应当先作出党纪处分决定，再移送行政机关、司法机关处理。执法机关和司法机关依法立案查处涉及党的领导干部案件，应当向同级党委、纪委通报；该干部所在党组织应当根据有关规定，中止其相关党员权利；依法受到刑事责任追究，或者虽不构成犯罪但涉嫌违纪的，应当移送纪委依纪处理。

二是各级党组织应当支持民主党派履行监督职能，重视民主党派和无党派人士提出的意见、批评、建议，完善知情、沟通、反馈、落实等机制。

三是各级党组织和党的领导干部应当认真对待、自觉接受社会监督，利用互联网技术和信息化手段，推动党务公开、拓宽监督渠道，虚心接受群众批评。新闻媒体应当坚持党性和人民性相统一，坚持正确导向，加强舆论监督，对典型案例进行剖析，发挥警示作用。

四、党内监督的方式方法

《党内监督条例》规定，加强党组织的日常管理监督，把纪律挺在前面，运用监督执纪“四种形态”，以实现惩前毖后、治病救人，抓早抓小、防微杜渐。

（一）监督执纪“四种形态”

监督执纪“四种形态”是从党的历史和管党治党实践中总结出来的，是全面从严治党、强化党内监督的具体举措，是把纪律挺在前面的具体化，是处理好“树木”与“森林”关系的深化，根本目的是坚持党的领导、加强党的建设、保持党的先进性和纯洁性。《党内监督条例》第七条对监督执纪“四种形态”作了明确规定：“党内监督必须把纪律挺在前面，运用监督执纪‘四种形态’，经常开展批评和自我批评、约谈函询，让‘红红脸、出出汗’成为常态；党纪轻处分、组织调整成为违纪处理的大多数；党纪重处分、重大职务调整的成为少数；严重违纪涉嫌违法立案审查的成为极少数。”

实践监督执纪“四种形态”，要用纪律的尺子去衡量。一是要始终扭住“常态”。让红脸出汗成为常态体现着对党的事业负责、对干部负责的态度。如果第一种形态落实不下去，实践“四种形态”就是一句空话，也就谈不上全面从严治党。二是要合理把握“大多数”和“少数”。“四种形态”是一个有机整体，把前三种形态用好了、前三道防线守住了，第四种形态就会越来越少，就能有效防止“要么是好同志，要么是阶下囚”的现象。三是要紧紧盯住“极少数”。《党内监督条例》规定，依规依纪进行执纪审查，重点审查不收敛不收手，问题线索反映集中、群众反映强烈，现在重要岗位且可能还要提拔使用的领导干部，三类情况同时具备的是重中之重。这就是说，执纪审查必须力度不减、节奏不变，对严重违纪问题要严厉惩处，坚决减存量、遏增量，持续保持高压态势，强化“不敢”氛围。

（二）惩前毖后、治病救人

惩前毖后、治病救人是我们党从丰富的实践经验和深刻的历史教训中总结出来的，是我们党加强自身建设的一贯方针，也是我们党永葆肌体健康的重要法宝。早在 1942 年延安“整风”运动中，毛泽东同志就提出了“惩前毖后、治病救人”的方针，指出“对以前的错误一定要揭发，不讲情面，要以科学的态度来分析批判过去的坏东西，以便使后来的工作慎重些，做得好一些。这就是惩前毖后的意思”，“揭发错误、批判缺点的目的，好像医生治病一样，完全是为了救人”。党章明确规定，党组织对违犯党的纪律的党员，应当本着惩前毖后、治病救人的精神，按照错误性质和情节轻重，给以批评教育、责令检查、诫勉直至纪律处分。建党一百年来，我们党正是坚持惩前毖后、治病救人的方针，教育和挽救了一批犯了错误和可能犯错误的同志，保证我们党的纯洁性和先进性，保证了我们党的事业兴旺发达。

党内监督的目的是使广大党员和党组织不出问题和少出问题，使党员干部特别是领导干部不犯错误或者少犯错误特别是严重错误，绝不是单纯地为了处理几个党员、干部，处理几个党组织。惩是形式，是手段，是为了教育没有犯错误的党员不能犯这样那样的错误，教育已经犯错误的党员不再犯错。

（三）抓早抓小、防微杜渐

党内监督的目的是保证党员和党组织遵守党章和党规党纪，贯彻执行好党的路线方针政策。要达到这一目的，就不能等到党员和党组织出了问题再被动地去管。理想的状态应是治未病，防患于未然。抓早抓小、防微杜渐实际上是指党内监督要体现在平时，把纪律挺在前面，从小处抓起，使每名党员、每个党组织都在纪律约束之中，这是全面从严治党的应有之义，让红脸出汗成为常态体现着对党的事业负责的态度，能否做到敢管敢严、真管真严，检验着各级党组织的政治领导是否坚强有力，检验着党员领导干部尤其是“一把手”的党性、思想政治水平和担当精神。

抓早抓小、防微杜渐，要增强政治敏锐性，尽可能早发现问题。要多设探头，全方位地了解党员干部，既要掌握八小时之内的工作情况，也要关心八小时之外的生活圈、交友圈等，发现问题要早提醒、早报告、早处置。抓早抓小、防微杜渐，还要求各级党组织负责人特别是“一把手”，要无私无畏，敢抓敢管，为了党的事业不怕得罪人。总之，抓早抓小、防微杜渐就是使问题苗头不能转化为问题，小问题不能发展为大问题。

五、党内监督的整改和保障

《党内监督条例》第七章共五条，主要规定了党组织如实记录、集中管理、及时处置党内监督中发现的问题和线索制度，整改制度，问责制度，保障党员的知情权、监督权制度，保障监督对象的申辩权、申诉权制度。

（一）问题和线索处理

党内监督中发现的问题和线索十分重要，用好这个成果能够形成强有力的震慑。十八届中央纪委三次全会要求，规范管理和处置反映干部问题线索。十八届中央纪委五次全会要求，强化问题线索管理，按照拟立案、初核、谈话函询、暂存、了结五类标准分类处置，定期清理、规范管理。《党内监督条例》第四十条对党内监督中发现问题和线索的处理作了明确规定：“党组织应当如实记录、集中管理党内监督中发现的问题和线索，及时了解核实，作出相应处理；不属于本级办理范围的应当移送有权限的党组织处理。”

记录、管理和处置党员干部问题线索，是党组织强化党内监督、维护党的纪律的重要基础性工作。党的十八大以来，各级党组织严格监督执纪，纪律检查机关对反映党员领导干部问题线索大起底，规范线索管理、分类处置，推动了党风廉政建设和反腐败工作深入开展。

（二）整改

党内监督的严肃性，关键看整改落实。整改不到位，监督效果就会大打折扣。《党内监督条例》在第四十一条明确规定：“党组织对监督中发现的问题应当做到条条要整改、件件有着落。整改结果应当及时报告上级党组织，必要时可以向下级党组织和党员通报，并向社会公开。对于上级党组织交办以及巡视等移交的违纪问题线索，应当及时处理，并在 3 个月内反馈办理情况。”

被监督单位党组织对整改负主体责任，被监督单位党组织主要负责人为整改落实工作的第一责任人。要落实整改措施，建立问题清单、任务清单、责任清单，在件件有着落上集中发力，对账销号、逐项落实。要立足工作实际、立行立改，认真总结经验教训，进一步健全体制机制，以一个个具体问题的突破，推动普遍性问题的解决。要坚持主动公开，以公开促整改，必要时可以向下级党组织和党员通报，并向社会公开，便于大家对照检查监督。整改不是一时之功，而是一个长期的过程，要举一反三、不断深化，用实际行动落实从严治党的要求。

（三）问责

《党内监督条例》第四十二条在《中国共产党纪律处分条例》《中国共产党问责条例》基础上对纠错、整改不力的作出规定：“党委（党组）、纪委（纪检组）应当加强对履行党内监督责任和问题整改落实情况的监督检查，对不履行或者不正确履行党内监督职责，以及纠错、整改不力的，依照《中国共产党纪律处分条例》、《中国共产党问责条例》等规定处理。”

贯彻《党内监督条例》，对应当问责的问题，必须坚持“失责必问、问责必严”，把该打的板子狠狠打下去，不搞下不为例、网开一面，不能大事化小、小事化了，使问责的利剑生锈，形成“破窗效应”。

（四）党员的知情权、监督权

中国共产党始终在探索强化党内监督的有效途径，历来注重发挥党员监督主体作用。党章规定了党员的知情权、监督权，这是党员的重要权利，必须得到保障。党的十八大报告提出，要保障党员主体地位，健全党员民主权利保障制度，开展批评和自我批评，营造党内民主平等的同志关系、民主讨论的政治氛围、民主监督的制度环境，落实党员知情权、参与权、选举权、监督权。

《党内监督条例》第四十三条规定：“党组织应当保障党员知情权和监督

权，鼓励和支持党员在党内监督中发挥积极作用。提倡署真实姓名反映违纪事实，党组织应当为检举控告者严格保密，并以适当方式向其反馈办理情况。对干扰妨碍监督、打击报复监督者的，依纪严肃处理。”动员党员发扬党内民主、开展党内监督，必须充分保障党员的监督权利，营造主动监督、便于监督、敢于监督的环境和氛围。

（五）监督对象的申辩权、申诉权

监督对象的申辩权、申诉权，是党章规定的党员维护自身权益的重要救济权，必须受到尊重和保护。只有有效保障监督对象的申辩权、申诉权，才能防止监督权的滥用。

党章第四条规定了党员的申辩权和申诉权：“……（六）在党组织讨论决定对党员的党纪处分或作出鉴定时，本人有权参加和进行申辩，其他党员可以为他作证和辩护……（八）向党的上级组织直至中央提出请求、申诉和控告，并要求有关组织给以负责的答复……”党章第四十三条规定了党组织应当维护党员的申辩权、申诉权：“党组织对党员作出处分决定，应当实事求是地查清事实。处分决定所依据的事实材料和处分决定必须同本人见面，听取本人说明情况和申辩。如果本人对处分决定不服，可以提出申诉，有关党组织必须负责处理或者迅速转递，不得扣压……”

《党内监督条例》第四十四条贯彻党章精神，明确规定：“党组织应当保障监督对象的申辩权、申诉权等相关权利。经调查，监督对象没有不当行为的，应当予以澄清和正名。对以监督为名侮辱、诽谤、诬陷他人的，依纪严肃处理；涉嫌犯罪的移送司法机关处理。监督对象对处理决定不服的，可以依照党章规定提出申诉。有关党组织应当认真复议复查，并作出结论。”

第三节　中国共产党巡视工作制度

巡视是党内监督的战略性制度安排。党的十八大以来，以习近平同志为核心的党中央高度重视巡视工作，巡视利剑作用彰显，为全面从严治党提供了有力支撑。为推动全面从严治党向纵深发展，党的十八届六中全会审议通过的《党内监督条例》对中央和国家机关开展巡视工作提出原则要求。2017年7月，党中央修订印发的《中国共产党巡视工作条例》（以下简称《巡视工作条例》）规定，“中央有关部委、中央国家机关部门党组（党委）可以实行巡视制度”。党的十九大对巡视工作作出新部署，党章明确提出“中央有关部委和国家机关部门党组（党委）根据工作需要，开展巡视工作”。2017年8月，中央与时俱进修订出台《被巡视党组织配合中央巡视工作规定》，明确了被巡视党组织配合中央巡视工作的具体要求。2019年6月，中共中央办公厅又印发了《关于中央部委、中央国家机关部门党组（党委）开展巡视工作的指导意见（试行）》，对规范中央部委、中央国家机关部门党组（党委）内部巡视工作提出明确要求。

一、巡视工作的指导思想和方针

政治巡视是十八届中央巡视工作重大理论和实践创新成果。《巡视工作条例》第三条明确规定，巡视工作要深入贯彻习近平总书记系列重要讲话精神和治国理政新理念新思想新战略，牢固树立“四个意识”，坚定不移维护以习近平同志为核心的党中央权威和集中统一领导，统筹推进“五位一体”总体布局和协调推进“四个全面”战略布局，贯彻新发展理念，坚定“四个自信”，尊崇党章，依规治党，落实中央巡视工作方针，深化政治巡视，聚焦坚持党的领导、加强党的建设、全面从严治党，发现问题、形成震慑，推动改革、促进发展，确保党始终成为中国特色社会主义事业的坚强领导核心。

党的十八届三中全会要求，改进中央和省区市巡视制度，做到对地方、部门、企事业单位全覆盖。党的十八届六中全会进一步明确提出，要在一届任期内实现巡视全覆盖。十八届党中央共开展12轮巡视，派出160个组次，对277个地方、单位党组织进行了巡视，如期实现了一届任期内巡视全覆盖目标，兑现了党中央的政治承诺，展示了党内监督没有禁区、没有例外的鲜明立场。《巡视工作条例》认真总结巡视全覆盖的实践经验，在第二条第一款明确规定："党的中央和省、自治区、直辖市委员会实行巡视制度，建立专职巡视机构，在一届任期内对所管理的地方、部门、企事业单位党组织全面巡视。"

二、巡视和巡察的机构和职责

巡视和巡察是加强党的建设的重要举措，是全面从严治党、维护党纪的重要手段。巡视制度指中央和省、自治区、直辖市党委，通过建立专门巡视机构，按照有关规定对下级党组织领导班子及其成员进行监督的制度，而巡察则是以党的市（地、州、盟）和县（市、区、旗）委员会为监督主体。

（一）中央和国家机关巡视

中央和国家机关是党和国家治理体系的中枢，权力集中、地位重要，既是党的路线方针政策的"第一执行者"，又是各个领域、系统的领导者，理应在增强"四个意识"上作表率，发挥党的领导核心作用，落实管党治党责任，密切联系实际，把党的路线方针政策贯彻到本领域、落实在具体工作中，以实际行动维护党中央权威和集中统一领导。

为推动全面从严治党向纵深发展，党的十八届六中全会审议通过的《党内监督条例》对中央和国家机关部门党组（党委）开展巡视工作作出了原则性规定。为落实中央决策部署，《巡视工作条例》进一步提出具体要求，规定"中央有关部委、中央国家机关部门党组（党委）可以实行巡视制度，设立巡视机构，对所管理的党组织进行巡视监督"，强调"中央巡视工作领导小组应当加强对省、自治区、直辖市党委，中央有关部委，中央国家机关部门党组（党委）巡视工作的领导"。

中央和国家机关党组（党委）要把巡视作为履行全面从严治党主体责任的重要抓手，加强组织领导，健全巡视工作机构，完善巡视工作规则，规范巡视工作流程。党组（党委）书记要认真履行第一责任人职责，及时听取巡视报告，研究决定巡视成果运用，党组（党委）书记听取巡视汇报时的会议材料要报中央巡视工作领导小组备案。党组（党委）要强化政治担当，紧密结合实际贯彻党的理论和路线方针政策、中央重大决策部署。坚持政治巡视定位，正确把握政治与业务的关系，着力发现和推动解决党的领导弱化，党的建设缺失，党的观念淡漠，党的纪律松弛，“两个责任”虚化，管党治党宽松软等问题，坚决防止“灯下黑”。①

（二）市县巡察

建立市县党委巡察制度，是强化党内监督、完善巡视格局的需要，有利于推进全面从严治党向基层延伸。党的十八大以来，中央对探索市县巡察，完善巡视工作网络格局多次进行部署，党的十八届六中全会对建立巡察制度作出原则性规定。《巡视工作条例》认真落实党的十八届六中全会精神，系统总结巡察工作实践经验，要求“党的市（地、州、盟）和县（市、区、旗）委员会建立巡察制度，设立巡察机构，对所管理的党组织进行巡察监督”，同时规定“开展巡视巡察工作的党组织承担巡视巡察工作的主体责任”。

省、自治区、直辖市党委要加强对市县巡察工作的领导，建立健全巡视巡察联动机制，做到一体谋划、一体部署、一体推进。市县党委要认真履行巡察工作主体责任，成立巡察工作领导小组，设立巡察工作领导小组办公室和巡察组，定期研究工作，解决实际问题，在机构、人员、经费等方面提供保障。坚持政治巡察定位，结合基层特点，着力发现损害群众切身利益、脱离群众以及“雁过拔毛”“小官巨贪”“乡匪村霸”等腐败问题和不正之风，推动全面从严治党向基层延伸，促进巡视监督向纵深发展，加强基层党组织建设，净化基层政治生态，密切党群干群关系，厚植党执政的政治基础。②

---

① 《坚定不移深化政治巡视 推动全面从严治党向纵深发展——中央纪委秘书长、中央巡视工作领导小组成员杨晓超就学习贯彻新修改的〈中国共产党巡视工作条例〉答记者问》，载共产党员网，https://news.12371.cn/2017/07/15/ARTI1500071221738631.shtml。

② 《坚定不移深化政治巡视 推动全面从严治党向纵深发展——中央纪委秘书长、中央巡视工作领导小组成员杨晓超就学习贯彻新修改的〈中国共产党巡视工作条例〉答记者问》，载共产党员网，https://news.12371.cn/2017/07/15/ARTI1500071221738631.shtml。

三、巡视工作的人员条件

根据《巡视工作条例》规定，巡视工作人员应当具备下列条件：（1）理想信念坚定，对党忠诚，在思想上、政治上、行动上同党中央保持高度一致；（2）坚持原则，敢于担当，依法办事，公道正派，清正廉洁；（3）遵守党的纪律，严守党的秘密；（4）熟悉党务工作和相关政策法规，具有较强的发现问题、沟通协调、文字综合等能力；（5）身体健康，能胜任工作要求。

各级党组织、巡视机构在巡视工作人员选配和任务安排时，要严格实行任职回避、地域回避、公务回避。

任职回避就是巡视工作人员和与本人有夫妻关系、直系血亲关系、三代以内旁系血亲关系以及近姻亲关系的利害关系人员，不得在同一机关或同一巡视组担任双方直接隶属于同一领导人员的职务或者直接上下级领导关系的职务。

地域回避就是巡视工作人员不得在曾经长期工作、生活的地域或单位开展监督检查。这个制度有利于巡视工作人员在执行公务时不受各种因素的干扰，摆脱复杂的亲情和人际关系。

公务回避就是工作人员在履行监督检查职责时，如果涉及本人、与本人有夫妻关系、直系血亲关系、三代以内旁系血亲关系、近姻亲关系人员的利害关系以及其他可能影响公正执行公务的情形，必须回避，并不得以任何方式进行干预或施加影响。

四、巡视范围和内容

巡视组对巡视对象执行党章和其他党内法规，遵守党的纪律，落实全面从严治党主体责任和监督责任等情况进行监督，着力发现党的领导弱化、党的建设缺失、全面从严治党不力，党的观念淡漠、组织涣散、纪律松弛，管党治党宽松软问题。

（一）巡视对象和范围

根据《巡视工作条例》规定，中央巡视组的巡视对象和范围是：

（1）省、自治区、直辖市党委和人大常委会、政府、政协党组领导班子及其成员，省、自治区、直辖市高级人民法院、人民检察院党组主要负责人，副省级城市党委和人大常委会、政府、政协党组主要负责人；

（2）中央部委领导班子及其成员，中央国家机关部委、人民团体党组（党委）领导班子及其成员；

（3）中央管理的国有重要骨干企业、金融企业、事业单位党委（党组）领导班子及其成员；

（4）中央要求巡视的其他单位的党组织领导班子及其成员。

省、自治区、直辖市党委巡视组的巡视对象和范围是：

（1）市（地、州、盟）、县（市、区、旗）党委和人大常委会、政府、政协党组领导班子及其成员，市（地、州、盟）中级人民法院、人民检察院和县（市、区、旗）人民法院、人民检察院党组主要负责人；

（2）省、自治区、直辖市党委工作部门领导班子及其成员，政府部门、人民团体党组（党委、党工委）领导班子及其成员；

（3）省、自治区、直辖市管理的国有企业、事业单位党委（党组）领导班子及其成员；

（4）省、自治区、直辖市党委要求巡视的其他单位的党组织领导班子及其成员。

（二）巡视监督重点

党的十八届六中全会对全面从严治党进行再动员、再部署。全会修订后的《党内监督条例》第十五条对巡视监督内容进行了新的梳理和归纳，修改补充了相关内容。一是将原条例中的对“落实党风廉政建设主体责任和监督责任等情况进行监督”修改为对“落实全面从严治党主体责任和监督责任等情况进行监督”。二是明确规定巡视工作要“着力发现党的领导弱化、党的建设缺失、全面从严治党不力，党的观念淡漠、组织涣散、纪律松弛，管党治党管松软问题”。三是结合巡视实践中发现的突出问题，在第一项“违反政治纪律和政治规矩”问题中，增加“结党营私、团团伙伙、拉帮结派，以及落实意识形态工作责任制不到位”；在第三项“违反组织纪律”问题中，增加“任人唯亲、跑官要官”；在第四项“违反群众纪律、工作纪律、生活纪律”问题中，增加“落实中央八项规定精神不力”。这样修改后，既保持了相对稳定，又进一步突出了巡视监督政治作用，更加具有指导性、针对性和操作性。

五、巡视方式和权限

巡视工作形势任务的发展变化，必然要求工作方式的改进创新。《巡视工作条例》从有利于发现问题、形成震慑出发，将党的十八大以来一些行之有效的创新做法充实进来，增加了“抽查核实领导干部报告个人有关事项的情况”“向有关知情人询问情况”“开展专项检查”等方式，对原《巡视工作条例》规定的受理信访、到有关地方（单位）或者部门了解情况、提请有关单位协助等三种方式进行了修改，并增加了“派出巡视组的党组织批准的其他方式”这一授权性条款，这些规定进一步拓宽了巡视发现问题的途径。需要特别指出的是，工作方式的改进，为巡视发现问题提供了有力武器，同时也意味着赋予了巡视工作更大的权限，严格依纪依规开展巡视就显得更为重要了。为此，《巡视工作条例》规定“巡视组依靠被巡视党组织开展工作，不干预被巡视地区（单位）的正常工作，不履行执纪审查的职责”，“严格执行请示报告制度，对巡视工作中的重要情况和重大问题及时向巡视工作领导小组请示报告”，并将“工作中超越权限，造成不良后果”列为对巡视工作人员责任追究的情形。

（一）听取被巡视党组织的工作汇报和有关部门的专题汇报

听取汇报是巡视组开展工作的重要环节，也是全面了解被巡视地区（单位）情况的重要手段。听取汇报前，巡视组要与被巡视党组织进行沟通，提出明确要求，督促其认真准备汇报材料。被巡视党组织要提高政治站位，突出坚持党的领导这个根本，深挖政治觉悟、政治责任、政治担当方面的问题根源，把材料准备的过程作为自我检查的过程，对存在的问题要见人见事、不遮不掩。要立足责任落实，从全面履职的角度如实介绍情况，突出落实全面从严治党主体责任，查找存在的突出问题，分析产生问题的主要原因，提出解决问题的措施和办法。汇报材料要坚持问题导向，重点汇报存在的突出问题，一般来说问题部分的篇幅不应低于汇报稿总篇幅的40%。要防止把巡视汇报材料写成工作总结或经验介绍。

被巡视党组织的工作汇报时间，一般在巡视工作动员会后进行，由被巡视党组织主要负责同志作汇报，党组织领导班子成员参加。也可根据被巡视党组织的实际情况，灵活安排时间。纪检监察机关的专题汇报和组织人事部门的专题汇报时间都可按此原则把握。

（二）与被巡视党组织领导班子成员和其他干部群众进行个别谈话

个别谈话是巡视组了解情况基本、有效的工作方式，贯穿于巡视工作的全过程。掌握谈话技巧，用好谈话成果也是巡视工作人员的基本功。通过个别谈话，可以广泛深入地接触被巡视地区（单位）各个层面的干部和群众，了解和掌握最鲜活最真实的情况，发现深层次的问题，必须高度重视。

巡视谈话的目的主要是通过谈话发现问题，应区别于谈心谈话、任职谈话等。一般情况下，巡视谈话要突出“四性”，即政治性、政策性、纪律性、策略性。要提高政治站位，善于从政治的高度发现问题、分析问题。要体现政策性，无论是提问，还是分析，都要有政策依据。要有纪律意识，哪些该谈哪些不该谈，要把握好。谈话时既要严肃认真，又要以理服人，针对谈话对象的具体情况，采取有针对性的谈话策略，加强引导、控制节奏、突出重点。

巡视组要及时整理谈话记录，确保谈话记录准确、真实、完整。要加强对谈话记录的研究分析和判断，见微知著，捕捉有用的关键信息，并对获得的信息互相印证，去伪存真，去粗取精。最后要及时汇总归纳个别谈话情况，形成谈话综合报告。

（三）抽查核实领导干部报告个人有关事项

抽查核实领导干部报告个人有关事项情况是巡视发现问题的有效方式。

中央巡视组从2013年十八届中央第一轮巡视开始，探索对被巡视党组织部分领导班子成员报告个人有关事项情况进行抽查核实，就发现了一些领导干部不如实报告个人有关事项以及涉嫌违纪违法的问题线索。抽查核实领导干部报告个人有关事项情况政策性很强，必须严格程序、严格标准、严格纪律。实际工作中，要注意把握以下几点：[①]

一是要慎重确定抽查对象。抽查不能是大撒网，不能搞普查，原则上只抽查有问题反映的被巡视地区（单位）的领导班子成员（含在职、调出和离退休干部），根据工作需要可以延伸到下一级党组织领导班子主要负责人及个别其他领导干部。

二是要明确确定抽查项目。包括房产、股票、基金、投资型保险，经商办企业，持有护照情况，因私出国（境）以及配偶、子女移居国（境）外情况等。

三是要严格执行工作程序。巡视组在认真研究的基础上提出抽查对象名单，经巡视办报巡视工作领导小组主要领导同志批准后，转组织（人事）部门组织抽查。组织（人事）部门及时协调有关部门进行核查并反馈结果。巡视组对抽查核实结果应当及时研究，提出处理意见。对抽查发现涉嫌违纪违法的问题，要写入问题线索报告，并在巡视报告中反映。需要强调的是，对有关抽查的情况要注意保密，从被抽查的人员到抽查的结果，都要严格保密。

（四）向有关知情人询问情况

询问知情人也是巡视工作中发现问题常用的一种方法。一般情况下，知情人是指某一事件的直接参与者、见证者或者是密切关系人。这里所说的知情人主要是与巡视对象及深入了解的问题相关的现在正被采取留置审查措施人员和在押犯罪嫌疑人、被告人、服刑人员或者被行政拘留、采取限制人身

---

① 参见《〈中国共产党巡视工作条例〉释义》，载中央纪委国家监委网站，https://www.ccdi.gov.cn/djfg/fgsy/201607/t20160714_114390.html。

自由的行政强制措施、司法拘留人员。因为这些人都在控制之中，他们如果能够反映掌握的情况，一般可信度和可查性都比较高，是巡视组了解真实情况、发现重大问题的重要来源。党的十八大以来巡视工作的实践就充分证明了这一点。几年来，各中央巡视组在巡视省（自治区、直辖市）和中央国家机关以及中管企业、高校时，注意运用向知情人询问了解情况这一方法，获取了大量可信度和可查性较高的问题线索，提高了发现问题的精准度。

六、巡视成果运用

巡视成果运用事关巡视制度的严肃性和生命力。《巡视工作条例》按照中央要求，总结实践经验，对成果运用要求更严格、规定更具体：

一是明确派出巡视组的党组织职责。规定“派出巡视组的党组织应当及时听取巡视工作领导小组有关情况汇报，研究并决定巡视成果的运用”。

二是实行巡视情况“双反馈”。明确“经派出巡视组的党组织同意后，巡视组应当及时向被巡视党组织领导班子及其主要负责人分别反馈相关巡视情况，指出问题，有针对性地提出整改意见”。

三是规定整改情况“双报告”。要求“被巡视党组织收到巡视组反馈意见后，应当认真整改落实，并于 2 个月内将整改情况报告和主要负责人组织落实情况报告，报送巡视工作领导小组办公室”。

四是赋予巡视机构督办职责。强调“巡视工作领导小组办公室应当会同巡视组采取适当方式，了解和督促被巡视地区（单位）整改落实工作并向巡视工作领导小组报告”。

五是强化党员、干部和群众监督。提出“巡视进驻、反馈、整改等情况，应当以适当方式公开，接受党员、干部和人民群众监督”。

第四节　中国共产党党内问责制度

2016 年 7 月发布的《中国共产党问责条例》为党的问责工作提供了制

度遵循，成为管党治党的利器，形成了失责必问、问责必严的良好氛围。该条例实施后，在实践中积累了许多新经验，也存在一些新情况和新问题。为激励督促各级党组织、党的领导干部不忘初心、牢记使命，在党的建设和党的各项事业中认真履职、主动担当，党中央于 2019 年 9 月颁布实施修订后的《中国共产党问责条例》（本节简称《问责条例》）。

2019 年修订颁布的《问责条例》共 27 条，坚持目标指引和问题导向，深入贯彻落实党的十九大精神，鲜明强调要增强“四个意识”、树立“四个自信”、做到“两个维护”；明确问责职责、细化问责情形，进一步压实管党治党政治责任；增加问责程序，强化规范问责、精准问责；保护干部积极性，激发干事创业精气神。《问责条例》的贯彻实施，必将为新时代中国特色社会主义事业发挥重要的保障作用。①

一、问责工作基本原则

问责是管党治党的制度利器，必须牢牢把握住基本原则。2019 年修订的《问责条例》在坚持“依规依纪、实事求是”“失责必问、问责必严”“惩前毖后、治病救人”原则的同时，新增了三条原则。其中，新增的“权责一致、错责相当”“集体决定、分清责任”原则，目的在于坚持问题导向，解决问责泛化简单化等问题。新增的“严管和厚爱结合、激励和约束并重”，意义在于既强化责任担当，又注意保护干部干事创业的积极性。

（一）依规依纪、实事求是

依规治党，必然要求依规依纪开展问责。党章是党的根本大法，问责工作必须以党章为根本遵循。《问责条例》是对党章规定的细化延伸，是对党内其他问责规定的归纳提炼，是问责工作的基础性法规。党内法规中对有关

① 《以严肃规范问责推动党的十九大战略部署贯彻落实——中央纪委国家监委法规室主任权威解读修订后的〈中国共产党问责条例〉》，载共产党员网，https://www.12371.cn/2019/09/09/VIDE1567992720311399.shtml。

处置措施已有明确规定的，如申诉方式、问责影响期等，《问责条例》未作重复，在实践中仍然依照这些法规执行。党的问责工作是严肃的政治任务，实事求是是党的问责工作一贯坚持的原则。要坚持求真务实，是哪一级责任就追究到哪一级，该采取什么问责方式就采取什么方式，不应当问责的就决不能追究责任，做到宽严适度、不枉不纵。①

（二）失责必问、问责必严

2015 年 6 月 26 日，习近平总书记在十八届中央政治局第二十四次集体学习时的讲话中明确提出“坚持有责必问、问责必严”。《问责条例》落实总书记讲话精神，将“失责必问、问责必严”作为一条重要原则明确下来，是对全面从严治党要求的细化具体化，体现了我们党强化责任追究的坚定意志。在问责工作中，必须始终坚持“失责必问、问责必严”，把该打的板子狠狠打下去，不搞下不为例、网开一面，不能大事化小、小事化了，使问责的利剑生锈，形成“破窗效应”。

（三）权责一致、错责相当；集体决定、分清责任

纠正实践中出现的问责泛化、简单化问题，是 2019 年修订《问责条例》的一个重点。《问责条例》进一步明确了问责对象是党组织、党的领导干部，重点是党委（党组）、党的工作机关及其领导成员，纪委、纪委派驻（派出）机构及其领导成员；对于党组织领导班子、领导班子主要负责人和直接主管的班子成员、参与决策和工作的班子成员的责任作了进一步划分；要求党组织和党的领导干部坚持把自己摆进去、把职责摆进去、把工作摆进去，注重从自身找问题、查原因，勇于担当、敢于负责，不得向下级党组织和干部推卸责任。需要说明的是，问责问的是失职失责的党组织和领导干部，与追究直接责任不同。实践中，有的地方把追究干部直接责任作为问责报道，经社

---

① 《把握好问责三个关键》，载中央纪委国家监委网站，https://www.ccdi.gov.cn/lswh/lilun/201907/t20190723_197617.html。

会传播开来，在一定程度上也造成问责泛化简单化的印象。[①]

（四）严管和厚爱结合、激励和约束并重

《问责条例》既强化责任担当，又注意保护干部干事创业的积极性。一方面，明确坚持"失责必问、问责必严"，并将"该问责不问责，造成严重后果的"也列入要问责的情形，重申对失职失责性质恶劣、后果严重的，实行终身问责。另一方面，落实党中央提出的"三个区分开来"的要求，精准把握政策，区分不同情况，作出恰当处理。对于在推进改革中因缺乏经验、先行先试出现的失误，尚无明确限制的探索性试验中的失误，为推动发展的无意过失等情形可以不予问责或者免予问责；对于及时采取补救措施，有效挽回损失或者消除不良影响等情形可以从轻或者减轻问责；对党中央、上级党组织三令五申的指示要求不执行或者执行不力等情形，则规定应当从重或者加重问责。[②]

（五）惩前毖后、治病救人

习近平总书记在第十八届中央纪委六次全会讲话中指出："惩前毖后、治病救人是我们党的一贯方针，也是我们党加强自身建设的历史经验。日常工作中发现了问题就要真管真严。惩治，治是根本，惩是为了治。"在问责工作中，要贯彻惩前毖后、治病救人方针，通过强化问责，使干部真正扛起责任，不犯或少犯错误特别是严重错误，这才是党组织对党员、干部最大的关心和爱护。

① 《以严肃规范问责推动党的十九大战略部署贯彻落实——中央纪委国家监委法规室主任权威解读修订后的〈中国共产党问责条例〉》，载共产党员网，https://www.12371.cn/2019/09/09/VIDE1567992720311399.sht。

② 《以严肃规范问责推动党的十九大战略部署贯彻落实——中央纪委国家监委法规室主任权威解读修订后的〈中国共产党问责条例〉》，载共产党员网，https://www.12371.cn/2019/09/09/VIDE1567992720311399.sht。

二、问责主体和对象

对“谁来问责”，即问责主体方面，《问责条例》对开展问责工作的三类主体的职责规定得更加明确具体：党委（党组）应当履行全面从严治党主体责任，加强对本地区本部门本单位问责工作的领导；纪委应当履行监督专责，协助同级党委开展问责工作；党的工作机关应当依据职能履行监督职责，实施本机关本系统本领域的问责工作。同时，为强化上级党组织对问责工作的领导和监督，《问责条例》明确了纪委、党的工作机关启动问责调查、作出问责决定等有关事项应当报经同级党委或者其主要负责人批准的情形，并明确规定：“应当启动问责调查未及时启动的，上级党组织应当责令有管理权限的党组织启动。根据问题性质或者工作需要，上级党组织可以直接启动问责调查，也可以指定其他党组织启动。”这些规定旨在进一步压实管党治党政治责任，把制度的刚性立起来，督促各级党组织和党的领导干部强化政治担当、积极主动作为。

问责工作必须聚焦关键，抓住重点，体现有权必有责、有责要担当、失责要追究。因此，《问责条例》第五条规定，问责对象是党组织、党的领导干部，重点是党委（党组）、党的工作机关及其领导成员，纪委、纪委派驻（派出）机构及其领导成员。对党组织问责的，应当同时对该党组织中负有责任的领导班子成员进行问责。例如，党风廉政建设出了问题，党委的主体责任不可推卸，纪委的监督责任也难辞其咎。

三、问责情形和方式

2019 年修订的《问责条例》落实党中央新要求，吸收实践新经验，进一步丰富细化问责情形，提出更高更严的标准，将原有的六大类问责情形修改为十一大类，可以归纳为三个方面：

一是围绕新时代党的建设总要求，将 2016 年《问责条例》中党的建设缺失情形进行拓展，对维护党的纪律不力等情形进行细化，具体明确为党的政治建设抓得不实、党的思想建设缺失、党的组织建设薄弱、党的作风建设松懈、党的纪律建设抓得不严以及推进党风廉政建设和反腐败斗争不坚决不扎实等问责情形。

二是落实以人民为中心的要求，增加了履行管理监督职责不力，在涉及人民群众最关心最直接最现实的利益问题上不作为、乱作为、慢作为、假作为等问责情形。

三是对原有的党的领导弱化、全面从严治党主体责任监督责任落实不到位等问责情形，也根据形势任务和实践发展进行了修改完善。[①]

2019 年修订的《问责条例》分别对党组织和党的领导干部规定了不同的问责方式，更具有针对性。

对党组织的问责，根据危害程度以及具体情况，可以采取以下方式：（1）检查。责令作出书面检查并切实整改。（2）通报。责令整改，并在一定范围内通报。（3）改组。对失职失责，严重违犯党的纪律、本身又不能纠正的，应当予以改组。

对党的领导干部的问责，根据危害程度以及具体情况，可以采取以下方式：（1）通报。进行严肃批评，责令作出书面检查、切实整改，并在一定范围内通报。（2）诫勉。以谈话或者书面方式进行诫勉。（3）组织调整或者组织处理。对失职失责、危害较重，不适宜担任现职的，应当根据情况采取停职检查、调整职务、责令辞职、免职、降职等措施。（4）纪律处分。对失职失责、危害严重，应当给予纪律处分的，依照《中国共产党纪律处分条例》追究纪律责任。上述问责方式，可以单独使用，也可以依据规定合并使用。问责方式是有影响期的，按照有关规定执行。

四、问责程序和监督

问责程序关系到问责工作的规范化、制度化，《问责条例》在总结实践经验的基础上，就问责程序作出了规定，把问责权力关进制度笼子，实现精

① 《以严肃规范问责推动党的十九大战略部署贯彻落实——中央纪委国家监委法规室主任权威解读修订后的〈中国共产党问责条例〉》，载共产党员网，https://www.12371.cn/2019/09/09/VIDE1567992720311399.sht。

准科学问责。为纠正实践中出现的问责泛化、简单化问题，《问责条例》还专门增加了问责监督的规定。

（一）问责程序

《问责条例》第九条至第十五条，对问责程序进行了全面规范，为开展问责工作提供了“操作指南”。这也是新修订的《问责条例》中增加条数和内容最多的部分，目的是着眼规范问责、精准问责，把问责的权力关进制度的笼子。归纳起来，实施问责要走六步程序：

一是启动问责调查程序。《问责条例》第九条规定：要启动问责调查，须得“经有管理权限的党委（党组）、纪委、党的工作机关负责人审批”方可。其中，纪委、党委的工作机关对同级党委直接领导的党组织及其主要负责人启动问责调查，应当报同级党委主要负责人批准。上级党组织也可以责令有管理权限的党组织启动问责调查，或者直接启动调查、指定其他党组织调查。

二是成立调查组，查明问题。党的问责工作是严肃的，容不得半点马虎，既要严格问责，也要慎重问责。因此《问责条例》第十条要求，要成立调查组，防止问责不力或者问责泛化、简单化。

三是查明问题后，撰写事实材料。调查组应当与调查对象见面，听取其陈述和申辩，并记录在案；对合理意见，应当予以采纳。调查对象应当在事实材料上签署意见。

四是形成调查报告。调查工作结束后，调查组应当集体讨论，形成调查报告，列明调查对象基本情况、调查依据、调查过程、问责事实、调查对象的态度、认识及其申辩，处理意见以及依据，由调查组组长以及有关人员签名后，履行审批手续。此项要求也呼应《问责条例》第二十一条第二款之规定，对滥用问责，或者在问责工作中严重不负责任的，要严肃追究责任。

五是作出问责决定。《问责条例》第十二条规定，问责决定应当由有管理权限的党组织作出。

六是督促执行。问责不是摆设，要落到实处，才能真正起到“动员千遍不如问责一遍”的效果。因此，《问责条例》第十三条规定，“问责决定作出后，应当及时向被问责党组织、被问责领导干部及其所在的党组织宣布并督促执行”。有关问责情况还要及时向纪委和组织部门通报，并归入档案。

以上六步问责程序，既不能少，也不能乱了次序。这些规定，强化了上级党组织对问责工作的领导和监督，有利于做到严肃问责、规范问责、精准问责、慎重问责，真正起到问责一个、警醒一片的作用。

（二）问责监督

《问责条例》建立了对不当问责的纠正机制。一是明确了问责对象申诉的权利及程序。《问责条例》第二十条规定，问责对象对问责决定不服的，可以自收到问责决定之日起 1 个月内，向作出问责决定的党组织提出书面申诉。作出问责决定的党组织接到书面申诉后，应当在 1 个月内作出申诉处理决定，并以书面形式告知提出申诉的党组织、领导干部及其所在党组织。二是对不应当问责、不精准问责的，及时予以纠正。三是对滥用问责，或者在问责工作中严重不负责任的，要严肃追责。因此，执纪问责应当遵循实事求是的基本原则和有错必纠的法治思维，不断提高规范化、制度化、法治化水平，防止陷入简单化境地。

第五节　中国共产党纪律处分制度

中国共产党是靠革命理想和铁的纪律组织起来的马克思主义政党，纪律严明是我们党的光荣传统和独特优势。党的十八大以来，党中央深入推进全面从严治党，把严明党的纪律作为重要任务，严肃查处有令不行、有禁不止的行为，坚决维护党中央权威和集中统一领导，让纪律真正成为带电的“高压线”。党的二十大提出，坚持以严的基调强化正风肃纪，全面加强党的纪律建设，凸显了党的纪律和纪律建设在管党治党、正风反腐中的重要地位和作用，标志着党对坚持党要管党、全面从严治党的认识达到了一个新境界。

一、纪律处分基本原则

实施纪律处分的基本原则，是指在实施纪律处分的活动中，党的组织和党的纪律检查机关及其工作人员应当严格遵循的行为准则。根据党的建设和党的纪律检查工作的实践，《中国共产党纪律处分条例》（以下简称《纪律处分条例》）在第一章第四条规定了党的纪律处分工作应当坚持五个原则，即党要管党、全面从严治党，坚持党纪面前一律平等，坚持实事求是，坚持民主集中制，坚持惩前毖后、治病救人。

（一）党要管党、全面从严治党原则

《纪律处分条例》第四条第一项规定："……加强对党的各级组织和全体党员的教育、管理和监督，把纪律挺在前面，注重抓早抓小、防微杜渐。"无数案例表明，领导干部往往是从破坏规矩、违反纪律开始，进而违法甚至犯罪。那么，抓早抓小应坚持怎样的尺度呢？

抓早抓小是否意味着一律要给予党纪处分①

9月9日，某县中学12名高中二年级班主任（均为中共党员）在学校教师节放假后，到县商业街某饭店聚餐且饮酒，其间共花费750元，采取AA制付费，每人付60余元。该县纪委认为，9月9日为工作日，虽然因教师节该校教师已经放假，但该时间段绝大多数机关单位仍在上班，且该县明确规定，工作日期间全体机关事业单位中午禁止饮酒，教师也属于事业单位人员。县纪委认为，教师的行为违反了中央八项规定精神，应当给予相应的党纪处分，并将该事在全县范围进行通报，抓早抓小，起到预防警示作用。本案的焦点是12名高中教师的行为是否违反了党的纪律，是否应当给予党纪处分？

① 参见王希鹏编著：《〈中国共产党纪律处分条例〉案例教程》（第二版），中国方正出版社2019年版，第8页。

"把纪律挺在前面，注重抓早抓小"作为全面从严治党和惩治腐败的治本之策，把它写入条例，体现了深入推进党风廉政建设和反腐败斗争的基本要求，也强调在执纪过程中要注重抓早抓小。但是，"抓早抓小"决不意味着对干部所有的小错小节，甚至尚不构成违纪情节的行为都要进行处分。对于党员尚不构成违纪的行为，应当及时开展批评和自我批评、约谈函询，"红红脸、出出汗"，不需要纪律处分。但如果确实构成违纪，则应当根据党章党规党纪给予党纪处分。

本案中12名教师在教师节放假期间，采取AA制付费，非公款吃喝；人均消费60余元，符合当地正常的消费水平，非铺张浪费。上述行为并不违反党的纪律。县纪委认为，该时间段绝大多数机关单位仍在上班，教师中午饮酒影响不好，可以按照监督执纪"四种形态"的要求，红脸出汗、咬耳扯袖，提醒教育。《党内监督条例》第二十一条规定，"发现领导干部有思想、作风、纪律等方面苗头性、倾向性问题的，有关党组织负责人应当及时对其提醒谈话"。我们强调要严格执行《纪律处分条例》，但绝不能滥用纪律处分，这样会损害党纪的严肃性。

（二）党纪面前一律平等原则

《纪律处分条例》第四条第二项规定："……对违犯党纪的党组织和党员必须严肃、公正执行纪律，党内不允许有任何不受纪律约束的党组织和党员。"

（三）实事求是原则

《纪律处分条例》第四条第三项规定："……对党组织和党员违犯党纪的行为，应当以事实为依据，以党章、其他党内法规和国家法律法规为准绳，准确认定违纪性质，区别不同情况，恰当予以处理。"

（四）民主集中制原则

《纪律处分条例》第四条第四项规定："……实施党纪处分，应当按照规定程序经党组织集体讨论决定，不允许任何个人或者少数人擅自决定和批准。上级党组织对违犯党纪的党组织和党员作出的处理决定，下级党组织必须执行。”

（五）惩前毖后、治病救人原则

《纪律处分条例》第四条第五项规定：“……处理违犯党纪的党组织和党员，应当实行惩戒与教育相结合，做到宽严相济。”

二、违纪与纪律处分

违纪行为是指危害党、国家和人民利益，违犯党纪处分条规，应当受到党纪处分惩戒的行为。纪律处分是提高党员觉悟，增强纪律观念，维护党的纪律，纯洁党的组织，提高党的战斗力，保证党的路线、方针、政策顺利贯彻执行的重要手段。

（一）违纪行为

《纪律处分条例》第七条规定：“党组织和党员违反党章和其他党内法规，违反国家法律法规，违反党和国家政策，违反社会主义道德，危害党、国家和人民利益的行为，依照规定应当给予纪律处理或者处分的，都必须受到追究。”这是《纪律处分条例》对违纪的定义作出的科学概括。

违纪行为具有以下三个基本特征：（1）违纪行为必须是危害党、国家和人民利益的行为，即对党和社会具有一定危害的属性；（2）违纪行为必须是违犯党纪处分条规的行为，即具有违犯党的纪律规范的属性，凡是违反党章和其他党内法规，违反国家法律法规，违反党和国家政策，违反社会主义道德的行为，都属于违犯党纪处分条规的行为；（3）违纪行为还必须是依照党纪处分条规的规定，应当受到党纪处分惩戒的行为，即具有应受党纪处分惩戒的属性。

违纪行为的上述三个基本特征是紧密结合、不可分割的整体。其中，一定的危害性是违纪行为的本质特征，违规性和应受惩戒性都是从这一本质特征派生出来并由这一本质特征所决定的。行为不具有危害性，不构成违纪行为；行为具有危害性，但危害性没有达到违犯党纪处分条规和应当受到党纪处分惩戒的程度，也不构成违纪行为。因此，任何违纪行为都必须具备这三个基本特征，缺少其中任何一个基本特征，都不能构成违纪行为。①

（二）纪律处分及其种类

党的纪律处分，是指党的组织对于违犯党纪的党员，根据其错误性质和情节的轻重，按照党章党规党纪的有关规定作出的处罚。纪律处分是对违纪党员采取的必要的教育手段和组织手段。党章规定，坚持惩前毖后、治病救人，执纪必严、违纪必纠，抓早抓小、防微杜渐，按照错误性质和情节轻重，给以批评教育、责令检查、诫勉直至纪律处分。

《纪律处分条例》第八条规定，对党员的纪律处分种类有五种：警告；严重警告；撤销党内职务；留党察看；开除党籍。

1. 警告。党员受到警告处分一年内，不得在党内提升职务和向党外组织推荐担任高于其原任职务的党外职务。

2. 严重警告。党员受到严重警告处分一年半内，不得在党内提升职务和向党外组织推荐担任高于其原任职务的党外职务。

3. 撤销党内职务。撤销党内职务处分，是指撤销受处分党员由党内选举或者任命的党内职务。

4. 留党察看。留党察看处分，分为留党察看一年、留党察看二年。对于受到留党察看处分一年的党员，期满后仍不符合恢复党员权利条件的，应当延长一年留党察看期限。留党察看期限最长不得超过二年。

5. 开除党籍。党员受到开除党籍处分，五年内不得重新入党，也不得推荐担任与其原任职务相当或者高于其原任职务的党外职务。开除党籍是党内的最高处分。各级党组织在决定或者批准开除党员党籍的时候，应当全面研究有关的材料和意见，采取十分谨慎的态度。

---

① 本书编写组：《〈中国共产党纪律处分条例〉学习导读》，中国方正出版社2019年版，第14页。

在对党组织的纪律处理措施上，党章第四十四条规定："党组织如果在维护党的纪律方面失职，必须问责。对于严重违犯党的纪律、本身又不能纠正的党组织，上一级党的委员会在查明核实后，应根据情节严重的程度，作出进行改组或予以解散的决定，并报再上一级党的委员会审查批准，正式宣布执行。"《问责条例》第八条规定，对党组织履行职责不力、情节较轻的，应当责令其作出书面检查并切实整改；情节较重的，应当责令改正，并在一定范围内通报。《纪律处分条例》贯彻党章要求，不仅对严重违犯党纪的党组织的纪律处理作出规定，也对一般违犯党纪的党组织，明确处理方式，体现把纪律挺在前面，抓早抓小、防微杜渐的要求，与《问责条例》有效衔接，督促各级党组织担当起管党治党政治责任。对于严重违犯党的纪律、本身又不能纠正的党组织，上一级党的委员会在查明核实后，可根据情节严重程度，分两种情况处理：

1. 改组。对于受到改组处理的党组织领导机构成员，除应当受到撤销党内职务以上（含撤销党内职务）处分的外，均自然免职。

2. 解散。对于受到解散处理的党组织中的党员，应当逐个审查。其中，符合党员条件的，应当重新登记，并参加新的组织过党的生活；不符合党员条件的，应当对其进行教育、限期改正，经教育仍无转变的，予以劝退或者除名；有违纪行为的，依照规定予以追究。

三、纪律处分的运用规则

纪律处分是党组织或者纪检机关同党内各种违纪行为和腐败现象作斗争的重要手段。依法查处违纪行为，给予违纪党员必要的纪律处分，一个十分重要的问题是正确掌握政策，明确定性量纪标准，防止党纪处理中出现畸轻畸重，以维护党纪的严肃性。

（一）量纪及其情节

量纪，是指党组织在查清违法事实，准确认定违纪性质的基础上，依照《纪律处分条例》的规定衡量决定对违纪的党员和党组织是否给予纪律处分和处理，以及给予何种纪律处分和处理。对违纪行为量纪时，应当以事实为依据，以党章党规党纪为准绳，根据违纪行为的事实、性质、情节和危害程度，依照《纪律处分条例》的有关规定裁定。

量纪情节，是指除法定性情节外的，量纪时作为决定处分轻重或者免予处分的各种事实情况。以量纪情节是否具有《纪律处分条例》的明文规定为标准可划分为法定情节和酌定情节。法定情节是指《纪律处分条例》明文规定的量纪时必须考虑的情节。《纪律处分条例》总则规定的法定情节有五种：加重处分情节、从重处分情节、从轻处分情节、减轻处分情节、免予处分情节。酌定情节是指《纪律处分条例》未对其具体内容作出明确规定，根据条例精神和实际情况，在量纪时酌情予以考虑的情节。比如，违纪的时间、地点、动机、目的、对象、手段、后果，以及行为人的一贯表现和认错态度等。

（二）量纪情节的适用

1. 从轻、减轻处分情节的适用

从轻处分，是指在《纪律处分条例》中规定的违纪行为应当受到的处分幅度以内，给予较轻的处分。减轻处分，是指在《纪律处分条例》中规定的违纪行为应当受到的处分幅度以外，减轻一档给予处分。

《纪律处分条例》第十七条规定："有下列情形之一的，可以从轻或者减轻处分：（一）主动交代本人应当受到党纪处分的问题的；（二）在组织核实、立案审查过程中，能够配合核实审查工作，如实说明本人违纪违法事实的；（三）检举同案人或者其他人应当受到党纪处分或者法律追究的问题，经查证属实的；（四）主动挽回损失、消除不良影响或者有效阻止危害结果发生的；（五）主动上交违纪所得的；（六）有其他立功表现的。"

2. 从重、加重处分情节的适用

从重处分，是指在《纪律处分条例》中规定的违纪行为应当受到的处分幅度以内，给予较重的处分。加重处分，是指在《纪律处分条例》中规定的违纪行为应当受到的处分幅度以外，加重一档给予处分。根据《纪律处分条

例》的规定，绝大多数从重处分和加重处分的情节重叠，需要酌定选择。

《纪律处分条例》规定只能予以从重处分的情节有：

（1）《纪律处分条例》第二十五条规定：“二人以上（含二人）共同故意违纪的，对为首者，从重处分……”

（2）《纪律处分条例》第一百三十五条第二款规定：“利用职权、教养关系、从属关系或者其他相类似关系与他人发生性关系的，从重处分。”

《纪律处分条例》规定从重或加重处分的情节有：

（1）《纪律处分条例》第二十条规定：“有下列情形之一的，应当从重或者加重处分：（一）强迫、唆使他人违纪的；（二）拒不上交或者退赔违纪所得的；（三）违纪受处分后又因故意违纪应当受到党纪处分的；（四）违纪受到党纪处分后，又被发现其受处分前的违纪行为应当受到党纪处分的；（五）本条例另有规定的。”

（2）《纪律处分条例》第七十五条第二款规定：“搞有组织的拉票贿选，或者用公款拉票贿选的，从重或者加重处分。”

（3）《纪律处分条例》第七十九条第二款规定：“对批评人、检举人、控告人、证人及其他人员打击报复的，从重或者加重处分。”

（4）《纪律处分条例》第九十一条规定：“利用职权或者职务上的影响操办婚丧喜庆事宜，在社会上造成不良影响的，给予警告或者严重警告处分；情节严重的，给予撤销党内职务处分；借机敛财或者有其他侵犯国家、集体和人民利益行为的，从重或者加重处分，直至开除党籍。”

（5）《纪律处分条例》第一百一十二条第二款规定：“在扶贫领域有上述行为的，从重或者加重处分。”

（6）《纪律处分条例》第一百二十一条第二款规定：“贯彻创新、协调、绿色、开放、共享的发展理念不力，对职责范围内的问题失察失责，造成较大损失或者重大损失的，从重或者加重处分。”

（7）《纪律处分条例》第一百二十五条第二款规定：“在上级检查、视察工作或者向上级汇报、报告工作时纵容、唆使、暗示、强迫下级说假话、报假情的，从重或者加重处分。”

3. 免予处分情节的适用

免予处分，是指确认被审查人的行为已经构成违纪，本应给予党纪轻处分，但由于被审查人具有规定的从轻、减轻处分情节，经批评教育或者作出组织处理后，免予党纪处分并作出书面结论，不再给予被审查人处分。免予处分并不表示被审查人没有构成违纪，但是免予处分不是处分。免予处分应当作出书面结论，并下达免予处分决定书，存入被审查人档案。

免予处分包含以下内容：（1）免予处分的被审查人已构成违纪；（2）免予处分的被审查人违纪情节较轻，性质也不严重，按照规定只应给予较轻的纪律处分；（3）免予处分的被审查人具有从轻、减轻处分的情节；（4）对于免予处分的被审查人可以给予批评教育，或者组织处理。[①]

（三）量纪的制度

《纪律处分条例》第二十条、第二十三条、第二十四条、第三十八条规定了三项具体量纪制度：再犯从重处理制度、合并处理制度、主动交代从宽处理制度。

1. 再犯从重处理制度

《纪律处分条例》第二十条规定："有下列情形之一的，应当从重或者加重处分：……（三）违纪受处分后又因故意违纪应当受到党纪处分的；（四）违纪受到党纪处分后，又被发现其受处分前的违纪行为应当受到党纪处分的……"

2. 合并处理制度

（1）数错并罚。《纪律处分条例》第二十三条规定："一人有本条例规定的两种以上（含两种）应当受到党纪处分的违纪行为，应当合并处理，按其数种违纪行为中应当受到的最高处分加重一档给予处分；其中一种违纪行为应当受到开除党籍处分的，应当给予开除党籍处分。"对违纪党员所犯的两

① 王希鹏编著：《〈中国共产党纪律处分条例〉案例教程》（第二版），中国方正出版社2019年版，第35页。

种以上应当受到党纪处分的违纪行为，首先按照《纪律处分条例》的规定分别定性、量纪，然后按照合并处理的原则，决定应当执行的处分。

（2）想象竞合。《纪律处分条例》第二十四条第一款规定：“一个违纪行为同时触犯本条例两个以上（含两个）条款的，依照处分较重的条款定性处理。”想象竞合与实际的数种违纪行为的区别在于它只有一个行为，缺乏构成数种违纪行为的全部和完备的要件。

（3）法条竞合。《纪律处分条例》第二十四条第二款规定：“一个条款规定的违纪构成要件全部包含在另一个条款规定的违纪构成要件中，特别规定与一般规定不一致的，适用特别规定。”法条竞合的适用原则是特别规定与一般规定不一致的，适用特别规定。“一般规定”是指在一般场合普遍适用的规定，“特别规定”是指在一般规定的基础上附加特定条件，用以适用特定场合的规定。当一个行为既与一般规定又与特别规定的违纪构成相符合时，根据特别规定优于一般规定的原则，应适用特别规定，不适用一般规定。

3. 主动交代从宽处理制度

《纪律处分条例》第三十八条规定：“本条例所称主动交代，是指涉嫌违纪的党员在组织初核前向有关组织交代自己的问题，或者在初核和立案审查其问题期间交代组织未掌握的问题。”根据上述规定，主动交代有两种类型：一是涉嫌违纪的党员在组织初核前向有关组织交代自己的问题；二是涉嫌违纪的党员在初核和立案调查其问题期间交代组织未掌握的问题。前者可称为初核前主动交代，后者可称为初核后主动交代。根据《纪律处分条例》第十七条第一项规定，主动交代本人应当受到党纪处分的问题的，可以从轻或者减轻处分。

（四）共同违纪、集体违纪

1. 共同违纪

《纪律处分条例》第二十五条第一款规定：“二人以上（含二人）共同故意违纪的，对为首者，从重处分，本条例另有规定的除外；对其他成员，按照其在共同违纪中所起的作用和应负的责任，分别给予处分。”共同违纪是指两人以上共同故意违犯党的纪律的行为。《纪律处分条例》在对共同违纪的处分上，区分了为首者和其他成员，但在对为首者与其他成员的违纪行为定性都是一致的。

2. 集体违纪

《纪律处分条例》第二十六条规定：“党组织领导机构集体作出违犯党纪的决定或者实施其他违犯党纪的行为，对具有共同故意的成员，按共同违纪处理；对过失违纪的成员，按照各自在集体违纪中所起的作用和应负的责任分别给予处分。”集体违纪的主体是党组织的领导机构，即各级党组织的委员会、常务委员会、党组等。其违纪行为必须是党组织的领导机构按照正常决策程序共同作出和组织实施的。如果党组织领导机构中的个人假借领导机构名义作出违反党纪的决定，应当按照个人违纪处理，不应追究集体责任。

另外，集体违纪的主观方面既包括故意，也包括过失。对具有共同故意的成员，按共同违纪处理；对过失违纪的成员，按照各自在集体违纪中所起的作用和应负的责任分别给予处分。对于那些没有参与或持反对态度的，不能视为集体违纪人。关于共同违纪的认定及其与集体违纪的区分，以下案例具有重要的启示意义。

如何认定共同违纪以及行为人的党纪责任[①]

2018 年 10 月，某国有规划设计研究院党委副书记、院长颜某与纪委书记冯某经商议，决定在年底前公费宴请市国土资源局、市规划局等业务单位领导和相关人员，并赠送礼金。后颜某、冯某安排研究院后勤处党总支书记程某具体办理此事。

2018 年 11 月 18 日晚，在颜某和冯某的主持下，研究院和市国土资源局、市规划局相关领导共 20 人在该市某星级酒店参加晚宴。宴会共支出餐费人

---

① 王希鹏编著：《〈中国共产党纪律处分条例〉案例教程》（第二版），中国方正出版社 2019 年版，第 47 页。

民币 6427 元、香烟人民币 1200 元。晚宴结束后，每人均领取红包 2000 元，颜某、冯某、程某也分别领取了 2000 元红包。此次活动总计花费公款人民币 47627 元。事后，经颜某签字同意，程某将上述 47627 元予以报销。

共同违纪是指两人以上共同故意违犯党的纪律的行为。构成共同违纪，必须具备三个条件：一是在违纪主体上必须是两个或两个以上党员；二是在主观方面必须有共同的违纪故意；三是在客观方面必须有共同的违纪行为。本案中，颜某与冯某商议，决定用公款组织宴请、赠送礼金，并安排程某具体组织协调此事，颜某、冯某、程某三人构成共同违纪。其中，颜某作为研究院党委副书记、院长在共同违纪中起主要作用，应认定为为首者，从重处分；纪委书记冯某和后勤处党总支书记程某在整个违纪活动中起次要作用，承担的党纪责任应轻于颜某。

另外，本案不宜认定为集体违纪行为。集体违纪是指《纪律处分条例》第二十六条规定的"党组织领导机构集体作出违犯党纪的决定或者实施其他违犯党纪的行为"，而共同违纪是少数党员共同商议实施的行为。本案中的违纪行为是颜某、冯某、程某商议并具体实施的，而非领导机构集体作出的违纪决定或实施的违纪行为。

四、对违法犯罪党员的纪律处分

《纪律处分条例》按照纪严于法、纪法贯通的原则，区别不同情况，用专门条款分别作出了规定，以实现党纪与国法的有效衔接。

（一）纪法分开原则

"纪"与"法"是两个不同的概念。"纪"指的是党的纪律，是党组织和党员必须遵守的行为准则；"法"指的则是国家法律，体现的是国家意志，约束和规范的对象是全体公民和法人。两者虽然统一于依法治国大背景下，但只有坚持纪法分开，才能使党的纪律与国家法律既各司其职、分工协作，又配套联动、相得益彰。

2015 年和 2018 年两次修订《纪律处分条例》最为鲜明的特色，就是坚持纪严于法、纪在法前，实现纪法分开，这是党的十八大以来思想认识的一次飞跃，是管党治党的理念创新。2015 年修订的《纪律处分条例》坚持问题导向，做大纪法分开。凡是国家法律已有的内容，就不再重复规定，共去除 70 余条与《刑法》《治安管理处罚法》等法律法规重复的内容。但是，删除国法已有规定的内容，并不是说这些行为就不再是违纪，不再给予党纪处分。关于删除与国法重复的内容后，如何追究党员违法甚至犯罪行为的党纪责任，《纪律处分条例》第四章专门作出了规定。2018 年修订实施的《纪律处分条例》对第四章内容进一步予以丰富和完善。

需要注意的是，我们强调党纪严于国法、纪在法前，但决不允许用党纪代替国法。在处置各种违纪违法案件中，一定要坚持纪法分开，在对严重违纪违法的党员干部给予党纪处分、政务处分的同时，司法处理要随即跟进；对违法的党员干部给予司法处理的同时，党纪处分、政务处分也要及时跟进。

（二）纪律审查中发现党员有违法犯罪行为的处理

《纪律处分条例》第二十七条规定："党组织在纪律审查中发现党员有贪污贿赂、滥用职权、玩忽职守、权力寻租、利益输送、徇私舞弊、浪费国家资财等违反法律涉嫌犯罪行为的，应当给予撤销党内职务、留党察看或者开除党籍处分。"适用该条款时，应当注意党的纪律处分并不以司法审判为前提，只要党组织发现了党员存在涉嫌犯罪的行为，便可以对其进行相应的党纪处分。

另外，党员涉嫌犯罪的行为并不限于《纪律处分条例》第二十七条所列举的贪污贿赂、滥用职权、玩忽职守、权力寻租、利益输送、徇私舞弊、浪费国家资财，而是以我国刑法等刑事规则为标准，达到《刑法》规定的定罪量刑标准。认定涉嫌犯罪，应当依据《刑法》及其修正案、有关决议、决定、法律解释，以及最高人民法院、最高人民检察院发布的司法解释等，同时还可以参考最高人民法院、最高人民检察院发布的指导性案例。

对于纪律审查中发现尚未构成犯罪的违法行为，《纪律处分条例》第二十八条规定："党组织在纪律审查中发现党员有刑法规定的行为，虽不构成犯罪但须追究党纪责任的，或者有其他违法行为，损害党、国家和人民利益的，应当视具体情节给予警告直至开除党籍处分。"其中，"不构成犯罪"主要是指依照《刑法》第十三条等相关规定，情节显著轻微危害不大不认为是犯罪，或者尚未达到刑事案件立案追诉标准，不认为是犯罪等情形。

对于党组织在纪律审查中发现党员严重违纪涉嫌违法犯罪的，《纪律处分条例》第二十九条规定："党组织在纪律审查中发现党员严重违纪涉嫌违法犯罪的，原则上先作出党纪处分决定，并按照规定给予政务处分后，再移送有关国家机关依法处理。"该处置程序主要包括以下三点：

第一，原则上先作出党纪处分决定，并按照规定给予政务处分。这是党纪严于国法、把党的纪律挺在前面的具体要求。特殊情况下，如案情疑难、复杂，对事实证据、行为性质的认定把握困难或者有重大争议，难以作出党纪处分决定的，可待有关国家机关作出定性处理后，再给予相应党纪处分。[①]

第二，党员如果是行使公权力的公职人员，还应当由监察机关给予相应政务处分。根据有关规定，监察机关对公职人员中的中共党员给予政务处分，一般应当与党纪处分的轻重程度相匹配。

第三，移送有关国家机关依法处理。这里的"有关国家机关"范围十分广泛，如果涉嫌职务犯罪的，监察机关经调查认为犯罪事实清楚，证据确实、充分的，制作起诉意见书，连同案卷材料、证据一并移送人民检察院依法审查、提起公诉；如果涉嫌其他刑事犯罪，不属于监察机关管辖的，应当移送相应的国家司法机关，包括公安机关、检察院和法院；如果只是涉及行政违法，需要行政处分，则应当移送拥有相应处罚管辖权的行政机关。

（三）被依法留置、逮捕后党员权利的中止

中止党员权利，是指党组织对因涉嫌犯罪被司法机关依法逮捕的党员，

① 参见钟纪晟：《纪律审查中如何中止和恢复党员权利》，载《中国纪检监察》2016年第19期。

在不具备及时作出党纪处分决定的情况下，作出暂停其行使表决权、选举权和被选举权等党员权利的决定。《纪律处分条例》第三十条规定："党员被依法留置、逮捕的，党组织应当按照管理权限中止其表决权、选举权和被选举权等党员权利。根据监察机关、司法机关处理结果，可以恢复其党员权利的，应当及时予以恢复。"执纪审查过程应当注意，中止党员权利必须以党员被依法留置、逮捕为前提，主要适用于四种情况：[①]

一是司法机关查办的党员涉嫌犯罪案件，该党员被司法机关依法逮捕后，若不具备及时作出党纪处分决定的条件，则党组织应根据相关司法文书，决定中止其党员权利。

二是纪检监察机关查办的党员涉嫌职务违法和职务犯罪案件，该党员被依法留置后，若尚未作出党纪处分，则党组织应当根据监察机关的监察文书，决定中止其党员权利。

三是纪检监察机关在纪律审查中发现党员有职务犯罪之外的涉嫌犯罪行为，不属于监察机关管辖，一般应当按照纪法分开、纪在法前的原则，在移送司法机关前先行作出党纪处分；特殊情况下，如案情疑难复杂，对事实证据、行为性质的认定把握困难或者有重大争议，难以作出党纪处分决定的，可将该案件先行移送司法机关，并在该党员被司法机关依法逮捕后，由党组织决定中止其党员权利。

四是纪检监察机关在纪律审查中发现党员有职务犯罪之外的涉嫌犯罪行为，不属于监察机关管辖，根据《纪律处分条例》第二十七条的规定先行给予其撤销党内职务处分并将其移送司法机关后，该党员被司法机关依法逮捕的，党组织也应决定中止其党员权利。

（四）对犯罪党员的处理方式

《纪律处分条例》第三十二条规定："党员犯罪，有下列情形之一的，应当给予开除党籍处分：（一）因故意犯罪被依法判处刑法规定的主刑（含宣告

① 参见钟纪晟：《纪律审查中如何中止和恢复党员权利》，载《中国纪检监察》2016年第19期。

缓刑）的；（二）被单处或者附加剥夺政治权利的；（三）因过失犯罪，被依法判处三年以上（不含三年）有期徒刑的。因过失犯罪被判处三年以下（含三年）有期徒刑或者被判处管制、拘役的，一般应当开除党籍。对于个别可以不开除党籍的，应当对照处分党员批准权限的规定，报请再上一级党组织批准。”

本条款是对依法被司法机关以生效判决确定有罪的党员的纪律处分规定，也即犯罪党员的纪律处分。原则上党员如果被判处了主刑或被剥夺了政治权利，无论是过失犯罪还是故意犯罪，均应当给予开除党籍处分。但是为了体现宽严相济的处罚原则，第三十二条第二款为因过失犯罪被判处三年以下（含三年）有期徒刑或者被判处管制、拘役的党员设定了例外情况，经拥有处分批准权限的党组织和再上一级党组织批准，可以不开除党籍。

《纪律处分条例》第三十一条规定：“党员犯罪情节轻微，人民检察院依法作出不起诉决定的，或者人民法院依法作出有罪判决并免予刑事处罚的，应当给予撤销党内职务、留党察看或者开除党籍处分。党员犯罪，被单处罚金的，依照前款规定处理。”本条款规定了国家司法机关对违法党员作出酌定不起诉、定罪免刑判决、单处罚金决定或处罚后，党组织对党员的处理方式。酌定不起诉是指，犯罪嫌疑人的行为已经构成犯罪，应当负刑事责任，但由于犯罪行为情节轻微，依照《刑法》规定不需要判处刑罚或者免除刑罚的。定罪免刑判决是指，人民法院作出的确认被告人的行为构成犯罪，同时又给予被告人具有法定免除处罚情节而宣布对被告人免除刑事处罚的判决。这两类情形中党员有一个共同特点，即虽然被依法免予刑事处罚，但是其行为已经被宣布构成犯罪。单处罚金是刑罚中附加刑的一种，适用于犯罪情节较轻、适用单处罚金不致再危害社会的被告。

五、责任人员区分与决定执行

（一）违纪行为有关责任人员的区分

《纪律处分条例》第三十七条将违纪行为有关责任人员划分为直接责任

者、主要领导责任者、重要领导责任者。执纪实践中，如何准确区分违纪行为中的直接责任者、主要领导责任者、重要领导责任者并进行定性量纪，是一个重要的实践问题。

1. 直接责任者

直接责任者应当具备两个特征：一是不履行或者不正确履行其自身的职责，即在由其直接负责执行、承办或操作的某项工作中有不履行或者不正确履行职责的行为；二是对损失后果起决定性作用，即其不履行职责或者不正确履行职责的行为，是造成损失后果的决定性原因。[①]

2. 主要领导责任者

主要领导责任者应当具备两个特征：一是对直接主管的工作不履行或者不正确履行职责，“直接主管”是指虽不是直接负责执行、承办、操作某项工作，但按照领导干部的职责分工直接归属其领导、管理，其对具体负责承办的人员有一定的指挥、调动和决定部分事项的职权；二是损失后果虽不是由其行为决定，但根据领导干部的职责分工，在其履行领导、管理职责中存在失职行为，应当对损失后果负有直接领导责任。

3. 重要领导责任者

重要领导责任者应当具备两个特征：一是对应管的工作或者参与决定的工作不履行或者不正确履行职责。“应管的工作”是指虽非由其直接主管、直接负责领导的工作，但按照法定职责其对相关工作具有一定的决定、批准的权限，对其职责范围内的工作负总责，应全面履行职责的情况。二是对损失后果负次要领导责任。“参与决定”是指重要领导责任者在具体工作过程中，参与集体讨论决定的情况。

在量纪上，直接责任、主要领导责任、重要领导责任呈自重向轻的递减趋势。在同一件失职、渎职案件中，比较而言，对直接责任者量纪最重，主要领导责任者次之，重要领导责任者最轻。

① 周杰、薛长勋、岳永波：《如何区分党纪案件中的领导责任》，载《中国监察》2013年5月15日。

（二）党纪处分决定的执行

党纪处分决定的执行，是指党组织将已经生效的党纪处分决定付诸实施的活动。党纪处分决定的执行是党组织执纪审查的一个重要组成部分。党纪处分决定执行的时间是在党纪处分决定正式生效之后。

1. 党纪处分决定执行的主体

党纪处分决定执行的主体是有关党组织。根据党章和党内其他法规规定，党纪处分决定由受处分党员所在的党的基层组织执行。受撤销党内职务以上处分的党员的职务变更由有关党委的组织部门执行。

2. 党纪处分决定执行的手续和时限

《纪律处分条例》第四十一条规定："党纪处分决定作出后，应当在一个月内向受处分党员所在党的基层组织中的全体党员及其本人宣布，是领导班子成员的还应当向所在党组织领导班子宣布，并按照干部管理权限和组织关系将处分决定材料归入受处分者档案；对于受到撤销党内职务以上（含撤销党内职务）处分的，还应当在一个月内办理职务、工资、工作及其他有关待遇等相应变更手续；涉及撤销或者调整其党外职务的，应当建议党外组织及时撤销或者调整其党外职务。特殊情况下，经作出或者批准作出处分决定的组织批准，可以适当延长办理期限。办理期限最长不得超过六个月。"

3. 党纪处分决定执行的监督

《纪律处分条例》第四十二条规定："执行党纪处分决定的机关或者受处分党员所在单位，应当在六个月内将处分决定的执行情况向作出或者批准处分决定的机关报告。党员对所受党纪处分不服的，可以依照党章及有关规定提出申诉。"

六、党的六项纪律

2003 年颁布的《纪律处分条例》将违纪行为分为 10 类，其中有相当部分内容与法律重复，2015 年修订的《纪律处分条例》按照纪法分开的原则，删除了与法律重复的内容，结合党的纪律建设的理论和实践将违纪行为分为违反政治纪律、组织纪律、廉洁纪律、群众纪律、工作纪律和生活纪律行为6类。2018年8月修订颁布的《纪律处分条例》，对六项纪律作了进一步充实完善：①

政治纪律是党的各级组织和全体党员在政治方向、政治立场、政治言论和政治行为方面必须遵守的行为准则，是维护党的团结统一的根本保证。政治纪律是最重要、最根本的纪律，是打头、管总的纪律，遵守党的政治纪律是遵守党的全部纪律的重要基础。

组织纪律是规范和处理党的各级组织之间、党组织与党员之间以及党员与党员之间关系的行为规则，是维护党的集中统一、保持党的战斗力的重要保证。

廉洁纪律是党组织和党员在从事公务活动或者其他与行使职权有关的活动中应当遵守的廉洁用权的行为规则，是实现干部清正、政府清廉、政治清明的重要保障。

群众纪律是党组织和党员在贯彻执行党的群众路线和处理党群关系过程中必须遵循的行为规则。群众纪律是党的性质和宗旨的体现，是密切党与群众血肉联系的重要保证，更具有执政党纪律的特色。《纪律处分条例》将违反群众纪律的行为单设为一类，恢复了“三大纪律、八项注意”中关于群众纪律的优良传统，以保持党同人民群众的血肉联系。

工作纪律是党组织和党员在党的各项具体工作中必须遵循的行为规则，是党组织和党员依规开展各项工作的重要保证。

生活纪律是党员在日常生活和社会交往中应当遵守的行为规则，涉及党员个人品德、家庭美德、社会公德等各个方面，关系党的形象。

党组织和党员违反上述行为的，应当追究纪律责任。需要进一步说明的是，严重违反“组织纪律”“廉洁纪律”“群众纪律”“工作纪律”“生活纪律”

① 《中央纪委就颁布新修订的〈中国共产党廉洁自律准则〉〈中国共产党纪律处分条例〉答记者问》，载共产党员网，https://news.12371.cn/2015/10/25/ARTI1445772248327524.shtml?from=singlemessage。

等五项纪律，都侵蚀党的执政基础和执政能力，关系人心向背，说到底都是破坏党的政治纪律。

本章思考题：

1. 党内监督体系怎样构成，如何充分认识健全完善党内监督体系的意义？

2. 党内监督必须坚持哪些基本原则？

3.《中国共产党问责条例》中规定的问责对象是哪些人？

4. 对党组织的问责，根据危害程度以及具体情况，可以采取的方式有哪些？

5. 如何认识监督执纪“四种形态”？

6. 如何把握主动交代本人应当受到党纪处分的问题？符合从轻或者减轻处分的情形有哪些？

第六章

党内法规的制定与实施

党的十八大以来，以习近平同志为核心的党中央高度重视党内法规制度建设，把加强党内法规制度建设贯穿于党的领导和党的建设全过程各方面，取得历史性、开创性成就。为进一步提高党内法规制定质量和执行力度，党中央对2012年印发的《中国共产党党内法规制定条例》《中国共产党党内法规和规范性文件备案规定》予以修订，同时制定《中国共产党党内法规执行责任制规定（试行）》。这三部党内法规出台后，连同近年来印发的《中共中央关于加强党内法规制度建设的意见》《中共中央办公厅关于开展党内法规和规范性文件清理工作的意见》等文件，为党内法规工作提供了全链条的制度规范，必将有力推进新时代党内法规制度建设。①

第一节　党内法规的制定

为了实现党内法规制定的科学性和规范性，构建一套完整规范的党内法规制定体系，中共中央于2012年5月颁布了《中国共产党党内法规制定条例》（以下简称《制定条例》），并于2019年8月重新进行了修订。《制定条例》作为党内“立法法”，基本解决了党内法规制定权限分配问题，将不同党内

① 《中央办公厅负责人就〈中国共产党党内法规制定条例〉等3部党内法规答记者问》，载中央纪委国家监委网站，https://www.ccdi.gov.cn/yaowen/201909/t20190915_200564.html。

法规划分为不同的效力层级。同时,《制定条例》也就党内法规制定的程序性问题予以明确。党内法规的制定程序，是指党内法规的制定主体根据其制定权限，在党内法规的制定、修改和废止过程中，必须遵循的步骤、方式和方法。根据《制定条例》的规定，党内法规的制定需要经过规划与计划、起草、审批与发布三个程序。党内法规制定是从无到有的过程，要按照“规范主体、规范行为、规范监督”相统筹相协调原则，加强体制机制对接。[①]

一、党内法规的制定主体与权限

党内法规的制定主体就是有权制定党内法规的机构或部门，即按照党章有权进行或参与党内法规制定、认可和修改活动的党的机关的总称。党内法规的制定权限，就是党内法规制定主体在党内法规制定内容、范围和位阶上的限制。[②]

（一）中央党内法规的制定主体与权限

中央党内法规的制定主体为党的中央组织。根据党章第三章之规定，党的中央组织包括党的全国代表大会、党的全国代表会议、党的中央委员会、党的中央政治局、中央政治局常务委员会、中央委员会总书记、中央书记处和中央军事委员会。

党的全国代表大会每五年举行一次，由中央委员会召集。党的全国代表大会的职权是：听取和审查中央委员会的报告；审查中央纪律检查委员会的报告；讨论并决定党的重大问题；修改党的章程；选举中央委员会；选举中央纪律检查委员会。党的全国代表会议的职权是：讨论和决定重大问题；调整和增选中央委员会、中央纪律检查委员会的部分成员。调整和增选中央委员及候补中央委员的数额，不得超过党的全国代表大会选出的中央委员及候补

① 叶正国:《党内法规制定的体制机制创新及其发展》,载《党内法规理论研究》2019 年第 1 期。
② 欧爱民:《中国共产党党内法规总论》，人民出版社 2019 年版，第 337 页。

中央委员各自总数的五分之一。

党的中央委员会每届任期五年。全国代表大会如提前或延期举行，它的任期相应地改变。中央委员会委员和候补委员必须有五年以上的党龄。中央委员会委员和候补委员的名额，由全国代表大会决定。中央委员会委员出缺，由中央委员会候补委员按照得票多少依次递补。中央委员会全体会议由中央政治局召集，每年至少举行一次。中央政治局向中央委员会全体会议报告工作，接受监督。在全国代表大会闭会期间，中央委员会执行全国代表大会的决议，领导党的全部工作，对外代表中国共产党。

党的中央政治局、中央政治局常务委员会和中央委员会总书记，由中央委员会全体会议选举。中央政治局和它的常务委员会在中央委员会全体会议闭会期间，行使中央委员会的职权。中央书记处是中央政治局和它的常务委员会的办事机构；成员由中央政治局常务委员会提名，中央委员会全体会议通过。根据《制定条例》第八条之规定，党内法规制定工作由党中央集中统一领导，日常工作由中央书记处负责。中央委员会总书记负责召集中央政治局会议和中央政治局常务委员会会议，并主持中央书记处的工作。

凡是涉及党中央集中统一领导的事项，只能由中央党内法规作出规定。具体而言，党的中央组织就下列事项制定中央党内法规：1. 党的性质和宗旨、路线和纲领、指导思想和奋斗目标；2. 党的各级各类组织的产生、组成和职权职责的基本制度；3. 党员义务权利方面的基本制度；4. 党的领导和党的建设各方面的基本制度；5. 涉及党的重大问题的事项；6. 党的纪律处分和组织处理方面的基本制度；7. 其他应当由中央党内法规规定的事项。

（二）部门党内法规的制定主体与权限

根据《制定条例》第十条之规定，部门党内法规的制定主体为中央纪律检查委员会以及党中央工作机关。

党的各级纪律检查委员会是党内监督专责机关，主要任务是维护党的章程和其他党内法规，检查党的路线、方针、政策和决议的执行情况，协助党的委员会推进全面从严治党、加强党风建设和组织协调反腐败工作。其中，党的中央纪律检查委员会在党的中央委员会领导下进行工作。

根据《中国共产党工作机关条例（试行）》第二条之规定，党的工作机关是党实施政治、思想和组织领导的政治机关，是落实党中央和地方各级党委决策部署，实施党的领导、加强党的建设、推进党的事业的执行机关。党的工作机关主要包括办公厅（室）、职能部门、办事机构和派出机关四类。

中央纪律检查委员会以及党中央工作机关就其职权范围内有关事项制定党内法规，包括为贯彻执行中央党内法规作出配套规定，履行党章和中央党内法规规定的党的工作相关职责。确有必要的，经党中央批准，有关中央国家机关部门党委可以就特定事项制定党内法规。

（三）地方党内法规的制定主体与权限

根据《制定条例》第十一条之规定，地方党内法规的制定主体为省、自治区、直辖市党委。《中国共产党地方委员会工作条例》第三条指出，党的地方委员会在本地区发挥总揽全局、协调各方的领导核心作用，按照协调推进“四个全面”战略布局，对本地区经济建设、政治建设、文化建设、社会建设、生态文明建设实行全面领导，对本地区党的建设全面负责。第九条进一步指出，党的地方委员会在党代表大会闭会期间，执行上级党组织的指示和同级党代表大会的决议、决定，领导本地区的工作。党的地方委员会应当通过召开全会的方式履行职责，其中便包括讨论和决定本地区党的建设方面的重大问题，审议通过重要党内法规或者规范性文件。省、自治区、直辖市党委就其职权范围内有关事项制定党内法规：一是为贯彻执行中央党内法规作出配套规定；二是履行党章和中央党内法规规定的领导本地区经济社会发展和负责本地区党的建设相关职责。

需要指出的是，我国已经开始探索对地方党内法规的制定主体进行扩容。中共中央于 2016 年 12 月印发的《关于加强党内法规制度建设的意见》提出，“探索赋予副省级城市和省会城市党委在基层党建、作风建设等方面的党内法规制定权”。副省级城市和省会城市党内法规制定试点，意味着党内法规制定权开始下移。[①]2017 年 5 月，中共中央决定在沈阳、福州、青岛、武汉、深圳、南宁、兰州 7 个副省级城市和省会城市开展党内法规制定试点。

（四）授权制定、联合制定和配套制定

党内法规的授权制定是指根据党中央授权，就应当制定中央党内法规的有关事项，中央纪律检查委员会以及党中央工作机关和省、自治区、直辖市党委可以先行制定党内法规，待条件成熟时再制定中央党内法规。根据党中央授权制定党内法规的要求，制定机关应当严格遵循授权要求，及时向党中央请示报告有关重大事项，经报党中央批准后方可发布。

党内法规的联合制定是指涉及两个以上部委职权范围的事项，有关部委应当联合制定党内法规或者提请党中央制定中央党内法规。制定党内法规涉及政府职权范围事项的，可以由党政机关联合制定。

党内法规的配套制定是指上位党内法规明确要求制定配套党内法规的，应当及时制定；没有要求的，一般不再制定。制定配套党内法规，不得超出上位党内法规规定的范围，作出的规定应当明确、具体，具有针对性、可操作性。除非必要情况，对上位党内法规已经明确规定的内容不作重复性规定。党内法规配套立规，既是贯彻落实党章和中央党内法规的必要措施，也是中央纪律检查委员会、党中央工作机关和地方省级党委党内法规立规工作的重点，具有从属性、实施性、规范性和耦合性。[②]

二、党内法规制定规划与计划

《制定条例》第三章是关于党内法规制定工作的规划与计划的规定。根据第十五条的规定，党内法规的制定工作要每五年编制一个科学规划，在该五年规划之内，每一年要编制一个年度计划。通过五年规划和年度计划突出

① 张可：《论副省级城市和省会城市党委的党内法规制定权》，载《中共天津市委党校学报》2020 年第 1 期。

② 祝捷、王萌：《论党内法规配套立规的政治逻辑及其制度实现》，载《河南社会科学》2020 年第 2 期。

重点、整体推进，构建内容科学、程序严密、配套完备、运行有效的党内法规体系。

根据《制定条例》第十六条的规定，中央党内法规制定工作的规划和计划遵循一定的程序。五年规划首先由中央办公厅对中央纪律检查委员会以及中央各部门和省、自治区、直辖市党委提出的制定建议进行汇总，并广泛征求意见后拟订，其次经中央书记处办公会议讨论，最后报党中央审定。年度计划先由中央办公厅对中央纪律检查委员会以及中央各部门每年年底前提出的下一年度制定建议进行汇总后拟订，后报党中央审批。可见，五年规划和年度计划的征求意见对象是不同的，五年规划的征求意见对象包括中央纪委、中央各部门和省、自治区、直辖市党委，而年度计划的征求意见对象则只包括中央纪委和中央各部门，不包括省、自治区、直辖市党委。

同时，根据《制定条例》第十七条的规定，中央纪律检查委员会以及中央各部门和省、自治区、直辖市党委提出的中央党内法规制定建议，应当包括党内法规名称、制定必要性、报送时间、起草单位等。"应当"一词表明，提出的中央党内法规的制定建议中至少要包括党内法规名称、制定必要性、报送时间和起草单位这四项，在此基础上还可增加其他内容。

三、党内法规的起草

与党内法规制定规划和计划的准备性特征相比，党内法规的起草意味着制定程序的正式启动，直接反映制定机关的立规目的和意图，在很大程度上影响和决定着党内法规的制定质量。[①]

1. 党内法规的起草主体

《制定条例》第二十条根据是否为中央党内法规、是否为综合性党内法规以及重要程度的差异，规定了不同的起草主体。对于中央党内法规，一般由中央纪委以及中央有关部门等起草，如《中国共产党纪律处分条例》由

① 中共中央办公厅法规局编著：《中国共产党党内法规制定条例及相关规定释义》，法律出版社2020年版，第61页。

中央纪委负责起草。综合性党内法规由中央办公厅协调中央纪委以及中央有关部门等起草或者成立专门的起草小组，如《中国共产党党内监督条例》在起草时成立了专门的起草小组。特别重要的中央党内法规则由党中央组织起草。此外，中央纪委和党中央工作机关和省、自治区、直辖市党委制定的党内法规，由其自行组织起草。

2. 党内法规草案的结构要素

根据《制定条例》第二十一条的规定，党内法规草案一般应当包括六项基本要素：名称、制定目的和依据、适用范围、具体规范、解释机关和施行日期。以《中国共产党问责条例》为例，名称为“中国共产党问责条例”；制定目的是坚持党的领导，加强党的建设，全面从严治党，保证党的路线方针政策和党中央重大决策部署贯彻落实，规范和强化党的问责工作；制定依据是党章；适用范围是党组织、党的领导干部，重点是党委（党组）、党的工作机关及其领导成员，纪委、纪委派驻（派出）机构及其领导成员；具体规范共二十七条；解释机关是中央纪委；施行日期是 2019 年 9 月 1 日。

3. 党内法规的起草协调

党内法规草案的起草要注意整体的协调性，这主要体现在两个方面：一是在主体上，起草党内法规的部门和单位，应当就涉及其他部门和单位工作范围的事项，同有关部门和单位协商一致。经协商未能取得一致意见的，应当在报送党内法规草案时对有关情况作出说明。二是在内容上，起草的党内法规应当与现行党内法规相衔接。对同一事项，如果需要作出与现行党内法规不一致的规定，应当在草案中作出废止或者如何适用现行党内法规的规定，并在报送草案时说明情况和理由。

4. 党内法规起草的程序要求

一是调查研究。起草党内法规，应当深入调查研究，全面掌握实际情况，认真总结历史经验和新的实践经验，充分了解各级党组织和广大党员的意见和建议。必要时，调查研究可以吸收党委及其工作机关法律顾问和有关专家学者参加，或者委托专门机构开展。

二是征求意见。党内法规草案形成后，起草程序并未结束，尚不能立即向审议批准机关报送，而是要贯彻党内民主和党务公开的要求，通过书面形式、座谈会、论证会和网上征询等形式广泛征求意见。征求意见范围根据党内法规草案的具体内容确定，必要时在全党范围内征求意见。征求意见时应当注意听取党代表大会代表和基层党员、干部以及有关专家学者的意见。与群众切身利益密切相关的党内法规草案，应当充分听取群众意见。

三是报送批准。起草部门和单位向审议批准机关报送党内法规草案，应当同时报送草案制定说明。制定说明应当包括制定党内法规的必要性、主要内容、征求意见情况、同有关部门和单位协商情况等。

四、党内法规的审批与发布

党内法规的审批与发布是党内法规制定程序中的最后两个环节，只有经过相关主体的审议批准并发布之后，党内法规草案才能成为正式有效的党内法规。党内法规的审批是指党内法规制定主体经过对法规草案反复讨论之后，按照法定程序对草案进行表决，正式决定草案是否获得批准。党内法规的发布是指党内法规制定主体在特定时间，采用特定方式将表决通过的党内法规予以正式公开。

（一）前置审核

审议批准机关收到党内法规草案后，交由所属法规工作机构进行前置审核。前置审核主要审核下列八项内容：第一，是否符合增强“四个意识”、坚定“四个自信”、做到“两个维护”等政治要求；第二，是否同党章、党的理论和路线方针政策相抵触；第三，是否同宪法和法律不一致；第四，是否同上位党内法规和规范性文件相抵触；第五，是否与其他同位党内法规和规范性文件对同一事项的规定相冲突；第六，是否就涉及的重大问题与有关部门和单位协商；第七，是否存在谋求部门利益和地方保护问题；第八，是否符合制定权限、程序以及规范表述要求。

对存在问题的党内法规草案，法规工作机构经批准可以向起草部门和单位提出修改意见。如起草部门和单位不采纳修改意见，法规工作机构可以向审议批准机关提出修改、缓办或者退回的建议。

（二）审批主体

所谓审批主体，即有权对党内法规草案进行审议和批准的主体。根据《制定条例》第二十八条的规定，党内法规的审批主体可分为如下几类：

第一，准则草案一般由中央委员会全体会议审议批准；

第二，条例草案一般由中央政治局会议审议批准；

第三，规定、办法、规则、细则草案一般由中央政治局常委会会议审议批准；

第四，对调整范围单一或者配套性规定、办法、规则、细则草案，可以采取传批方式，由中央办公厅报党中央审批；

第五，中央纪律检查委员会以及党中央工作机关制定的党内法规草案，由其领导机构会议审议批准；

第六，省、自治区、直辖市党委制定的党内法规草案，由党委全体会议或者常委会会议审议批准。

（三）发布主体和发布形式

发布主体即有权发布经审议批准的党内法规的主体。根据《制定条例》第二十九条第一款的规定，经审议批准的党内法规草案，由法规工作机构审核并按照程序报批后发布。

在发布形式上，不同层级的党内法规发布形式不同：中央党内法规采用中央文件形式发布；中央纪律检查委员会制定的党内法规采用中央纪律检查委员会文件形式发布；党中央工作机关制定的党内法规采用党中央工作机关文件形式发布；省、自治区、直辖市党委制定的党内法规采用党委文件或者党委办公厅文件形式发布。发布时，党内法规标题应当添加题注，载明制定机关、通过日期、发布日期。

此外，党内法规除涉及党和国家秘密不得公开或者按照有关规定不宜公开外，应当在党报党刊、重点新闻网站、门户网站等党的媒体上公开发布。

第二节 党内法规和规范性文件的备案审查

党内法规和规范性文件的备案审查，是指党内法规和规范性文件的制定机关按照一定的程序，向主管负责机关提交党内法规和规范性文件的文本及相关必要材料进行备案，并由主管负责机关按照法定的程序和要求，对报送备案的党内法规和规范性文件的内容和形式等进行审查，以保证党内法规和规范性文件同党章相一致，同党的理论、路线、方针、政策相一致，同宪法、法律相一致，以维护党内法规制度体系的统一性和权威性的一种制度。在 1990 年中共中央发布实施《中国共产党党内法规制定程序暂行条例》后，中央办公厅也曾印发《中共中央办公厅关于党内法规备案工作有关问题的通知》，要求除中央党内法规外的各位阶党内法规，“应于发布的同时报送中央备案”。2012 年中共中央发布实施《中国共产党党内法规制定条例》后，中央办公厅随后印发了《中国共产党党内法规和规范性文件备案规定》，对除中央党内法规外的各位阶党内法规和规范性文件备案工作作出了具体规定。

2012 年出台的《党内法规和规范性文件备案规定》，对于加强党内监督，维护党内法规和党的政策的统一性权威性发挥了重要作用。2019 年中共中央印发了新修订的《中国共产党党内法规和规范性文件备案审查规定》（以下简称《备案审查规定》），这次修订，一是凸显全面规范，对这些年备案审查工作中积累的经验进行系统总结提炼，就备案审查的基本原则、职责任务、工作要求等作了更为详细的规定。二是注重守正创新，从现实需求出发，聚焦薄弱环节，对备案审查的主体、标准、处理方式等进行积极探索，既在制度设计上一体安排，又在具体规定上留有空间。三是增强可操作性，在调整优化备案审查有关标准和要求时，更加注重可操作性，尽量细化量化具体化，进一步提高科学化规范化水平。[①]

① 《中央办公厅负责人就〈中国共产党党内法规制定条例〉等 3 部党内法规答记者问》，载中央纪委国家监委网站，https://www.ccdi.gov.cn/yaowen/201909/t20190915_200564.html。

一、党内法规和规范性文件备案审查的原则

《备案审查规定》第三条对党内法规和规范性文件备案审查的原则作了明确规定，即党内法规和规范性文件备案，应当做到有件必备、有备必审、有错必纠。

（一）有件必备

各类规范性文件出台后都要依法依规纳入备案审查范围。2019 年修订的《备案审查规定》落实党中央部署要求，着眼备案审查工作长远发展，进一步凸显备案审查的全覆盖，要求凡属备案审查范围的法规文件都应当及时报备，不得瞒报、漏报、迟报。

《备案审查规定》在报备主体范围方面，横向上涵盖党的纪律检查机关、党委（决策）议事协调机构、党的工作机关、党委直属事业单位、党组（党委），纵向上延伸至省、市、县三级地方党委。同时，在报备的程序和要求上，《备案审查规定》专设一章“报备”，就报备时限、报备材料、报送目录等提出明确要求，并在审查处理、责任追究等后续程序中严格责任落实。

（二）有备必审

2019 年修订的《备案审查规定》对审查的标准和程序作了进一步优化、细化。在审查标准上，明确政治性审查、合法合规性审查、合理性审查、规范性审查四个方面，充分彰显备案审查作为党内监督方式的全面性。同时，《备案审查规定》在每类审查标准中细化需要审查的要素，减少审查判断的随意性。

（三）有错必纠

2019 年修订的《备案审查规定》总结近年来实践经验，将审查处理方式调整优化为直接通过、建议、告知、提醒、纠正等，并在每一种处理方式中分项列明具体适用情形。同时，《备案审查规定》在“纠错”的方式中设置

了督办和报告的环节。审查机关应该确保有关问题真正得到解决。报备机关应当以高度负责的态度，严格落实有关处理决定。

二、党内法规和规范性文件备案的主体

党内法规和规范性文件备案的主体分为报备主体和备案主体。

（一）报备主体

报备主体是指党内法规和规范性文件发布后，依照规定履行报送备案义务、承担备案审查责任后果的党组织。根据《备案审查规定》第五条第一款的规定，党组织制定的党内法规和规范性文件应当向上级党组织报备。可见，党内法规和规范性文件的制定机关即为报备机关。报备机关具有以下几个特点：一是负有报送备案义务。党内法规和规范性文件发布后，按照“谁制定，谁报送”的原则，制定机关负有报送备案的义务。二是承担备案审查责任的后果。党内法规和规范性文件报送备案后，报备机关要承担制定行为是否合法合规合理的审查后果。三是属于党的特定组织。报备机关应当是享有党内法规和规范性文件制定权、能够以自己名义发布党内法规和规范性文件的党的组织，党组织的内设机构、临时机构不是报备机关。

根据《备案审查规定》第六条的规定，中央纪律检查委员会、党中央（决策）议事协调机构以及党中央工作机关、党中央直属事业单位，党中央批准设立的党组（党委），各省、自治区、直辖市党委应当向党中央报备党内法规和规范性文件。向地方党委报备规范性文件的党组织范围，参照前款规定。上述党组织对以自己名义发布的党内法规和规范性文件而言，都是报备机关。同时，根据《备案审查规定》第五条第二款的规定，多个党组织联合制定的党内法规和规范性文件，由牵头党组织向共同的上级党组织报备。

（二）备案主体

备案主体是具体负责党内法规和规范性文件备案工作的机关和具体承办机构。根据《备案审查规定》第五条第三款的规定：“党组织对下级党组织报

备的党内法规和规范性文件进行审查，具体工作由其所属法规工作机构或者承担相关职能的工作机构办理。”可见，党内法规和规范性文件的备案机关是上级党组织，备案机构是备案机关所属法规工作机构或者承担相关职能的工作机构。

《备案审查规定》第七条规定：“中央纪律检查委员会以及党中央工作机关、有关中央国家机关部门党组（党委）可以根据工作需要，依照本规定精神建立系统内备案制度。党中央明确规定党组织将其制定的党内法规和规范性文件报送特定主体备查、审核的，从其规定，同时有关党组织还应当按照本规定要求进行报备。逐步实行党的基层组织向批准其设立的党组织报备规范性文件。”可见，党内法规和规范性文件的备案机关除党中央外，还具体包括中央纪律检查委员会以及党中央工作机关、有关中央国家机关部门党组（党委）、党中央明确规定的特定主体以及批准基层组织设立的党组织。

（三）备案时限和要求

应当报备的党内法规和规范性文件，自发布之日起 30 日内由制定机关报备。未按照规定时限报备的，审查机关应当责令其限期补报，必要时可以通报。

报备党内法规和规范性文件，应当提交 1 份备案报告、正式文本和备案说明，装订成册，并报送电子文本。备案说明应当写明制定背景、政策创新及其依据、重要数据指标来源、征求意见、审议签批等情况。

报备机关应当在每年 2 月 1 日前，将上一年度文件目录报送审查机关备查。

三、党内法规和规范性文件的审查标准

党内法规和规范性文件的审查，与备案的范围基本是一致的，是备案工作的延伸。备案的目的就是进行审查。2019 年修订的《备案审查规定》突出审查重点，将政治标准作为备案审查的首要标准，充分彰显备案审查在推动落实“两个维护”中的重要作用。[①]注重全方位审查，细化合法合规性、合

① 中共中央办公厅法规局编著：《中国共产党党内法规制定条例及相关规定释义》，法律出版社 2020 年版，第 152 页。

理性、规范性等审查标准，为全面审查、综合把关提供标尺。

（一）政治性审查标准

党内法规制度具有强烈的政治属性。因而，备案审查首先是政治审查，首要的标准是政治标准。《备案审查规定》修订的一大亮点，就是突出政治性，将旗帜鲜明讲政治贯穿始终。一方面，在修订思路和原则上，坚持正确的政治方向，全面贯彻习近平新时代中国特色社会主义思想，将习近平总书记关于制度治党、依规治党的重要论述落实到修订工作的每一个阶段和环节。另一方面，在制度安排和具体规定上，把政治审查摆在首位，充分彰显备案审查在推动各地区各部门贯彻落实党中央决策部署、坚决做到“两个维护”方面的积极作用。[①] 政治性审查标准要求审查时必须首先审看法规文件是否认真贯彻落实习近平新时代中国特色社会主义思想，是否同党的基本理论、基本路线、基本方略相一致，是否与党中央重大决策部署相符合，是否严守党的政治纪律和政治规矩等。

（二）合法合规性审查标准

合法合规性审查标准要求审查党内法规和规范性文件是否同宪法和法律相一致，是否同党章、上位党内法规和规范性文件相抵触，是否与同位党内法规和规范性文件对同一事项的规定相冲突，是否符合制定权限和程序，是否落实精简文件、改进文风要求等。

（三）合理性审查标准

关于合理性审查标准，2012 年《备案规定》只用了“明显不当”一词进行泛泛指称，并未揭示合理性的应有内涵。2019 年修订的《备案审查规定》认为，合理性审查包括是否适应形势发展需要，是否可能在社会上造成重大

① 《新〈中国共产党党内法规和规范性文件备案审查规定〉新在哪？》，载共产党员网，https://www.12371.cn/2019/10/23/ARTI1571793671267177.shtml?from=groupmessage。

负面影响，是否违反公平公正原则等，在阐释合理性审查标准的内涵上迈出了重要的一步。

（四）规范性审查标准

规范性审查是2019年《备案审查规定》增加的备案审查标准，也是党内法规和规范性文件作为法治规范所应当具备的底线要求。规范性审查标准要求审查党内法规和规范性文件名称使用是否适当，体例格式是否正确，表述是否规范等。

此外，审查机关在审查中，应当注重保护有关地区和部门结合实际改革创新的积极性。对内容复杂敏感、专业性强、涉及面广的党内法规和规范性文件，审查机关可以征求有关方面意见建议或者进行会商调研。

四、党内法规和规范性文件备案审查的处理

2019年修订的《备案审查规定》优化了审查处理的方式和手段，根据报备的法规文件有没有问题以及问题的轻重，分别采用直接通过、提出建议、告知、书面提醒、要求纠正等处理方式，既坚持有错必纠，又做到纠错恰当。审查机关应当根据不同情形，对报备的党内法规和规范性文件作出相应处理决定，并督促报备机关及时办理。报备机关应当认真落实审查机关的处理决定。

（一）直接通过

对审查中没有发现问题的党内法规和规范性文件，审查机关应当直接予以备案通过，并及时反馈报备机关。审查机关发现已经备案通过的党内法规和规范性文件存在问题的，可以重新启动审查程序。

（二）提出建议

党内法规和规范性文件没有原则性问题，但存在下列情形之一，审查机关可以予以备案通过，并向报备机关提出建议：（1）有关规定基本合法合规，

但需要在执行中把握好尺度的；（2）有关规定实施后上级精神发生变化或者新的改革措施即将出台，需要报备机关了解掌握的；（3）有关方面提出的意见建议具有较高参考价值的；（4）其他需要提出建议的情形。

（三）告知

党内法规和规范性文件没有原则性问题，但存在名称使用、体例格式、文字表述等不规范情形的，审查机关可以予以备案通过，并将相关情况告知报备机关。报备机关多次出现不规范情形的，审查机关可以视情予以通报。

（四）书面提醒

党内法规和规范性文件没有原则性问题，但存在下列情形之一，审查机关可以予以备案通过，并对报备机关进行书面提醒：（1）有关政治表述不够规范的；（2）有关规定在执行中可能产生偏差或者引起误解的；（3）有关规定不够合理的；（4）制定程序不规范的；（5）不符合精简文件、改进文风要求的；（6）其他需要提醒的情形。报备机关在收到书面提醒后应当主动整改，并将相关情况及时通知有关方面，防范有关问题产生不利影响。审查机关要求报告处理情况的，报备机关应当在收到书面提醒后 30 日内报告。

（五）要求纠正

党内法规和规范性文件存在下列情形之一，审查机关应当不予备案通过，并要求报备机关进行纠正：（1）违背党章、党的理论和路线方针政策的；（2）违反宪法和法律的；（3）同上位党内法规和规范性文件相抵触的；（4）明显不合理的；（5）不符合制定权限的；（6）其他需要纠正的情形。对审查发现的问题，审查机关可以发函要求报备机关纠正，也可以由报备机关主动纠正。纠正可以采用修改原文件、印发补充文件等方式。

报备机关应当在收到纠正要求后 30 日内报告相关处理情况，对复杂敏感、容易产生不利影响的事项，应当及时会同有关方面采取有效措施妥善处理。纠正后的党内法规和规范性文件符合要求的，审查机关按程序予以备案通过。报备机关未在规定时限内纠正问题或者报告有关纠正措施，且无正当理由的，审查机关可以作出撤销相关党内法规和规范性文件的决定。

第三节　党内法规的执行

党内法规的生命力在于执行，党内法规的关键也在于执行。党内法规的实施，最终落实到贯彻执行，因此，党内法规的执行，是党内法规实施的关键环节。党内法规制定出来，就要加大党内法规执行力度，把每部法规、每项制度都真正落到实地，化为党员干部的行为准则，实现有规可依、有规必依、执规必严、违规必究。[①]

一、党内法规的执行责任制

党的十九大以来，习近平总书记对坚持依规治党、抓好党内法规制度建设作出一系列新的指示，强调要把执行体系凸显出来，各级党组织和党员领导干部要把执规责任扛起来，不能只重制定不重执行。为进一步提高党内法规执行力度，党中央于 2019 年制定《中国共产党党内法规执行责任制规定（试行）》（以下简称《执规责任制规定》），保证党内法规制度建设全链条环环紧扣、无缝衔接，同向发力、同时发力。

（一）执规责任制的实施背景

党的十八大以来，以习近平同志为核心的党中央坚持全面从严治党、依规治党，大力加强党内法规制度建设，党内法规制定步伐明显加快，先后制定和修订了 180 多部中央党内法规，出台了一批标志性、关键性、基础性法规制度，党内法规制度体系的“四梁八柱”基本建立，总体上实现了有规可依。[②]

---

① 石佑启、李杰：《论提高党内法规的执行力》，载《学术研究》2018 年第 5 期。

② 《中央办公厅负责人就〈中国共产党党内法规制定条例〉等 3 部党内法规答记者问》，载中央纪委国家监委网站，https://www.ccdi.gov.cn/yaowen/201909/t20190915_200564.html。

立规不易，执规更难；一分部署，九分落实。党中央一贯重视党内法规的制定与实施并重。《中共中央关于加强党内法规制度建设的意见》特别强调要“坚持制定和实施并重”，提出要“形成高效的党内法规制度实施体系”，并对提高党内法规制度执行力作出部署。

习近平总书记多次强调，有规可依的问题基本解决后，要更加重视提高党内法规执行力，把制度的刚性立起来。现在，党内法规执行还存在“上热中温下冷”，先紧后松、上紧下松、外紧内松等现象，机械执行、选择执行、烦琐执行、变通执行问题也还存在。一些党员领导干部党规意识淡薄，执规能力不强，对出台的党内法规不学不懂不了解，没有真正把制度要求落实到位。制定《执规责任制规定》，就是从根本上破解党内法规“执行难”问题的一项重要举措。[①]

（二）执规责任制的主要内容

《执规责任制规定》共19条，逐一明确规定党委、党组、党的工作机关、党的基层组织、党的纪律检查机关等各级各类党组织和党员领导干部的执规责任，围绕部署推动执规工作、执规能力建设、实施评估等建立健全保障机制，并对监督考核、责任追究等提出要求。落实党内法规执行责任制，一要强化执规意识，各级党组织和党员领导干部必须牢固树立执规是本职、执规不力是失职的理念，切实担负起执行党内法规的政治责任。二要压实执规责任，建立健全党委统一领导、党委办公厅（室）统筹协调、主管部门牵头负责、相关单位协助配合、纪检机关严格监督的体制机制，明责知责、履责尽责、考责问责。三要提高执规能力，党员领导干部要带头学习宣传党内法规，带头严格执行党内法规，带动广大党员、干部以尊崇的态度、敬畏的精神守规用规护规。四要坚持执规必严，严肃查处违反和破坏党内法规的各种行为，防止形成“破窗效应”。[②]

---

① 《中央办公厅负责人就〈中国共产党党内法规制定条例〉等3部党内法规答记者问》，载中央纪委国家监委网站，https://www.ccdi.gov.cn/yaowen/201909/t20190915_200564.html。

② 《加强新时代党内法规制度建设的重要举措》，载《人民日报》2019年9月16日，第4版。

二、党内法规的解释

作为一种成文法规范，党内法规与国家法律一样，都面临规范文本的抽象性、原则性与实施中的具体性、灵活性之间的矛盾和冲突。为促进党内法规的有效实施，党内法规的解释就成为弥合上述矛盾和冲突的主要途径。《中央党内法规制定工作五年规划纲要（2013—2017 年）》明确提出，要“做好党内法规解释工作，保证党内法规制定意图和条文含义得到准确解释”。党的十八届四中全会决定特别指出：“党内法规解释是党内法规制度体系的重要组成部分，加大党内法规解释力度是加强党内法规制度建设的重要方面。”

（一）党内法规解释的必要性

党内法规解释，是对党内法规条款的具体含义或适用问题进行的阐释和说明。《制定条例》第三十四条规定，党内法规需要进一步明确条款具体含义或者适用问题的，应当进行解释。不同于法律法规的解释在理论上可以分为正式解释和非正式解释、法定解释和学理解释等，党内法规的解释通常都是指规定机关依据规定职权和程序针对既有党内法规的规定，另行制定发布解释文、阐释和说明其含义的活动。党内法规解释除《制定条例》的规定外，还有《中国共产党党内法规解释工作规定》等规定，目的是对党内法规解释工作进行规范，促进党内法规统一正确实施。

党的十八届四中全会决定强调完善党内法规制定体制机制和加大党内法规解释力度对形成配套完备的党内法规制度体系的重要性。对于调整党内法规的抽象性、局限性与党的活动的具体性、复杂性之间的关系而言，党内法规解释很有必要。党内法规一经制定，便具有了抽象性，但党的活动是具体的、灵活的；党内法规所具有的成文性带来了自身的稳定性，但党的活动具有变动性；党内法规所具有的成文性还带来了自身的滞后性，但党的活动具有时效性。党内法规的解释便是妥帖地解决这些冲突的得力媒介，使党内法规既能够有力地保证相当大程度上的稳定性，又能够有效地应对党的活动的变动发展。[①]

（二）党内法规的解释主体

根据中国共产党党内法规解释工作的相关规定，各位阶的党内法规通常都在其附则中规定了解释机关或解释工作体制。《制定条例》明确了中央、部门和地方党内法规的解释主体。

中央党内法规由党中央或者授权有关部委解释。中央党内法规解释的法定主体为党中央，只有在具备明确授权的前提下，才可由有关部委解释。通常情况下，根据中央党内法规调整的事项性质和联系领域确定解释机关，或由中央纪委或单一的党中央工作机关负责解释，或由中央纪委、多个党中央工作机关共同负责解释，或由中央纪委或者一个党中央工作机关牵头、与其他有关党中央工作机关共同负责解释。例如，《制定条例》附则第四十二条规定“本条例由中央办公厅负责解释”。《巡视工作条例》附则第四十一条规定“本条例由中央纪委会同中央组织部解释”。

中央纪委以及党中央工作机关和省、自治区、直辖市党委制定的党内法规由制定机关解释。例如，中央组织部制定并发布的《公务员职务、职级与级别管理办法》第二十二条规定“本办法由中共中央组织部负责解释”。

（三）党内法规的解释效力

《制定条例》第三十四条规定，党内法规的解释同党内法规具有同等效力。这个同等效力包括三个方面的含义：一是规范效力，党内法规解释与被解释的党内法规有着相同的效力位阶，应当被同等适用。二是时间效力，即党内法规解释的效力同该党内法规的有效期一致，党内法规一旦失效，解释也同时失效。三是空间效力，党内法规解释的适用范围同该党内法规的适用范围一致。[②]

① 王振民、施新州等：《中国共产党党内法规研究》，人民出版社 2016 年版，第 188 页。

② 柯华庆主编：《党规学》，上海三联书店 2018 年版，第 292 页。

（四）党内法规的解释名称

党内法规解释，可以使用“解释”“批复”“答复”等名称。对党内法规执行过程中具有普遍性的问题作出解释，使用“解释”的名称。基于下一级党的机关或党组（党委）的请示就具体问题作出解释，使用“批复”的名称。基于同级党的机关或党组（党委）等的请求就具体问题作出解释，使用“答复”的名称。

（五）党内法规的解释方法

1. 文义解释

文义解释是对党内法规中所涉及的一些专门性的术语或是需要加以说明的一些词语所进行的解释。党内法规有些术语有着特定的含义，为了保证适用的准确，必须对这些术语所表达的意思进行解释。

2. 体系解释

体系解释是指将待解释的党内法规的法规规则放在该法规规则的上下条款之中、整部党内法规之中乃至整个党内法规制度体系之中，联系此法规规则与其他法规规则的关系予以解释。由于体系解释不孤立地理解某个法规规则，而是联系其他法规规则，故体系解释能够避免断章取义的解释后果。

3. 历史解释

历史解释是指通过查阅研究与立规有关的历史文献或者在新旧规定进行对比中了解党内法规的含义。立规的有关资料包括党内法规制定的背景、党代表提案、提案讨论过程的纪录、党员投票记录、党内法规修改的过程等。

4. 目的解释

目的解释是指根据制定党内法规的目的予以解释。一部党内法规的立法目的通常规定在该部党内法规的起始部分。例如，关于中共中央制定《党内监督条例》的目的，该条例第一条作了规定：“为坚持党的领导，加强党的建设，全面从严治党，强化党内监督，保持党的先进性和纯洁性，根据《中国共产党章程》，制定本条例。”

三、党内法规的清理

党内法规的清理，是指对已经颁布实施的党内法规在进行逐件研究论证和审核等工作的基础上，与党内法规制度的修改、废止等工作程序相衔接，根据不同的情况，宣布党内法规文件废止、失效、继续有效或作修改修订处理的活动。

2019 年修订的《制定条例》规定制定机关应当组织开展党内法规清理工作，及时开展集中清理，根据需要开展特定内容或者特定范围的专项清理，在制定工作中同步开展即时清理。根据清理情况，作出修改、废止、宣布失效等决定。

之所以需要对党内法规等文件进行清理，是因为中华人民共和国成立以来特别是改革开放以来，中国共产党制定颁布了大量党内法规等制度文件，为规范党组织工作、活动和党员行为、增强党的创造力凝聚力战斗力提供了重要制度保障。同时，随着世情、国情、党情的深刻变化，有的党内法规滞后于实践的发展和形势任务的需要，有的存在同党章和党的理论、路线、方针、政策不一致，同宪法和法律不一致的情况，有的党内法规制度之间存在不协调、不衔接、不一致的问题。这些问题不仅影响了党内法规制度的贯彻执行，而且制约了党内法规制度建设的有序推进。为了进一步加强党的制度建设，加快构建党内法规制度体系，保证党内法规制度的统一性和权威性，不断提高党的建设科学化水平，开展党内法规清理工作就显得十分必要。①

（一）党内法规的集中清理

2012 年 6 月，党中央批准印发《中共中央办公厅关于开展党内法规和规范性文件清理工作的意见》，启动了党的历史上第一次对党内法规制度进行集中清理的工作。② 这次清理的对象是中华人民共和国成立至 2012 年 6 月以

① 王勇主编:《党内法规教程》，中共中央党校出版社 2019 年版，第 221—222 页。

② 《让党内法规制度更具生命力——聚焦中共中央首次对党内法规制度进行集中清理》，载共产党员网，https://news.12371.cn/2013/08/28/ARTI1377700075525277.shtml。

中共中央文件、中共中央办公厅文件形式发布的党内法规和规范性文件，中央纪委、中央各部门制定的党内法规和规范性文件，各省、自治区、直辖市党委制定的党内法规和规范性文件。

清理工作按照由近及远、先上位后下位的思路进行。由近及远，是指清理工作分两个阶段实施：第一阶段（2012 年 7 月至 2013 年 9 月），清理 1978 年至 2012 年 6 月制定的党内法规和规范性文件；第二阶段（2013 年 10 月至 2014 年 12 月），清理中华人民共和国成立至 1978 年前制定的党内法规和规范性文件。而先上位后下位，是指先对中央党内法规和规范性文件进行清理，待清理结果出来后，中央纪委、中央各部门和各省区市党委再开展审核、审批等工作。

2013 年 8 月，中央党内法规和规范性文件第一阶段清理任务顺利完成，发布了《中共中央关于废止和宣布失效一批党内法规和规范性文件的决定》。2014 年 11 月，《中共中央关于再废止和宣布失效一批党内法规和规范性文件的决定》发布，中央党内法规和规范性文件第二阶段清理任务宣告完成。至此，本次中央党内法规和规范性文件集中清理圆满结束。

综合两个阶段清理，通过对中华人民共和国成立至 2012 年 6 月出台的 23000 多件中央文件进行全面筛查，共梳理出规范党组织工作、活动和党员行为的中央党内法规和规范性文件 1178 件。经过清理，废止 322 件，宣布失效 369 件，二者共占 58.7%；继续有效的 487 件，其中 42 件需适时进行修改。[①]

（二）党内法规的专项清理

党内法规的专项清理，是指因应特定事由和需要，有针对性地对已发布施行的党内法规制度进行清理的活动。相对于集中清理这种对特定时段的党内法规制度进行筛查和处理，专项清理主要是针对特定事由和需要，对与特定需要不相符合的党内法规进行的筛查和处理。例如，2018 年 5 月中共中央发布《中共中央关于涉党和国家机构改革党内法规和相关文件专项清理的

---

① 盛若蔚：《中央党内法规制度完成全面“体检”》，载《人民日报》2014 年 11 月 18 日，第 17 版。

决定》，目的是“有效解决部分党内法规和文件与机构改革不适应、不协调、不衔接、不一致问题”，同时要求中央纪委、中央各部门、国家机关各部委党组（党委）和各省、自治区、直辖市党委抓紧对本单位涉及机构改革的党内法规和相关文件进行清理。

（三）党内法规的即时清理

《中共中央办公厅关于开展党内法规和规范性文件清理工作的意见》在部署集中清理和专项清理的同时，也提出了要建立即时清理机制，进一步促进党内法规清理工作的规范化。今后制定或者修改党内法规和规范性文件时，应同步研究其他党内法规和规范性文件的有关规定是否存在与新规定不协调、不衔接、不一致的问题。有鉴于此，党内法规的即时清理就是在新制定或修改修订党内法规的同时，对已发布实施的其他党内法规制度进行研究，对旧法规与新规定等不协调、不衔接、不一致的问题进行同步处理。

（四）党内法规清理的处置

对于清理出来的党内法规和规范性文件，一般采取修改、废止、宣布失效、继续有效等处理方式。

对于那些滞后于实践发展的党内法规，制定机关应当及时修改，视情可以采取修订、修正案或者修改决定等方式，对相关联的党内法规可以开展集中修改。修改后，应当发布新的党内法规文本。

对于那些在主要内容同党章和党的理论路线方针政策相抵触，或同宪法和法律不一致的文件，并且文件已明显不适应现实需要的，或者已被新的规定涵盖或替代的，一律废止。

对于那些调整对象已消失、文件事实上已不再执行的，文件适用期已过的，有关事项或任务已完成的或不需要继续执行的文件，一律宣布失效。

对于那些文件内容上不存在问题的，或者虽存在一些问题但不影响继续执行的，或者目前尚无其他文件可以替代、废止时机条件还不成熟的文件，应该继续有效。

本章思考题：

1. 怎样理解党内法规的制定主体及其权限？
2. 如何把握党内法规备案审查的标准？
3. 党内法规制定与国家立法有何区别和联系？
4. 党内法规清理有哪几种类型？
5. 党内法规解释应坚持何种原则？

参考文献

专著

（1）《毛泽东选集》（第二卷），人民出版社 1991 年版；

（2）《毛泽东选集》（第四卷），人民出版社 1991 年版；

（3）《邓小平文选》（第一卷），人民出版社 1994 年版；

（4）《邓小平文选》（第二卷），人民出版社 1994 年版；

（5）《习近平谈治国理政》（第一卷），外文出版社 2014 年版；

（6）中共中央办公厅法规局编著：《中国共产党党内法规制定条例及相关规定释义》，法律出版社 2020 年版；

（7）宋功德、张文显主编：《党内法规学》，高等教育出版社 2020 年版；

（8）宋功德：《党规之治》，法律出版社 2015 年版；

（9）李军：《中国共产党党内法规研究》，天津人民出版社 2016 年版；

（10）景跃进、陈明明、肖滨主编：《当代中国政府与政治》，中国人民大学出版社 2016 年版；

（11）王勇主编：《党内法规教程》，中共中央党校出版社 2018 年版；

（12）章志远主编：《党内法规学原论》，中国法制出版社 2020 年版；

（13）欧爱民：《党内法规与国家法律关系论》，社会科学文献出版社 2018 年版。

期刊

（1）王伟国：《国家治理体系视角下党内法规研究的基础概念辨析》，载《中国法学》2018 年第 2 期；

（2）宋功德：《坚持依规治党》，载《中国法学》2018 年第 2 期；

（3）李林：《科学定义“党内法规”概念的几个问题》，载《东方法学》2017年第4期；

（4）莫纪宏：《党内法规体系建设重在实效》，载《东方法学》2017年第4期；

（5）刘长秋：《论党内法规的概念与属性——兼论党内法规为什么不宜上升为国家法》，载《马克思主义研究》2017年第10期；

（6）秦前红、苏绍龙：《党内法规与国家法律衔接和协调的基准与路径——兼论备案审查衔接联动机制》，载《法律科学》2016年第5期；

（7）张明军：《领导与执政：依法治国需要厘清的两个概念》，载《政治学研究》2015年第5期；

（8）周叶中：《关于中国共产党党内法规建设的思考》，载《法学论坛》2011年第4期；

（9）付子堂：《法治体系内的党内法规探析》，载《中共中央党校学报》2015年第6期；

（10）周叶中、李炳辉：《“依法执政”考辨》，载《法学杂志》2013年第7期；

（11）屠凯：《论党内法规制度体系的主要部门及其设置标准》，载《中共中央党校学报》2018年第1期；

（12）蒋清华：《党的领导权与执政权之辨——“执政权”之歧义和误用》，载《政治与法律》2016年第8期。

图书在版编目(CIP)数据

党内法规通识教程 / 郭为禄，章志远主编 . —北京：中国法制出版社，2022.11
（党内法规理论与制度研究丛书）
ISBN 978-7-5216-2188-4

Ⅰ. ①党… Ⅱ. ①郭… ②章… Ⅲ. ①中国共产党－党的纪律－法规－教材 Ⅳ. ① D262.6

中国版本图书馆 CIP 数据核字（2021）第 200925 号

策划编辑：戴 蕊　　责任编辑：李宏伟　　封面设计：李 宁

党内法规通识教程
DANGNEI FAGUI TONGSHI JIAOCHENG
编者 / 郭为禄 章志远
经销 / 新华书店
印刷 / 三河市紫恒印装有限公司
开本 / 710 毫米 ×1000 毫米 16 开　　印张 / 15 字数 / 222 千
版次 / 2022 年 11 月第 1 版　　2022 年 11 月第 1 次印刷

中国法制出版社出版
书号 ISBN 978-7-5216-2188-4　　定价：58.00 元

北京市西城区西便门西里甲 16 号西便门办公区
邮政编码：100053　　传真：010-63141600
网址：http://www.zgfzs.com　　**编辑部电话：010-63141804**
市场营销部电话：010-63141612　　**印务部电话：010-63141606**
（如有印装质量问题，请与本社印务部联系。）